中国教科书理论研究丛书（第

石 鸥／主 编

国家出版基金项目
NATIONAL PUBLICATION FOUNDATION

教科书传播学

段发明／著

SPM 南方传媒
全国优秀出版社
全国百佳图书出版单位
广东教育出版社
·广 州·

图书在版编目（CIP）数据

教科书传播学 / 段发明. -- 广州：广东教育出版社，2024.12. --（中国教科书理论研究丛书 / 石鸥主编）. -- ISBN 978-7-5548-7064-8

Ⅰ. G423.3

中国国家版本馆CIP数据核字第2024WK2108号

教科书传播学

JIAOKESHU CHUANBOXUE

出 版 人：朱文清

丛书策划：李朝明

项目负责：林　蔺

责任编辑：林　蔺　尚　宇

责任校对：邓丽藤

责任技编：许伟斌

装帧设计：陈宇丹

出版发行：广东教育出版社

　　　　　（广州市环市东路472号12-15楼　邮政编码：510075）

销售热线：020-87615809

网　　址：https://www.gjs.cn

E-mail：gjs-quality@nfcb.com.cn

发　　行：广东新华发行集团股份有限公司

印　　刷：广东信源文化科技有限公司

　　　　　（广州市番禺区大龙街竹山工业路57号）

规　　格：787 mm×1092 mm　1/16

印　　张：14

字　　数：280千

版　　次：2024年12月第1版
　　　　　2024年12月第1次印刷

定　　价：88.00元

如发现因印装质量问题影响阅读，请与本社联系调换（电话：020-87613102）

序
一

　　没有人会怀疑"书籍是人类进步的阶梯",而这个"阶梯"中最基础、最坚实的那一部分便是教科书。与高头讲章相比,孩童手捧的小课本似乎是微不足道的,但小课本却有大启蒙、大学问。课本虽小,却能培根铸魂、启智增慧。习近平总书记指出,要大力"培养能够担当民族复兴大任的时代新人"。而教科书正是培养时代新人最重要、最直接、最影响深远的工具。它体现国家意志,承载优秀文化成果;它传播科学知识,打开每个人心灵的窗户;它凝心聚力,培育代代新人,为民族复兴注入持久而深沉的力量。可以说,有什么样的教科书,就有什么样的年轻人,也就有什么样的国家未来、民族未来。同样地,我们想要什么样的年轻人,想要什么样的国家未来、民族未来,就要建设什么样的教科书。教科书是"小课本",但"小课本"却关乎国家大事。

　　石鸥教授从20世纪90年代起就对教科书产生了浓厚的兴趣,边收藏边研究,执着地走到今天,所藏教科书已具博物馆规模,研究团队日益壮大,研究成果不断涌现。2015年,鉴于教科书研究的重要性以及石鸥教授带领的团队在教科书研究上的成果和优势,我所在的教育部基础教育课程教材发展中心与首都师范大学合作,联合成立了"中国基础教育教科书研究与评价中心",致力于研究基础教育教科书发展和评价中的理论与现实问题。多年来,首都师范大学教科书研究成果丰硕，影响力日益扩大。

摆在读者面前的这套"中国教科书理论研究丛书"，既是石鸥教授团队的又一重要成果，更是理论研究对教科书实践的积极回应，是教科书建设的"及时雨"。该丛书不仅把教科书理论推上了一个新高度，也为该领域的一些现实关切和争议的问题提供了专业、科学的解答思路。该丛书的面世对于提升我国教科书研究的理论水平具有重要意义。该丛书分为两辑，此前我为之作序的第一辑已经出版，一经面世就深受好评，屡获重要奖项；本次出版的是第二辑。在第二辑中，研究者将从文化学、心理学、管理学、编辑学、传播学、技术学、评价学等理论视角和专题领域切入，进一步丰富教科书理论体系，回答教科书实践问题。有理由相信，这套"中国教科书理论研究丛书"将推动我国教科书研究迈上一个新台阶。

恩格斯指出，"一个民族要想站在科学的最高峰，就一刻也不能没有理论思维"。当前，我国教科书建设亟须理论支持。在某种意义上，教科书理论已经严重滞后于教科书实践，教科书实践正在不断倒逼教科书理论研究。如何评判一本教科书的质量？如何通过教科书培养能够担当民族复兴大任的时代新人？如何提高教科书质量以满足人民群众对更高水平、更加优质教育的期盼？如何在教科书中处理好本土化与国际化、政治性与科学性、传承与创新、教与学的关系？这些问题在理论上都没有得到很好的解释与解决。尤其是，如何增强中国自己的教科书话语能力（从长远来看，教科书话语能力体现的是国家教育实力与教育科学实力），如何构建以中国话语说中国经验的具有中国特色、中国气派的"教科书学"等，已经成为我们这一代教科书研究者的时代使命。

这是一个需要教科书理论、呼唤教科书理论的时代。

教科书研究者任重道远。

田慧生　首都师范大学教授

2024 年 3 月

序
二

一

教科书应该是世上最珍贵的文本，也是最深入浅出、通俗易懂的文本。它是人类知识的精华，对读者的影响深刻而持久。莫言对此是有感受的："让我收益最大的是上个世纪（20 世纪）50 年代末 60 年代初期，我大哥家中留下很多中学语文教材，每逢雨天无法下地，我便躲到磨坊里去读这些课本……这些教材虽然很薄，但它们打开了农村少年的眼界……对中学语文教材的阅读让我受益终生。"

美国学者多伦曾感叹道："这个国家若没有教科书是难以想象的……教科书是基础或根基的东西。"[1] 著名学者托马斯·库恩认为，"任何一门科学中第一个范式兴起的附带现象，就是对于教科书的依赖。"[2] 实际上，不仅学科发展离不开教科书，个人发展更与教科书息息相关；不仅每个人的大部分科学知识、人文社会知识的获取离不开教科书，甚至我们的世界观、人生观、价值观的获得，都直接受教科书的影响。

---

[1] 瞿葆奎. 教育学文集：课程与教材：下册[M]. 北京：人民教育出版社，1993：113.
[2] 库恩. 科学革命的结构[M]. 金吾伦，胡新和，译. 北京：北京大学出版社，2003：85.

大量优良的教科书培养了人的良知，唤醒了人的渴望，引导人们向善向上。

重视教科书研究，是为了提升教科书质量，其终极意义是这一特殊文本能使读者有更良善的发展。教科书对学生的影响是最直接、最深远的。所以，我们必须擦亮眼睛——孩子们的未来与此时此刻正在读的教科书息息相关！

重视教科书研究，是为了让这一独特文本繁荣。真正的教科书文本繁荣，应有强大的学术评论或学术批评作为支撑。我国教科书文化的不发达，与教科书评论的缺席或教科书研究的弱势息息相关。必须承认，目前教科书研究进展还是比较缓慢的，它在独立、自成系统方面并未取得突破性进展，没有产生有突破性意义的新方法，还不能圆满回答教科书实践中的许多重要问题。这或许可以归因于我们关注得太晚、努力得不够、研究角度不恰当，也或许可以归因于教科书太复杂、涉及的学科太多，等等。

重视教科书研究，就是要打造一个关于教科书、教科书史、教科书作者、教科书读者、教科书理论、教科书实践的对话场域，进而构建教科书评价体系，或直白地说——构建教科书学。教科书学的构建是一项相对独立的研究活动，在我国，这是几近原始的处女学术领域。近年来，有赖于一批同道中人不离不弃地辛勤耕作，教科书学的构建具备了基础条件，时机正在逐步成熟。

教科书学建构时机趋于成熟有几个标志：一是基本完成了严格意义上的中国教科书发展历史的梳理，基本搭建了教科书主要理论视野的分支框架；二是逐步实现了教科书研究从编书经验、教书经验向教科书理论的转换，使教科书研究从教材编写论、教师备课论中走了出来，逐渐自立门户；三是形成了相对系统的知识话语体系和相对稳定的学科结构形态；四是初步实现了教科书理论的专业化转变，有稳定的研究领域、实体对象、结构规模、品牌作品，有广泛的社会、学术、教育和意识形态效应，具有其他学科所不可替代的价值；五是产生了一批有关教科书研究的书籍，有了自己相对稳定的研究平台。当然，根本标志是教科书已成为被高度重视的研究对象，教科书研究已成为一批学者终身的学术事业。

从教育科学的学术发展轨迹来看，21世纪以来，时代的变革与学术视野的拓宽，尤其是基础教育课程改革的推进，成就了课程教学理论研究的空前繁荣。学校课程及其主要载体——教科书的研究，开始由学术边缘向学术中心移动。近年来，教科书研究逐渐成为整个教育学领域生长最快、最受关注的热点领域之一。这一现象反映了教育科学学术共同体的变化轨迹。

教科书研究逐渐成为新时期教育科学研究的新天地，这意味着学界对教科书文本是学生成长最重要的文本材料的普遍认同。这是学界视野与思维得以拓宽的一种表现，是教育科学学术共同体的一大进步。

当然，对教科书的研究，很难完全归入教育学现有学科领域，虽然教育学在这里是主力。对教科书这个客体的研究，主要涉及教育学，同时也涉及历史学、文化学、社会学、政治学、语言文字学，还涉及物理学、化学、地理学、心理学、伦理学、出版学、传播学、管理学、美学、音乐、美术、体育学等各个学科。我们高兴地发现，有历史学家、文学家，甚至有科学史专家、美术领域的专家，都表现出对教科书研究的高度兴趣。这种跨学科研究的发展是21世纪以来中国社会科学特别是教育学领域最令人瞩目的地方，由此构建的教科书研究学术共同体，也值得学界高度关注。

教科书研究是无尽的，教科书文本和教科书现象，永远都有可供研究之处。教科书研究进入学术殿堂并成为严谨的省思决断对象，是学术界可圈可点的事。虽然以前有零散的研究，但对教科书真正系统地、有规模意义地研究，还是21世纪以来的事。在20世纪90年代末关于教科书研究的硕博士论文只有寥寥几篇，到最近几年，每年与教科书研究相关的硕博士论文已经超过千篇，试问哪个学术领域有这么快的跃升？不那么谦虚地说，我们团队在推动这一进展方面发挥了积极的引领作用，和全国同仁一道，兢兢业业，不彷徨，不犹豫，执着往前走，终于迎来了可喜的局面——教科书研究领域已日渐开辟出一片新天地，教科书研究的理论特色日渐凸显，以中国话语说中国教育，具有中国特色、中国气派、中国风格的教科书学的新时代正在到来。

二

教科书是有使命的！从事教科书研究也是有使命、有担当的。因为从一定意义上说，有什么样的教科书，就有什么样的年轻人，就有什么样的国家和民族的未来。

教科书学是有责任的！从某种意义上说，它是经世之学。它必须为学生的学习承担责任，这种责任基于两种重要的考虑：一是为了学生的当下，即每日每时的学习自觉和身心成长；二是为了学生的未来，同时也是民族和人类的未来。

基于这一使命和担当，也基于构建教科书学的目的，多年来，我们借助教科书丰富的藏品，在对教科书的近现代发展史进行了系统而卓有成效的梳理后，一刻也没有停歇地把精力转向对教科书现实问题的系统理论探究上，旨在为教科书的重大现实问题提供理论解析，同时为教科书学的建构提供基本的分支理论体系和重要的学术基础。

"中国教科书理论研究丛书"站在新的学术起点上，通过加强教科书研究共同体建设来深化教科书研究，借鉴政治学、经济学、社会学、历史学、文化学、美学、哲学、管理学、传播学、生态学、语言学等学科理论精华，打破不同学科理论的界限，自觉构建教科书研究的本体论、认识论、方法论体系，力求从基础上推动教科书研究的发展和创新，为教科书学的建立构建基本框架。

该理论丛书分两辑，第一辑包括《教科书概论》《教科书美学》《教科书语言学》《教科书生态学》和《教科书研究方法论》，已经于 2019 年底出版。其一经面世就产生了良好的社会影响，已获得多个重要奖项。即将出版的第二辑包括《教科书文化学》《教科书心理学》《教科书管理学》《教科书编辑学》《教科书传播学》《教科书评价学》《教科书技术学》。

《教科书文化学》借鉴文化学的原理与方法，结合教科书文化的研究与实践，揭示了教科书与文化的关系，阐述了教科书的文化传承与创新功能，以及文化冲突对教科书产生的影响，从多个维度探讨了教科书编写过程中的文化观念、教科书内容确定过程中的文化优选和重组、教科书使用过程中的文化意识，旨在拓展教科书研究领域，促进教科书文化研究的深化以及教科书理论的创新与发展。

教科书引领学生培养健全人格，养成核心素养，追求真、善、美。教科书应该也必须考虑学生的心理发展因素。从心理学视角剖析教科书，教科书是不断契合学生心理发展规律的文本存在。《教科书心理学》主要审视教科书文本中的心理学要素，并探析这些心理要素被设计编写进教科书的原因及方式，通过对教科书的深入分析，将暗含于其中的心理学理论或规律挖掘出来，阐释教科书知识的心理学价值，促进教科书质量的提升。

《教科书管理学》一书旨在通过全面、系统地探讨教科书管理的理论和方法，推进教科书管理的科学化和规范化，提升我国教科书管理的水平，以期促进教科书研究（教科书学）成为一门独立学科。

编辑活动是教科书质量保障的生命线。《教科书编辑学》围绕教科书编辑的历史、原理、政策、编辑方式、编辑素养等方面的基础问题，初步建构了教科书编辑学的基本框架，系统呈现了教科书编辑活动的发展过程和具体要求。教科书编辑合理吸纳教学智慧、充分符合教学特性，是推动教科书育人价值更好地转化为立德树人实际成效的必然路径。信息时代，万物互联，教科书编辑应主动拥抱科学技术创新成果，及早布局教科书数字化和数字教科书发展。

《教科书传播学》将教科书视为一种传播媒介。学生不仅是教科书传播的对象，也是教科书传播的主体，更是衡量教科书传播效果的标尺。随着网络新媒体时代的到来，新时代教科书建设需要新的舆论支持，依据传播规律，运用融媒体，整合多种社会因素说服人、打动人、感染人。

什么是高质量的教科书？什么是好的教科书？教科书评价是按照特定目标和程序，对教科书进行价值判断的过程。教科书评价对于提高教科书建设质量具有非常重要的意义和价值。《教科书评价学》聚焦教科书评价的基本理论和实践探索，在分析基本概念的基础上，从视角与分类、过程与方法、实践与应用以及反思与展望等方面深入阐释了对教科书评价的研究。

现代技术是一种特殊的生命系统，具有自身的进化规律。《教科书技术学》意在运用技术思维解析教科书的技术组成元素，探索教科书的技术元素及其演变规律，进而发现教科书未来的可能形态。面向变幻莫测的未来，秉持"为了智能社会生活，为了学生素养发展，为了教师专业发展和为了学校经营"原则，探讨信息时代数字教科书的理想形态，并审慎对待数字教科书应用过程所涉及的多样化主体，释放技术在教科书创制中的功能，使教科书进一步充满能量和生命力。

"中国教科书理论研究丛书"主要提供给这样的读者——他（她）对本丛书的意图以及丛书本身怀有足够深厚的情怀和道义上的支持，进而不苛求它们的绝对完美。我先在这里感谢他们的宽容，毕竟这套书中不少是填补空白的研究，许多系统探索在国内尚属首次，片面和肤浅是不可避免的。我相信，如果我们要等一批高水平、没有瑕疵的教科书研究的理论著作，我们将会等待很长时间。但我们不能等。

我们的研究犹如手电筒，只能照亮黑暗中的一部分，没有办法看到整个黑暗中的所有事物与事件。我们知道，一套放之四海而皆准的教科书研究通则或分析模式并不存在。没有固定不变的教科书研究模式，也没有作为终极真理的教科书理论体系。真正具有生命力的教科书研究是随着思考和实践的不断推进而发展的。

这套丛书是对教科书理论的学术探讨，各书作者都有自己的研究思路与表达风格，更有自己的研究心得。为遵从作者的学术追求，我仅仅对形式方面作了一些粗略的规整。

这套"中国教科书理论研究丛书"的顺利出版，首先要感谢广东教育出版社朱文清社长，感谢李朝明总编辑、卞晓琰副总编辑和夏丰副社长的大力支持，尤其要感谢项目负责人林蔺女士，她的敬业精神令人感动，她的沟通能力让一切困难迎刃而解，没有她的精心呵护，很难想象这套书目前的进展。

当然，最需要感谢的是各位作者，在他们和出版社的共同努力下，这套书第一辑、第二辑两次成功入选国家出版基金项目。

最后，我要感谢时任教育部教材局田慧生局长和时任首都师范大学党委书记孟繁华的支持和关心。我知道，他们的支持与关心既是一种鼓励，更是一种期望和鞭策。

石鸥

2024 年 3 月于北京学堂书斋

序
三

自清末第一套教科书出版以来，教科书已有 120 多年的历史。经历百年发展的教科书一直在不断探索，不断创新，但对教科书本身的研究却明显滞后。石鸥教授在 2007 年就指出其滞后的表现：第一，多为分散和局部性的研究，缺乏对百年教科书发展全进程的综合和深入研究。第二，对史料的挖掘与整理还有很大不足，在一定程度上局限了研究者的视野。第三，也是最重要的，教科书研究没有引起足够重视，在人们的潜意识中，教科书或不能被研究，因为它们是经典，是不能被怀疑而只能被记背的；抑或不值得研究，都是小儿科的事，没什么可研究的①。他认为，这种读者最多的、某种意义上也最重要的文本竟然最缺乏强大的学术研究和评论队伍；最不该忽视的文本，却最少被研究，最不该忽视的研究被忽视了②。

直到 21 世纪基础教育课程改革后，一纲多本的教科书多了起来，对它们的编写、出版、评价、管理迫切需要教科书研究的支撑。因而，教科书研究才逐渐繁荣起来，相对其他研究有井喷之势，它们从不同角度对不同时段、

① 石鸥. 最不该忽视的研究：关于教科书研究的几点思考 [J]. 湖南师范大学教育科学学报，2007（5）：5-9.
② 石鸥. 最不该忽视的研究：关于教科书研究的几点思考 [J]. 湖南师范大学教育科学学报，2007（5）：5-9.

不同阶段、各学科的教科书展开全面的研究。十年间,教科书研究不仅在数量上有大的跃升,而且研究范围在不断扩大、作者群体也在成倍地增加。当然,在教科书研究的繁荣背后也存在一些隐忧:一方面,重复性、类似性的研究越来越多,同一个主题、同一种方法用于不同的研究对象(学科教科书),得出的结论却非常接近;另一方面,引领性、突破性的成果较稀少,除了个别团队有方向明确、成果集中的研究外,大多研究未形成卓越的学术与社会影响力。概言之,当前的教科书研究有量的提升,但未实现质的突破。究其原因,为大量研究者只顾着低头拉车,却忘了抬头看路。教科书研究的路在哪?以石鸥教授为代表的教科书研究的先行者、引领者早就预判到:教科书研究发展到一定阶段后,应成为一门学科——教科书学或教材学,有一套成熟的教科书理论体系和话语体系。只有教科书学(教材学)才能引领教科书研究,一方面赋予理论特质,使其更具前瞻性、系统性和科学性,从而突破当前教科书研究的瓶颈,另一方面更能系统指导教科书的编写、出版、使用、管理等实践活动。基于这个理解,石鸥教授组织了一批学者对教科书学展开攻坚行动,其中,包括教科书美学、编辑学、生态学、社会学、伦理学、传播学、政治学等等。本书就是其中之一的《教科书传播学》。

一、教科书传播学的定义及领域

近年来,随着教科书研究逐渐趋向跨学科研究范式,不同学科开始基于自己的理论视角探讨教科书问题,一定程度上促进了教科书与其他学科的深度融合,也产生了大量跨学科研究成果,进而丰富了教科书研究的理论体系。在此背景下,作为教科书学与传播学的交叉学科,教科书传播学应运而生,成就了教科书研究最重要的跨学科、跨领域的合作和融合。本书就是从传播学的角度来解读和诠释教科书,发现教科书的传播现象、本质、规律等,用它们指导教科书的编写、出版、发行、使用与管理等实践活动。简言之,教科书传播学是研究教科书的传播现象、特性、过程、要素、规律等的学问。它不仅剖析教科书内的内容符号形式,也研究教科书外关联的传播现象;不仅关注静态的知识，也关心动态的主体；不仅探讨载体，也深究信息……

传播学先驱拉斯韦尔的"5W"传播模式对于本书的教科书传播学构建，无疑具有重大的理论指导意义，为研究教科书传播提供了全面且系统的方法与视角。由此，形成了教科书传播学五大基本领域，即教科书传播主体研究、传播内容研究、传播媒介研究、传播受众（对象）研究、传播效果研究。其他相关部分是在这些基本框架基础上的拓展。由于教科书传播效果是一个教育教学的综合效应，无法准确归功于教科书本身，因此本书存而不论，留待下一步的深入研究。

二、教科书传播学的框架内容

自有人类以来，便有了人类的传播活动，传播活动与人类活动相始终。可以这样说，传播作为一种重要的信息传递与交流活动，构成人类活动得以顺利开展的基础。其中，教科书传播就是一种有固定范围、对象、内容，具有特殊意义的人类传播活动，与一般的人类传播活动相比，它有独特的性质、主体、内容与方式等。从传播角度来说，教科书本身就是为了传播，把知识、思想等传播给学生，因而具有传播的特性。这也是教科书传播学的逻辑起点。

教科书传播不仅具有一般传播活动的主体、内容、对象、媒介、受众等基本要素，而且是以教科书为媒介展开的一系列教学活动或传播活动；不仅有传播性，而且具有易于传播的特性，既利于教师传递讲授，也易于学生理解接受，有助于教师、学生与教科书三者之间形成对话交流。

教科书的传播性首先需要传播者。教科书的传播者不只是一个传播主体，也是传播的把关人，具有多元、多层次的特点。由于传播文本的特殊性，因此教科书传播者具有不同于普通传播者的特征——层次化、国家化和资格化。

教科书的传播者传播什么，是接下来要回答的问题。教科学符号是人类文明的"精神细胞"，也是教科书的"生命基因"，没有符号就没有教科书。传播教科书的内容，也即是使学生学习符号的过程，学习符号意义的表达、传播与理解。教科书没有一刻能脱离符号意义的存在，对意义的思考、表达、传播正是教科书的根本存在方式。

符号的表达、组成，表现为教科书话语。教科书传播的话语不仅是表现世界的实践，而且是在意义方面说明世界、组成世界、建构世界。对于教科书的知识世界而言，传播的话语正发挥了这样的功能：不同的话语说明、组成、建构不同的教科书及其书中的世界。话语总是与权力交织在一起，并成为意识形态争夺的场所，因而传播的话语具有强烈的价值倾向性，并从内容体系（包括知识、人物、语言）和编排体例两个方面建构其价值系统，即选择"最有价值"的教科书知识体系、塑造和解读理想的社会人、使用"合法"语言、采有不同的教科书体例。

教科书传播的最终受众是学生。他们不仅接收着信息，也参与教科书传播的反馈过程。学生不仅是教科书传播的对象，也是教科书传播的主体，更是衡量教科书传播效果的标尺。在提高教科书的传播效益以及重视教科书传播者赢效因素的同时，更应回到以传播受众（即学生）为中心的教科书传播。

教科书传播的载体是教科书媒介。它不只是载体，也是内容与信息。教科书媒介变量的发展变化（包括力量、速度、范围等要素的变革）会重新建构目前的教育教学关系。由此，教科书媒介就变成了组织者，用一种无形的环境形塑力量和动力机制，通过媒介技术重构了教育结构及其关系。媒介的转换，从根本上不可逆转地改变了教育的内容和意义，传达和要求不一样的教育理念和方式。随着纸质教科书的逐渐式微，教育要用最适用于数字媒体的表达方式去重新定义。

教科书传播主体除了显性的主体——编写者、教师、出版者等外，还有隐性的主体——利益相关者，如家长、公众等。他们利用舆论来影响教科书传播。所以不同的媒介时代，教科书建设都需要舆论的支持。在传统媒体时代，报刊运用"统一说""正面说""单向说"的宣传，实现了用统一舆论支持教科书建设的目的；但在新媒体时代，教科书网络舆情传播的特点，使报刊宣传获得舆论支持的方式失灵了。为了适应网络舆情，新时代教科书建设需要新的舆论支持——用"新宣传"使宣传对象成为积极参与教科书舆论建构的"人"，依据传播规律、运用融媒体、整合多种社会因素等说服人、打动人、感染人。

三、教科书传播学的核心概念

教科书传播学既是一个理论体系，也是由概念组成的思想体系。核心概念表达的是教科书传播的核心思想。

1. 教科书

一般认为教科书是根据教学大纲（或课程标准）编制的系统地反映学科内容的教学用书，是传播知识、普及道理的教师的教和学生的学的用书，是学校教学中重要的和基本的教学材料。

中国古时候没有近代意义的学校教育制度，没有学校，只有启蒙教育与准备参加科举考试的私塾和书院，也没有教科书。不论是《三字经》《百家姓》，还是"四书""五经"，都不是现代所称的教科书，甚至严格来讲，它们不是教科书，仅仅是教材而已（教科书属于教材，但不等于教材）。在中国，现代意义的"教科书"名称始于19世纪70年代。1877年5月，基督教在华传教士第一次大会成立学校与教科书委员会，该会曾先后编辑算学、泰西历史、地理、宗教、伦理等教科书，除供教会学校应用外，也赠送各地传教区私塾应用，"教科书"一词因此流传开来。而严格意义上的教科书在我国应该产生于20世纪初，这时新式学制公布了，新式学堂迅猛发展，适应新式学制新式学堂的教科书也就大量涌现。

石鸥教授认为，现代意义的教科书应该满足如下条件：第一，产生了现代学制，根据学制依学年学期而编写出版；第二，有与之配套的教授书（教授法、教学法）或教学参考书，教授书内容要包括分课教学建议，每课有教学时间建议等；第三，依据教学计划规定的学科分门别类地编写和出版。依此标准，以前不论是《三字经》《百家姓》还是"四书""五经"都不是严格意义上的教科书①。

2. 传播性

教科书传播具有一般传播活动的要素与特点，如传播主体、内容、对象等，是为实现教育传播与课程传播活动，以教科书为媒介和手段而进行的一系列信息传播与交流活动，具有针对性、目的性、实践性、操作性和高效性的特征。所以本书认为教科书具有传播特性，即传播性。

教科书的传播性是指教科书本身具有的有利于实现教育传播的特性。教科书传播性内在包含着两重意义。一是作为实体形态教科书的传播性，指的是教科书在时空范围内具有的能够传播且必须传播的特点，表现为教科书可以在全国范围内出版、发行、流通，并由国家意志保证实施，是教科书本质与教科书建设作为国家事权共同作用的必然结果，这是教科书传播性的现实表现形态。二是作为知识形态教科书的传播性，指的是教科书在具体教学活动中所具有的便于传播、易于传播的特点，表现为教科书在具体教学活动中便于教师传递知识、便于讲授、易于学生理解，有助于教师、学生与教科书三者之间的对话交流。

教科书与其他书本不同的特性，即是它的教学性。教科书的教学性归根结底就是教师运用教科书这一教育媒介向学生有效传递和交流教育信息的特性。因此，从传播视角来看，教科书的教学性就是一种传播性。进一步地说，教科书教学性的问题，是教科书作为教学媒介是否有利于教师传递教育信息、学生接收信息、师生之间交流信息，以及选择什么知识、如何组织知识有效推进信息的传递与接受的问题。因此，从这个意义来说，教科书的教学性问题就是教科书的传播性问题。教科书的教学性是教科书的传播性在教学这个特定场域中的现实表征。

3. 教科书媒介

沿着历史的发展轨迹，我们不难发现，传播是人类的基本活动，是人类赖以生存与发展的最基本活动。但是，从各种传播研究来看，传播都离不开

---

① 石鸥. 最不该忽视的研究：关于教科书研究的几点思考 [J]. 湖南师范大学教育科学学报，2007（5）：5－9.

介质、载体，口语传播离不开声音，书面传播离不开文字，影音传播离不开图像。著名的传播学者德布雷说："精神只有通过在一个可感知的物质性（话语、文字、图像）中获得实体，通过沉淀于一个载体之上才能作用于另一个人。没有这种客观化或发表，任何思想都不能成为事件，也不能产生俘获力或抵消力的作用。"① 由此，人们展开对媒介的研究，只是早期的媒介研究，把媒介当成介质、载体等，把"媒介是导管"作为传播隐喻，意味着媒介在一定程度上是包含一定内容的、客观中立的"容器"。只是在麦克卢汉提出惊世骇俗的论断"媒介即讯息"之后，人们对媒介的认识才发生根本性的转变。

教科书作为国家意志的表现形式，利用意识形态与人类文明的基本知识，使国家与国家中的每一个人建立联系。教科书不仅作为媒介把信息、知识、观念等传递给国民，还为我们设置议程——告诉我们应当先学习哪些最有价值的知识。教科书作为一种特殊媒介，承担着国家任务，要培养国家的接班人、建设者。因此，教科书媒介在人类社会中具有不同于其他媒介的特殊功能，担负着特有的使命。但是，教科书媒介也具有大众媒介一般具备的以下几种"能力"："创造公众、定义事务，提供共同的参照系，因而能够分配注意力和权力"②。

从媒介的角度来看，教科书的传播，就是媒介组织生产出大量有组织、系统的特殊信息，把它们传递给大量的学习者的过程。从受众即学生角度来看，教科书传播也是有组织、系统的特殊信息，通过教科书媒介，使受众接收、使用、理解和被影响的过程。教科书的传播也符合拉斯韦尔的"五W"传播模式：谁—说了什么—通过何种媒介—对谁说—获得什么效果。如果再简化一下，施拉姆认为，传播至少要有三个要素：信源、讯息和信宿，但是郭庆光认为，"仅有上述三个要素尚不足以构成一个现实的传播过程，也就是说，还必须有使三个要素相互连接起来的纽带或渠道，即媒介。有了上述四

---

① 潘祥辉. 传播研究的媒介学转向 [N]. 中国社会科学报，2015-08-13 (8).
② 李特约翰，福斯. 人类传播理论：第9版 [M]. 史安斌，译. 北京：清华大学出版社，2009：329.

个要素以后，一个物理学意义上的传播基本上具备了成立的条件"①。由此看来，教科书媒介是学校发生教学传播过程的必要条件，是教学传播活动的纽带，没有教科书媒介就不会发生教学传播活动。于是，教科书媒介也就有了基本的三种功能：提供知识，传输知识，维系教育关系。换言之，没有教科书媒介，学校不知道传播什么、用什么传播，就没有了教育教学活动，也就不存在师生、生生等各种教育关系。

4. 教科书把关人

"把关"与"把关人"，是传播学中传播主体研究的重要内容，由传播学家卢因最早提出，并在《群体生活的渠道》一书中加以系统地论述。其中，"把关"是指在信息传播过程中对信息进行搜集整理、选择加工、筛选过滤的行为。相应地，"把关人"就是发出上述把关行为的组织或个人。因此，教科书把关人是指在教科书的产生与传播的过程中，对教科书的内容信息、价值取向等进行筛选过滤、加工处理、综合抉择的组织或个人。一般包括课程标准的制定者，教科书的编写者、出版者、审定者，教科书的传播者——教师以及社会公众等。

5. 教科书符号

教科书符号是人类文明的"精神细胞"，也是教科书的"生命基因"，试想离开了教科书符号，如黄河、长江、人民、文明、X、Y等，教科书还能传播什么。从符号角度，可将教科书传播看成意义的生产与交换，它关心讯息（知识）如何与学生发生互动而产生意义。此讯息是一种符号结构，通过与学生互动而产生意义。要使传播发生，传播者（编写者）就必须使用符号来创造讯息。这些讯息会刺激学生产生自己的讯息意义，两者之间的讯息意义又是相关联的。共享的传播代码越多，传播者与学生使用的符号系统越相似，这两种讯息的意义就越接近。

符号是教科书的条件，没有符号就没有教科书。学习教科书，也即是学习符号，是追求、表达、传播与理解意义的过程。教科书没有一刻能脱离符号意义的存在，对符号意义的思考、表达、传播正是教科书的根本生存方式。

---

① 郭庆光. 传播学教程：第2版［M］. 北京：中国人民大学出版社，2011：49.

6. 教科书话语

话语是一种隐匿在人们意识之下，却又暗中支配各个群体不同的言语、思想、行为方式的潜在逻辑，是在各种可能的权力支撑之下的、具有某方面权力合法性的言之有物的论述即话语定式。它无不浸透了意识形态的熏染和陶冶，规定我们的教科书，设定好了我们的知识，规训了我们的身体和灵魂。对于教科书的知识世界而言，教科书的话语正发挥了这样的功能：不同的话语说明、组成、建构不同的教科书及其书中的世界。教科书的话语总是与权力交织在一起，并成为意识形态争夺的场所，因而话语具有强烈的价值倾向性，对教科书的建构也正是从内容体系（包括知识、人物、语言）和编排体例两个方面建构其价值系统。

7. 教科书舆论

舆论是公众对于现实社会中的各种现象、问题所表达的信念、态度、意见和情绪表现的总和，具有相对的一致性、强烈程度和持续性，会对社会发展及有关事态的进程产生影响。其中混杂着理智和非理智的成分①。对教科书而言，舆论是公众认识和控制教科书的"社会皮肤"，一方面通过舆论感知教科书的主流意见，另一方面通过信息的选择和加工，用主流价值观和意识形态影响教科书的编写和改革，以期达到整合社会的目的。

段发明

2024 年 3 月

---

① 陈力丹. 舆论学：舆论导向研究［M］. 上海：上海交通大学出版社，2012：33.

第一章

教科书的传播性

自有人类以来，便有了人类的传播活动，传播活动与人类活动相伴始终。传播作为一种重要的信息传递与交流活动，构成人类活动得以顺利开展的基础。其中，教科书传播是一种有固定范围、对象、内容，具有特殊意义的人类传播活动。从这个角度来说，教科书本身为了传播，具有传播的特性。

第一节　教科书的传播性及特征

与一般的人类传播活动相比，教科书的传播活动具有独特的性质、价值与功能，这即是教科书的传播性。正如美国社会学家库利所言："传播是指人与人关系赖以成立和发展的机制——包括一切精神象征及其在空间中得到传递、在时间上得到保存的手段。它包括表情、态度、动作、声调、语言、文章、印刷品、铁路、电报、电话，以及人类征服空间和时间的其他任何最新效果。"[①]

一、教科书传播是一种特殊的人类传播活动

从传播活动发展史的角度来说，人类大致经历了口语传播时代、文字传播时代、印刷传播时代以及电子传播时代四个阶段。教科书的传播尤其是纸质教科书的传播应当属于印刷传播时代的产物，随着数字教科书的迅猛发展，教科书也开始逐步进入电子传播时代。从时间来看，教科书传播是人类传播活动为了适应特定时代政治、经济、文化的需求，发展到特定阶段的历史产物，体现出鲜明的历史性与时代性；从空间来看，教科书传播是一种有特定对象、范围

---

① 郭庆光. 传播学教程：第2版［M］. 北京：中国人民大学出版社，2011：2.

和目的的人类传播活动。

二、教科书传播属于教育传播活动

教育传播是由教育者按照一定的目的和要求，选定合适的信息内容，通过有效的媒体通道，把知识、技能、思想观念等传递给特定的教育对象的一种活动，它是教育者和受教育者之间的信息交流活动。教科书传播则是围绕教科书的教育传播。两种传播活动相同之处在于，二者都以育人为依归，具有明确的目的性；内容科学，系统完整，具有严格的规定性；由于受众为学生，都具有对象上的特殊性与阶段性。不同的是，教科书传播具有更强的针对性：一是在目的上更加强调以知能发展为基础；二是在内容上更加标准化，即依据教学大纲（或课程标准）进行教科书的传播；三是传播的过程与媒介也较为单一，因而具有强烈的目的性。

三、教科书传播就是课程内容的传播

教科书传播最接近课程传播。所谓课程传播，是以促进学习者发展为目的，由教育者和学习者在特定的社会传播结构中开展的传递交流、分享知识和信息的活动。"课程传播既是一种高度计划性的教育活动形式，也是人类的传播活动在教育领域的独特创造和实践，是人类精心设计的传播社会文化、传承人类文明的教育方案。它具有教育性、目的性、计划性、序列性等特征。"[1]可见，课程传播既是学校教育性的传播活动，也是教育传播活动的课程化表现，是教育传播活动的实施载体与关键抓手。相应地，教科书作为课程的下位概念，又是教学大纲或课程标准的具体化与现实化，二者具有内在的一致性，从这个意义来说，教科书传播就是课程内容的传播，是课程传播的关键组成部分和重要载体。教育传播、课程传播与教科书传播活动，三位一体，自上而下，层层递进，逐步深入共同聚焦于立德树人这一教育目的。

综上所述，教科书传播具有一般传播活动的要素与特点，如传播主体、内容、对象等，它是为实现教育传播与课程传播活动，以教科书为媒介和手段而进行的一系列信息传播与交流活动，具有针对性、目的性、实践性、操作性和高效性的特征。教科书的传播性是指教科书本身具有的有利于实现教育传播的特性。

---

[1] 石雷，张传燧. 论课程传播［J］. 国家教育行政学院学报，2012，169（1）：61-66.

教科书传播性内在包含着两重意义。一是作为实体形态教科书的传播性，指的是教科书在时空范围内具有的能够传播且必须传播的特点，表现为教科书可以在全国范围内出版、发行、流通，并由国家意志保证实施，是教科书本质与教科书建设作为国家事权共同作用的必然结果，这是教科书传播性的现实表现形态。二是作为知识形态教科书的传播性，指的是教科书在具体教学活动中所具有的便于传播、易于传播的特点，表现为教科书在具体教学活动中便于教师传递知识、便于讲授、易于学生理解，并有助于教师、学生与教科书三者之间的对话交流。本书主要讨论第二形态，这也是教科书传播性表现出来的理想形态。

第二节　教科书的教学性和传播性

随着教科书研究的深入发展，有些研究者逐渐开辟了教科书的教学性研究的新方向：一方面，运用哲学思辨的方法对教科书的教学性加以审视和定位；另一方面，在实践操作上讨论教科书教学性的实现及其评价问题。但鲜少有研究者从传播的角度讨论教学性，而讨论教学性问题其实是在讨论教科书的传播性问题，反之，认识和把握教科书传播性也就把握了教科书的教学性问题。

一、教学性即是传播性

对教科书教学性的研究大多是从教学论角度提出不同见解。曾天山主要从教学论的原理出发讨论教科书的教学性，主张教科书的教学性应当建立在教学论基础之上，教科书编写应当考虑教学目标、教学内容、教学模式、教学环境等因素[1]。孙智昌则首次从活动与交往的视角来探讨教科书的教学性，指出教科书的本质是教学活动文本，教科书的教学性应建立在教学活动的基础之上，应当有利于师生之间的互动与交往[2]。杜尚荣和李森则别开生面地提出了"教学逻辑体系"的概念，但仔细思考就会发现，他们其实还是在探讨教科书的教学性问题，

---

[1] 曾天山. 论教材的教学论基础 [J]. 西北师大学报（社会科学版），1996（2）：63-68.
[2] 孙智昌. 教科书的本质：教学活动文本 [J]. 课程·教材·教法，2013，33（10）：16-21，28.

认为教科书的可教学性，应当既要有利于辅助教师的教，即教材内容的可理解性和可表达性，又要有利于促进学生的学，也即学生的理解与接受活动①。王攀峰、宋雅琴在综合孙智昌、杜尚荣和李森观点的基础上，指出教科书既是一种师生对话的文本，又是教师教学和学生学习的支持工具；既有利于教师更好地掌握特定学段和学科的知识，设计和开展教学活动，又能给学生提供良好的入门指导，创设问题情境检查和评估学生的学习状况②。李新、石鸥则认为教科书的教学性是指教科书作为教与学的特殊文本，具有其特有的便于教和便于学的特性，并从教师操作、学生学习、作用效果以及实际需要几个角度对之进行分解，认为教科书的教学性应体现为可教性、易学性、增效性和合宜性四个方面③。上述研究者分别从不同视角出发，基于特定立场，运用不同方法对教科书的教学性问题展开了充分的论述，提出了许多真知灼见，丰富和发展了教科书的教学性之基本理论。

有趣的是，以上研究者在观点表述上虽不尽相同，但其在本质上都有内在的相通之处，都认为教科书的教学性归根结底就是教师运用教科书这一教育媒介向学生有效传递和交流教育信息的特性。因此，从传播视角来看，教科书的教学性就是一种传播性。进一步地说，教科书教学性问题是教科书作为教学媒介是否有利于教师传递教育信息、学生接收信息、师生之间交流信息，以及选择什么知识、如何组织知识有效推进信息的传递与接受的问题。只是各种研究的侧重点各有不同，如曾天山主要从教科书传播内容角度，孙智昌主要从传播过程也即师生互动交往的角度，王攀峰、杜尚荣等主要从传播主体教师和传播对象学生角度，也即教师传递和学生接受的角度，而李新、石鸥则提出还要从传播效果、教学效果角度对教科书的教学性加以分析和把握。因此，从这个意义来说，教科书的教学性问题就是教科书的传播性问题，教科书的教学性是教科书的传播性在教学这个特定场域中的现实表征。

① 杜尚荣，李森. 中小学教材编写逻辑体系的反思与重构：兼论教材编写的教学逻辑体系 [J]. 课程·教材·教法，2014，34（10）：34-39.
② 王攀峰，宋雅琴. 论教科书的内涵与属性 [J]. 当代教育科学，2018（1）：7-12.
③ 李新，石鸥. 教学性作为教科书的根本属性及实践路径 [J]. 课程·教材·教法，2016，36（8）：25-29.

二、教学性与传播模式

上述这些研究为我们从传播学视角审视把握理解教科书的教学性提供了重要的借鉴与参考。但教学性具体表现为哪些传播特性，需要进一步深入分析。为此，需要借鉴传播学的基本原理，结合教科书基本理论，为教科书教学性搭建一个合适的分析框架，为教科书的教学性实现及其评价提供独特的视角。

1. 传播主体：便于教师的理解与处理

如果把教科书的传播圈定在课堂教学中，那么教科书的传播者就是指在教学过程中传播教科书信息的教师，他们主要负责收集、过滤、加工、组织处理和传递教科书中的教育信息，扮演着把关人的角色。作为教学过程中的传播者，教师可以依据教科书来决定传播什么，通过什么方式和渠道传播。虽然教师作为传播者表现出了主体性，但是教师又受到一定的约束，必须依据教科书传递教育信息，所以，教科书信息的传播特性（即教学性）又会直接影响传播效果。从这个角度来说，教科书的教学性应当有助于教师传播行为的顺利开展。前期的教学性研究，将教学性理解为便于教师的教、便于教师的理解与表达等方式来表述，至于究竟什么是理解、什么是表达则是存而不论、点到即止、操作性也不强。我们认为，教科书应当有助于教师的信息传播行为，主要表现在以下两个方面。

一是教科书要有助于教师对教科书信息的接受活动。首先，教科书要便于教师对教科书中教育信息的选择与收集。教科书的编写要有清晰的课程意识，明确教科书中的课程内容，确保教科书内容的确定性，保持教科书内容与课程内容、教学内容的一致性，实现课程内容的教材化、教材内容的教学化，在教什么与用什么教的问题上保持一致，从而有效避免教学内容模糊不清、难以把握、难以确定的问题。其次，要便于教师对教科书中教育信息的过滤与筛选，要设计合宜的教科书助读系统，如导读、注释、练习等来确定哪些信息应该选、哪些信息不该选，哪些信息重要、哪些信息不重要，以提高教师过滤筛选信息的效率。再次，要便于教师对教科书中教育信息的加工与重组，保持教科书内容的情境性、开放性与过程性，以便打破封闭自足的教科书内容体系，赋予教师更多的信息加工空间。最后，要便于教师开展教学活动。教科书强调学习活动的设计，创设教学对话、互动、探究和共同解决问题的条件。充分发挥教师的主动性与创造性，在已有的教科书内容基础上不断创造生成新的教学内容，同时帮助教师对教科书信息进行归纳整理，使之成为系统完整、规范有序的内容。

二是教科书要有助于教师对教科书信息的编码与传递。一方面，要便于教师进行编码。所谓编码，指的是教师将所掌握的信息有效转化为学生能够理解、能够接受的符号或者信息，如将教科书中的信息转化为语言、文字、板书、图画等符号，因此，为了便于教师编码成教学语言，教科书的语言表述应当尽可能简洁明确、生动自然、逻辑严密且贴合语言表达习惯。另一方面，要便于教师将教科书中的信息迅速准确地传递给学生，教科书内容应有针对性、完整性和确定性，照顾学生和教师的差异，有效排除传递过程中的干扰信息和不确定性信息，确保传递过程的顺利进行。

2. 传播内容：注重内容的确定性与可传递性

教科书作为课程内容的重要载体，是教育教学的关键工具与资料，具有储存和传递教育信息的功能，是教学过程中教育信息的主要来源。教师、学生的传递与接受行为，编码、解码活动基本是围绕着教科书来进行，教科书又蕴藏着大量用符号表达的教育信息，因此，从传播内容的角度来说，教科书的教学性主要通过处理教科书中的信息以及承载信息的符号来实现。

所有教科书的信息都是用符号表达的。传播学者施拉姆认为符号是人类传播活动的要素，符号代表事物，能脱离参加传播活动的双方而独立存在。符号是负载或传递信息的基元，表现为有意义的代码及代码系统，如声音、图形、姿态、表情等。可见，教科书传播性的基础，就是符号要与信号不同，其承载一定意义，传达某种信息，是人类与自然、社会、自身互动而产生的意义系统。教科书的内容信息应当是具有一定层级结构的符号体系，这种符号体系主要包括语言符号和非语言符号。其中语言符号包括自然符号（如口头语言和书面语言）和人工语言符号（如数学、物理公式，程序语言等学科语言符号）。语言符号之外的符号属于非语言符号，包括各类插图和图案等。多种形式的符号系统分工与协作表达意义，共同组成了有利于教科书传播的意义表达体系。教科书符号系统为了便于教师的教与学生的学，会尽量避免信息传播的不确定性、模糊性和无序性，表现出可传播、可存储、可加工、可提取、可被教师和学生共享的特点。

文字符号和非文字符号形式上的差异导致二者具有不同的传播特点。文字符号比较系统、规范，线性地呈现内容，但同时抽象程度较高、解读难度较大。非文字符号的系统性、规范性不如文字符号，但直观、形象、整体呈现内涵信息，使教师、学生一目了然，对信息的解读获取更加便捷，阅读成本低。综合来看，非文字符号具有直观形象、寓意丰富、整体传达、强化认知、记忆深刻的呈现和传达优势。因此，"教科书的设计大多充分挖掘了非文字符号的传播优势，优化知识和文化的呈现方式，构造良好的知识和文化信息界面，通过巧妙的构思来呈现学科知识、表述民族文化的内涵神韵，潜移默化地模塑学生的学科认知结构和文化心理结构，在提高学科知识传授效果的同时彰显文化品位，传承文化精神"①。

3. 传播对象：便于学生的接受与反馈

与一般传播对象不同，教科书的目标受众是学生。教科书是为学生的学而编写的特殊文本，其教学性能否实现在很大程度上取决于能否促进学生的学。即使要考虑教师的教，但最终都是为了学生的学。便于教师的教也是为了学生的学服务的。从这个意义来说，教科书的教学性之所以能成为教科书的本质属性，很大程度上是因为教学性直接指向学生的学。因此，教科书功能与作用的发挥、意义与价值的实现，以及其教育性、思想性、政治性、文化性等诸多性质都是奠基于教学性。现有的关于教科书教学性的研究，还停留在便于学生的学、便于学生的理解与接受层面的论述，而实现教学性的具体机制却鲜有涉及。如果从传播对象的角度来看，教科书的教学性就是促进学生对教科书接受、译码、理解和反馈行为的特性。

一是教学性要便于学生对教科书的接受。学生对教科书的接受是一个复杂的心理行为。学生是能动自觉的主体，其任何接受过程都不是精确的全盘接受，而是有选择性的注意、理解、记忆。为了确保教科书的教学性，教科书的编写应当要利用传播选择性定律②。首先，在内容上应重难点分明、知识点突出、颜色字体区隔。根据不同学段学生的认知因素与非认知因素特点，选择、组织知识。其次，从接受美学的角度，可以设计一定的未定点和空白点，形成对于学生的召唤结构，激发学生的阅读动机与兴趣，促进学生接受行为的发生。如语文教科书选

① 惠凌峰. 浅析中小学教科书中非文字符号的认知特性［J］. 课程·教材·教法，2008，302（12）：61–66.
② 李彬. 传播学引论：第3版［M］. 北京：高等教育出版社，2013：121.

择较有诠释空间、充满未定点和空白点的文本，如古诗词、戏剧等，形成学生阅读教科书的召唤力，充分调动学生的主动性与创造性，让其参与到教科书的接受与学习过程中来。最后，内容要便于学生的译码。学生译码的过程就是将教科书中的符号转换为自己能够理解的信息与意义。因此，教科书的语言要尽可能直观形象，符合学生的心理特点；教科书内容的组织设计要赏心悦目，便于阅读。

二是教科书能够引发学生的反馈活动。教科书的接受活动不仅是学生作为传播的对象被动接受的活动，也是学生作为接受主体与教科书的对话交流活动。学生学习接受教科书文本，一方面会抗拒它们对自己原有认知体系的袭扰①，另一方面又会对原有认知体系产生挑战，形成认知失调，产生许多的疑问，引发学生的问题反馈。为此，教科书应当为学生自由表达观点与疑问提供相应的平台，在一般的练习之外，设计学生畅所欲言的板块。

三是教科书对学生具有易读性。所谓易读性，是指文本易于学生的阅读和理解的程度或性质。教科书的易读性是为了便于传播对象（学生）的接受和理解，进而提高传播的效果。从克莱尔、舍曼，到莱夫利和普雷西，再到格雷和利里，直至弗雷奇，西方学界对易读性的研究成果已经十分丰富，提出了许多关于易读性的理论，并在此基础上提出了诸多易读性测量的公式，并将其广泛应用于教科书、报纸、小说等的评价。根据西方学者的研究，归纳起来，影响易读性的因素主要有以下五个方面：

第一是字词的形式。教科书宜多用常见的字词，忌用冷僻的字词；尽可能选用实体动词、及物动词，尽量少用形容词和介词，少用或不用部分成语、诗化的词和高度文学性的词；尽量使用普通词汇，避免使用行话或专业词汇，以减轻学生的词汇负担。若要对易读性进行测量，则需统计出全篇忌用或少用的字词数，再除以全篇的字数，得数越大，其易读性越差。

第二是句子的形式。教科书宜用短句，尽量少用长句；宜用简单句，尽量少用复合句；要多用主动语态，尽量少用被动语态、介词短语。研究表明，长句、复合句中的从句和修饰成分往往使阅读不畅、理解困难；被动语态往往使句子软弱无力，累赘啰唆。在测量时，先统计出全篇尽量少用的句子数量，再除以全篇

---

① 李彬. 传播学引论：第3版［M］. 北京：高等教育出版社，2013：121.

句子的数量，得数越大，其阅读的难度越大。

第三是行段的形式。文章多分行，留下空白，可以缓解视觉疲劳，让眼睛有短暂的休息时间，提高阅读效果。一般来讲，读者对每段容忍限度是10～15行，200～300字。如果每一段落的行数和字数很多，也会造成读者视线的游离和扫描错行，发生思维阻塞和阅读疲劳。行段的排列也以横排为佳，横排文字阅读时的速度快，而竖排文字阅读时速度慢。

第四是迷雾指数。罗伯特·冈宁（R. Gunning）提出来的迷雾指数是指文章中词汇的抽象程度和艰奥难懂的程度、句子让人困惑不解的程度。通常迷雾指数越高，阅读、理解的难度越大[①]，因此，传播学主张教科书中的写作、说话要具体形象，不要太抽象概括；要简明扼要，不要拖泥带水、拐弯抹角；要平和谦恭，不要盛气凌人；要以通俗易懂为本，不要以卖弄知识为荣。

第五是人情味成分。教科书接近学生生活的、能够深切打动学生心灵的内容越多越好。具有叙述人物的词汇以及表达人情味的词语越多，越具有易读性；具有对读者发出疑问、请求的句子（包括被引用的句子）越多，越具有易读性。

对易读性的解释如只集中于两种容易测量的变量因素——字词难度和句子长度，显然是不够的，还应认识到在学生的信息处理过程中，需要测量学生认知的其他信息，如关注文章的组织和结构，以及各种有助于理解的可见因素，包括目录、标题、说明、插图和表格等。换言之，就是关注教科书助读系统的设计。随着数字教科书时代的到来，易读性的概念需要再次扩展，加入更多多媒体信息的成分，包括格式、颜色、背景、屏幕的文本数量、屏幕卷动的使用和其他文本链接方法的使用等等。

可以这样说，将易读性作为衡量教科书教学性的重要指标和教科书教学性研究的重要组成部分已然是迫在眉睫。当然，也需要警惕，过度强调文本的易读性会造成文本一味迎合学生的后果，而学生可能更愿意选择通俗性、低思想性的文本，从而在某种程度上降低文本的深度与内涵。因此，易读性在教科书上的应用需要有一定的度，需要对不同学科、不同学段的教科书灵活处理。

---

① 董璐. 传播学核心理论与概念：第2版［M］. 北京：北京大学出版社，2016：191.

4. 传播效果：有效提升教师教与学生学的效果

如果说从传播主体、内容、对象出发主要是为教科书的教学性创设必要的条件，那么从传播效果的角度来探讨教科书的教学性则具有更为直接现实的意义，因为教育传播的最终目的是要取得良好的教育传播效果，教科书教学性的最终目的也是取得良好的教学效果。教育传播过程中的教育信息为学生所接受、理解以及转化为其知识与能力的程度，是衡量教育传播效果的重要标志。

从广义来说，教科书的传播效果是指由教科书的传播行为所引起的一切客观影响及其结果，具体表现为对学生在认知、情感、态度、价值观以及行为方式上的影响，这种影响和结果既包括有意的也包括无意的，既可能是直接的也有可能是间接的，既是外显的也是内隐的；从狭义来说，教科书的传播效果是指教科书在教育传播活动尤其是在具体的教学活动中，引起教师和学生的认知、情感、态度以及行为上的变化。这种从认知层面到情感态度层面，最后到行为层面的影响和改变，是一个不断深化、不断拓展、不断内化的过程，具有鲜明的层次性，通常把这种教育传播效果称之为"教学效果"。换言之，教学性的达成与否，很大程度上就是由其教学效果好坏所决定的，教科书的教学性一定是建立在好的教学效果之上，并通过好的教学效果表现出来。

纵观传播效果研究的研究历史，从早期的魔弹论到有限效果论（包括使用与满足理论）再到宏观效果论（如议程设置理论、"沉默的螺旋"理论还有培养理论），可发现虽然教育传播、教科书传播与大众传播有很大的区别，但是它们有一个本质上的共通性，即两者都是信息的传播过程。例如，早期的魔弹论虽然已经被证明过于简单，夸大了媒介的作用，但是从教科书传播的角度来看，教科书传播目标是力求达到子弹的效果，也就是说，教科书的理想传播效果是使每个学生都达到应该达到的目标。因此，教科书传播者所面临的问题是应该选用什么样的"枪和弹"才能达到让"靶子"全部倒下的效果。教科书的特点决定了教科书传播效果即是达到教育目标的程度，因此，教科书传播要求必须有效果，而且是强效果，这一点是与大众传播不同的。但是，教科书传播的效果并不是无差异的，大众传播研究的使用与满足理论可以解释这些差异。它认为，教科书要取得良好的传播效果，既要根据学生的特点与需求，在教科书编排上让其有利于学生的使用，也要满足教师的教学需要，方便教师的使用，促使他能综合运用各种教学媒体和教学方法达成传播的目标。换句话说，教科书的教学效果主要通过提升教师教的效果与学生学的效果来体现。

教师教的效果是指教科书对教师的教学知识、教学观念与教学情感态度，以及教学行为等方面所产生的积极影响。一方面，教科书通过好的教学性扩大教师的教学知识，转变教师的教学观念，丰富教师的教学情感，端正教师的教学态度，进而改善教师的教学行为；另一方面，教师教的效果的提升又能为教科书教学性的实现创造现实的条件，从而最大限度地发挥教科书的中介作用，实现教科书的育人价值。

正如有的学者所指出的那样，"教学性同时也是教师教学品质的根本特性，教师的教学性是指在教学过程中，教师的教因学生学习的特点和需要而行，学生的学受教的引导而动，教师的教和学生的学深度交织、辩证统一，其实质为以学定教，以教引学"①。直白地说，教师要"会教书"，教师的教能够引发学生的学，学生的学紧跟教师的教，教与学相互交织在一起，是辩证统一的关系。教学既有教，又有学，故具有教学性。换言之，具有教学性的教学可以称之为好的教学；教师能开展具有教学性的教学，才可称之具有良好的教学品质。教科书作为联结教师的教与学生的学的关键媒介，是教师教的关键工具与学生学的主要材料。从这个意义来说，教师的教学性品质的实现与提升必须凭借教科书的教学性来实现，而教科书的教学性则通过提升教师教的效果来表现。教师的教学性与教科书的教学性互为表里，相互融通、互相转化、相辅相成。

与教师教的效果类似，学生学的效果是指教科书对学生的认知、情感、态度、价值观以及学习行为等方面所产生的积极影响。与教师教的效果相比，学生学的效果对于教科书的教学性而言更为根本，因为教科书首先是为学生的发展而设计的特殊文本，教师教的效果也要服务于这一目的。

5. 传播媒介：直观性、关联性、开放性、定制性与交互性

媒介一词拉丁语为"medium"，本义为两者之间，泛指一切可以建立事物之间联系的中介或工具。从传播学的视角出发，它是指在信息的传播过程中，从信源到受众之间承载并传递信息的载体和工具。也可以把媒介看作实现信息从信

---

① 刘旭，荀晓玲. 教学性：教师教学品质的根本特性［J］. 教育研究与实验，2020（2）：38-42.

源传递到受众的一切技术手段。具体而言，媒介有两层含义：一是承载信息的载体，二是储存和传递信息的实体。作为课程实施重要载体与教育教学关键工具的教科书，则兼有储存和传递教育信息的功能，是较为传统的教育信息传播媒介。如前所述，教科书的教学性在很大程度上就是提高教科书教育信息传播的效率问题。

中国的雕版印刷术、活字印刷术，以及德国工匠的金属活字排版印刷术正式开启了印刷时代的新纪元，使得大批量的信息生产与传播成为可能。印刷媒介的诞生深刻改变了人类的政治、经济、文化与社会生活，进一步推动了知识普及与文化下移的历史进程。正如施拉姆所言："书籍和报刊，同18世纪欧洲启蒙运动是联系在一起的，报纸和政治小册子参与了17世纪和18世纪所有的政治运动和人民革命。正当人们越来越渴求知识的时候，教科书使得举办大规模的公共教育成为可能。"[①]印刷媒介的出现，为教科书的大规模生产与传播提供了现实的条件，也在一定程度上提高了教师教与学生学的效率，确保了教科书的教学性。

21世纪以来，印刷媒介向电子媒介转变。与印刷媒介相比，电子媒介对于教科书的影响更为深远。随着信息时代的到来，人类开始大步迈入数字化的新时代，信息技术渗透到社会生活的各个领域，尤其是教育与信息技术的深度融合改变了以往的教科书形态。一种全新的教科书形态——数字教科书应运而生。传播媒介的变化首先引起了教科书形态的变化，进而引发教科书教学性的变化。可以这样说，一部教育媒介发展史是一部教科书的发展史，更是一部教科书教学性的发展史。

与传统的纸质教科书相比，数字教科书以数字技术为支撑，创设开放的学习环境，保持开放、自由、个性与创新的知识形态。它彻底地颠覆了传统的教科书，呈现出教科书媒介的富媒体性与定制性、内容的关联性与开放性、教学的互动性与自主性、载体的多样性与移动性等特征。这些特征为教科书教学性的实现创设了前所未有的现实条件：

一是数字教科书内容及其富媒体性、关联性、开放性、整合性、可定制性等特征彻底颠覆了纸质教科书僵化固定的内容版式，有利于充分发挥教师与学生

---

① 施拉姆，波特. 传播学概论：第2版［M］. 北京：中国人民大学出版社，2010.

的主动性与创造性，增强教师与学生的参与感和成就感。一方面，教师可以根据自己的理解和学生学情对教科书内容进行删减、加工、重组与扩充，对教科书编排顺序进行调整与改造；另一方面，学生也可以根据自己的知识水平、兴趣、爱好等重构教科书内容，实现教科书的个人定制。此时，师生双方不仅是教科书的传播者与接收者，更是教科书的传递者与创造者。此外，数字教科书还可以借助数据分析手段，对教师的教情与学生的学情进行分析，满足教师与学生个性化需求，实现教科书内容与资源的个性化传递。

二是数字教科书教学的交互性、自主性与反馈性为教学过程中的师生互动交流活动创造了极佳的条件。教学过程中的互动主要包括三种交互作用形式：师生主体与数字界面交互，即人—机交互；师生主体交互与生生主体交互，即人—人交互；师生主体与内容交互，即人—内容交互。学生可以利用数字教科书的交互功能，分享学习成果，记录个体的学习过程、学习难点，根据后台数据智能分析，为学生提供个性化的学习序列，真正做到个性化学习。此外，个性化定制的数字教科书还可以实现对校本课程资源的补充和优化配置，特别是分享和更新优秀校本课程，从而实现教科书资源的多元化，补充教科书开发资源和人力的不足。

第三节　教育性与传播劝服

赫尔巴特在他的《普通教育学》中曾开宗明义地指出，"我得立刻承认：不存在'无教学的教育'这个概念，正如反过来，我不承认有任何'无教育的教学'这个概念一样"[①]，首次明确提出教育性教学的命题。

一、教学的教育性与教科书的教育性

赫尔巴特把伦理学和心理学作为其科学教育学的理论基础，前者是目的，后者是手段和途径。可以进一步解释，教育性教学从一开始就是其伦理学思想在教学中的实践，体现了强烈的伦理性与道德性，也即我们现在形成共识的教学德

---

① 赫尔巴特. 普通教育学［M］. 李其龙，译，南京：江苏教育出版社，1990.6.

性。教学与教育性共生共存共荣，水乳交融在一起，以至教育性成为教学与生俱来的天然属性。换言之，如果没有融合德性的教育，教学就只是一种没有目的的手段。

如上所述，教学内容就应当具有教育性和道德性。赫尔巴特认为，教学内容的核心应当是"世界美"的表现，主张通过宗教、历史等具有强烈伦理道德属性的学科教材来赋予学生显示"善与美"根源性关系的世界图像，并以此来发展学生的道德认知，陶冶其道德情感，磨砺其道德意志①。在此基础上，齐勒尔和赖因相继提出了教学内容的教育性标准，进一步拓展了教育性教学的内涵，如赖因认为，学校培养具有善良意志的人的教育目的，仅靠空洞的说教和严格的纪律约束是难以实现的，这样的任务只有通过教育家精心编写具有时代气息的教材，教师通过选择恰当的教学内容和教学方法，在有目的、有计划的教学过程中才能完成②。赖因还认为，要实现教学的教育性目的应该编写合适的教材：第一，教材内容的选择必须能唤起学生的兴趣；第二，教材内容应当与当前社会和本国人民历史文化发展阶段相联系③。综上所述，教科书蕴含了教育性和道德性的深刻含义，因此，从教学的教育性到教科书的教育性实际上也是对教育性教学的理论性深化与实践性开拓。如果说教科书的教学性主要是指教科书在传播知识方面所具有的性质，那么教育性则是教科书在传播思想道德、价值观念、情感态度等方面的性质。

二、教科书的思想政治教育功能与劝服

实际上，教科书的教育性、政治性、道德性、思想性价值主要依靠教科书的思想政治教育功能来实现。因为，从学生角度来说，教科书不仅是要通过传授系统的科学文化知识，来扩大学生的知识面，丰富学生的知识储备，进而促进学生的认知发展，还要通过讲述道德准则、伦理秩序，传播社会主流价值观，宣传国

---

① 王凯．"教育性教学"的误读：兼论赫尔巴特教学伦理思想［J］．全球教育展望，2007（11）：33-37．
② 吴式颖，任钟印．外国教育思想通史：第8卷［M］．长沙：湖南教育出版社，2002：379-380．
③ 吴式颖，任钟印．外国教育思想通史：第8卷［M］．长沙：湖南教育出版社，2002：379-380．

家意识形态等方式，来促成学生的政治认同、国家认同、民族认同与文化认同，以此实现其教育性、道德性、思想性价值，从而充分发挥教科书的思想政治教育功能，顺利达成思想政治教育的目的。根据传播学的原理，思想政治教育也可以说是对学生的一种劝服性传播。教科书思想政治教育功能的实现就是通过教科书对其受众进行劝服的过程，因此，教科书的教育性与劝服性传播具有内在的一致性。

首先，劝服与思想政治教育在内涵上有一致性。"劝服"一词，最早见于《后汉书·鲍昱传》："德乃修起横舍，备俎豆黻冕，行礼奏乐。又尊飨国老，宴会诸儒。百姓观者，莫不劝服。"意思是鲍昱通过新建校舍，准备俎豆、黻冕等器具、服饰，并吹奏乐曲请老师到学校任教，教育并"劝服"当地百姓，提高大家的学习和生产积极性，百姓从心底尊敬他，乐于听从他的引导，共同努力取得了丰收。从字面上来讲，"劝服"是指因劝服对象受劝勉而乐于遵从教化。思想政治教育是指教育者根据一定社会的思想品德要求和受教育者的思想品德形成与发展的规律，对受教育者施加有目的、有计划、有组织的影响，促使受教育者产生内在的思想矛盾运动，以形成一定社会所期望的思想品德的过程。仔细分析就会发现，思想政治教育的过程就其本质而言就是教育者对受教育者传播思想政治观念，施加思想政治教育影响，目的是劝服受教育者接受思想政治观念的过程，也就是思想政治教育与劝服活动的目的是一致的。

其次，劝服与思想政治教育在要素上相通。从其组成要素来看，思想政治教育有四个基本要素，即教育者、教育内容、教育媒介、教育对象。劝服也有与之相类似的四个基本要素，即信息沟通者、信息内容、信息传播媒介、信息接收者。每个要素都有其独特的性质、价值和功能，都在劝服活动的开展过程中发挥不可替代的作用。成功的劝服活动就像思想政治教育活动一样，是教育者在正确把握劝服活动基本要素的性质、价值及功能的基础上，针对劝服对象的特点，运用多种劝服手段，使得劝服对象在认知、情感态度、行为上发生变化的过程。在这个过程中，劝服与思想政治教育行为都是非强制且平等的，是受教育者在对劝服对象充分了解尊重的基础上对其施加影响。

最后，劝服与思想政治教育在目的与作用机制上内在契合。根据美国著名劝服学教授Richard Perloff在*The Dynamics of Persuasion*一书中的定义：劝服是一种活动或过程，在此活动或过程中，传播者通过信息的传递，力图诱导有一定自由程度的他人和群体在信念上、态度上和行为上发生改变。[①]也就是说，劝服活动的最终目的就是要通过信息的传递与接受活动，引导和促使具有一定自由程度的他人和群体在信念上、态度上和行为上发生一定的变化。而思想政治教育的根本目的，就是通过各种形式的教育活动，提高人们的思想道德素质，增强其认识、改造客观世界和主观世界的能力。尽管两者在目的表述上各有不同，但就其作用机制而言，其实质都是学生态度的学习、改变、巩固、增强的教育过程。

三、基于劝服理论的教科书传播

劝服理论是在研究态度形成与改变的基础上，对人们如何改变个体态度这一问题进行深入研究后，形成的一套系统的理论体系。

1. 劝服理论及其模式

态度的改变是指主体在对事物已有态度的基础上发生一定的变化。一般来说，态度的改变分为量变与质变。前者改变的是原有态度的强度，但方向不变，即发生量变；后者是以新的态度取代原有的态度，发生方向改变，即发生了质变。有关态度改变的理论的研究主要有学习论取向和一致论取向。学习论取向以卡尔·霍夫兰（Carl Hovland）领导的耶鲁学派的劝服理论为代表，一致论取向则以F.海德（F. Heider）的平衡理论和费斯廷格（Leon Festinger）的认知失调理论为代表。这两种取向研究的侧重点也各有不同：学习论更关注改变者一方，如果改变者能提供相应的知识，使被改变者认识到事物的面貌，那么态度的变化就会随之发生；一致论则看重被改变者一方，太多的变化并不取决于所感受的信息，态度改变的关键在于被改变者是否发生认识失调，用施拉姆的话来说，在舆论的改变中，被改变者是非常活跃的。

学习论取向的研究建立在行为主义心理学之上，认为态度的形成与改变过程的实质就是一个学习的过程，其以霍夫兰的劝服理论为代表。美国心理学家霍夫兰把改变态度看作信息交流的过程，提出了一个标准的劝服模式（见图1）。态度的改变不仅受劝服者的可信度和专业性的影响，又受信息沟通的艺术和方式、方法的影响，还受劝服对象原有的态度和各种人格因素及当时环境状况的制约。

---

① PERLOFF R. The dynamics of persuasion［M］. Hillsdale：N. J. L. Erlbaum，1993.

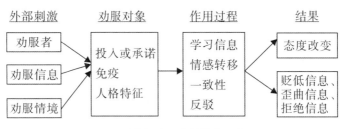

图1 霍夫兰：劝服模式示意

在这个模式中，劝服者、劝服对象、劝服信息和劝服情境构成影响态度改变的四个基本要素，其中劝服者、劝服信息和劝服情境构成了态度改变的外部刺激。霍夫兰劝服模式一方面揭示了影响劝服效果的四个基本因素，另一方面具体阐明了劝服活动发生的内在机制。

一致论取向的研究认为，一致性不仅存在于自然现象中，而且渗入人们的日常生活中，进而也活跃在人的内心深处。人们有一种寻求一致或和谐的倾向，它是传播中态度形成或改变的一个主要决定因素。若有不一致则会使人产生不舒服的感受，形成一种内在压力，使他努力把这种不一致性减小到最低程度，重新建立起认知的一致性。

平衡理论是20世纪40年代中期由美国社会学家 F. 海德提出的一种关于认知结构、过程和变化的理论。他认为，认知要素构成一个认知系统，当认知系统出现不平衡、不一致时，就会产生一定的心理压力，就会促使认知主体自己去排除和缓解这种不一致的状况，达到一致[①]。这种理论虽然也是从认知角度探讨态度变化，但更重视人与人之间的相互影响在态度转变中的作用。

认知失调理论，最早由费斯廷格在1957年提出，是研究人的态度变化过程的社会心理学理论。他认为，每个人都有多种多样的认知因素，比如态度、观念、价值观、信仰等。随着社会活动的内容不同，各种认知因素之间会存在三种关系：协调、失调和不相关。当认知因素出现失调时就会造成心理紧张，人们可以通过改变或者增加新的认知元素来调整、减轻不协调，以达到认知协调[②]。

---

① 董璐. 传播学核心理论与概念：第2版［M］. 北京：北京大学出版社，2016：208.
② 李彬. 传播学引论：第3版［M］. 北京：高等教育出版社，2013：234.

2. 教科书传播与劝服

根据霍夫兰的劝服模式，教科书的信息传播者、信息内容、信息传播媒介和信息接收者是影响教科书劝服效果的四大基本要素，这四大基本要素在教科书劝服活动中有着各自的特点和作用。因此，提升教科书劝服效果的关键正在于充分发挥这四大基本要素的作用，从而引起受教育者的情感、态度发生转变。

（1）教科书信息传播者的劝服

与一般的信息传播者相比，教科书信息传播者有着鲜明的特点，这主要表现为信息传播者的多元化，既指教科书的编写者又指教科书选文的作者。亚里士多德在《修辞学》中提出，人们对传播者的评价常基于三个特征：他的知识和正确性、他的可靠和诚实程度、他的意图。劝服对象如果认为劝服者学有专长、可靠诚实、意图公正，就会对劝服者产生喜欢、认同的积极情感，劝服对象对劝服者的这种好感就会泛化到他所传播的劝服信息上。反之，劝服对象就会产生心理阻抗，拒绝合作和情感参与，即使是迫于外在压力也只是在表面上假装服从[①]。根据态度改变理论，教科书信息传播者能否取得理想的劝服效果，主要受其可靠性、可信性和亲近性的影响。

首先，确保教科书信息传播者的可靠性。可靠性是指编写者以及选文作者的专业性与权威性，他是否具备专业知识与能力。社会心理学的实验揭示了这样一种心理现象：让人们阅读内容完全相同的劝服教育材料，当注明作者为该领域的专家时，许多人的态度在劝服教育材料的影响下发生了变化；而当注明作者为普通人时，劝服教育材料产生的影响就比较小。与普通人相比，专家和权威更容易得到别人的信任，他们对事物的看法更易具有说服力，更能引起受教育者态度的改变。因此，在教科书编写的过程中，应当选择在该专业领域内具有相当影响力的专家和学者担任教科书的编写者。因为，编写者专业知识越丰富，能力越可靠，劝服效果就越好，就越有利于教科书思想政治教育功能的发挥和受教育者态度的改变。

其次，确保教科书信息传播者的可信性。可信性是指编写者以及选文作者在人格上是否正直、诚实、客观公正，信息传播者不借助劝服活动来达成私人利

---

① 杨长青. 思想政治教育者：影响受教育者态度改变的关键因素［J］. 思想政治教育研究，2007，88（6）：74-76.

益。用阿伦森的话来说，假如一个人说服别人，而自己得不到好处，甚至会失去什么，人们就会信任他，他也会因此更有影响力①。

最后，考虑教科书信息传播者的亲近性。它是指教科书编写者或选文作者的知名度和受欢迎程度。一般来说，信息传播者越知名越受欢迎，学生就越会感觉到亲切，就越有可能改变自己的态度。我国的统编教科书就表现出传播者的亲近性效应，教科书主编都是在本学科领域具有相当学术造诣和影响力的专家学者，如温儒敏、鲁洁等；教科书的选文也主要是受欢迎、有知名度、有人格魅力的作者作品，如鲁迅、朱自清等人的文章。总之，我国的统编教科书就很好利用了这种传播心理，在面向教师和学生的使用中取得极为理想的劝服效果。

（2）教科书信息内容的劝服

教科书劝服效果的达成不仅受到信息传播者因素的影响，同信息内容本身的特性也有很大的关系。霍夫兰等人曾经在实验中发现了"睡眠者效应"这一有趣的现象，即随着时间推移，高可信度信源（信息传播者）的说服效果出现衰减，而低可信度信源的说服效果则有上升的趋势。这一现象表明，信源的可信性对信息的短期效果具有极为重要的影响，但从长期效果来说，最终起决定作用的是内容本身的说服力。因此，根据劝服理论，可以通过以下几种方式来提高教科书信息内容的劝服效果。

第一，形成教科书信息内容所承载态度、价值观的最近发展区。

在教科书的劝服活动中，教科书信息内容与劝服对象原有的态度总会有一定的差距，这是态度改变的现实基础。费斯廷格的认知失调理论认为，在劝服活动中，信息内容本身与劝服对象原有的态度存在差异时，劝服对象就会产生认知失调，造成心理上的紧张状态，形成由不平衡状态向平衡状态过渡的倾向，从而改变原有的态度，重新建立新的认知协调系统②。根据态度改变理论，差距和态度改变之间呈倒U型曲线关系，也就是说，当教科书内容和劝服对象（学生）原有态度的差距不大时，学生产生的认知失调压力不足以产生转变态度的动力；当两者的差距过大、超出学生的认知承受范围时，学生就会倾向于拒绝改变，怀疑和

---

① 李彬. 传播学引论：第3版［M］. 北京：新华出版社，1993：195.
② 吴雷鸣. 态度改变理论在高校思想政治教育中的应用研究［J］. 思想理论教育导刊，2010（9）：95-97.

贬低信息源，维持其原有认知的协调①。因此，在教科书的编写过程中应当合理把控教科书信息内容与学生之间的态度差距，既不能太小，因为太小则不利于认知失调现象的发生，进而影响态度的改变；也不能太大，一旦差距过大，会使人产生怀疑甚至贬低教科书信息内容的结果。为此，教科书的编写者应当充分了解和研究学生的态度发展规律及其特点，并在此基础上合理设计教科书信息内容与学生之间的差距，促进态度改变行为的发生，最终取得良好的劝服效果。

第二，确保教科书信息内容求真与求善的统一性。

善与真常常交织在一起。与一些知识只关注真不同，教科书在求真时，也在求善，力求求真与求善的融合与统一。教科书一方面承担着传播真理、揭示谬误的重任，另一方面肩负着引领良善、鞭挞丑恶的使命。前者是求真的体现，多涉及教科书的科学标准，本质上是科学性追求；后者是求善的体现，往往涉及教科书的道德标准，本质上是对伦理道德意义的追求。但教科书的求真应该超越真实性。因为教科书是面对未成年人、培养未成年人的，所以教科书追求的真应该是未来的、希望的、理想的、良善的真，表现并符合人类对未来、希望与梦想的憧憬。换言之，"教科书应当是教育的真、期望的真、信仰的真，是善之意义的真，应当实现求真与求善的统一"②。很难想象，一本冷冰冰地追究客观事实，不引领学生追求良善、承担社会责任的教科书，能实现劝服的目标。如今，教科书所面临的真正问题，是如何将真的事实整合进一个具有较高教育价值的真实情境中，去实现善的目标。

第三，合理设计教科书中的情感性因素。

知识并不中立。教科书也不可能达到纯粹的客观和价值中立的真，因为教科书的价值特性中包含某些情感性的因素。这些情感性因素既有可能是编写者的，也有可能来源于选文作者。态度的三个组成部分中，认知是基础，行为是表现，但情感才是态度中最为核心和关键的成分，也最能影响态度改变行为的发生。因此，在合理设计中把握教科书中的情感性因素，对于教科书劝服效果的达成具

---

① 吴雷鸣. 态度改变理论在高校思想政治教育中的应用研究［J］. 思想理论教育导刊，2010（9）：95-97.
② 石鸥，刘艳琳. 试论教科书的求真和求善［J］. 课程·教材·教法，2020，40（6）：37-45.

有极为重要的现实意义。根据态度改变理论，增加信息内容的情感性因素，如爱国、爱人民或者危机感等，更有利于增强信息的说服力。例如，用"敲警钟"的方法唤起人们的危机意识和紧张心理，可以促成他们的态度和行为向要求的方向变化。教师在使用教科书或者在教科书的内容设计上就可以借鉴这种情感说服方式，在教科书中适当注入情感性内容，以引起学生的情感共鸣，进而达到良好的劝服效果。当然，也要掌握情感说服运用的分寸，结合实际情况，防止过度煽情。

（3）教科书信息组织方式的劝服

传播技巧是为了顺利达到传播目的，有效提升传播效果而采取的一系列策略手段。教科书劝服效果可以通过一面提示与两面提示、首因效应与近因效应等技巧得到有效提升。

第一，一面提示与两面提示。

所谓一面提示，是指在教科书劝服活动中，只向劝服对象呈现正方观点和有利于自己的材料，开门见山，简洁明了，但会给人留下先入为主、偏执片面的印象。两面提示是指既呈现正方观点和有利于自己的材料，也呈现反方观点和不利于自己的材料，给学生以一种客观公正、有理有据之感。根据霍夫兰的研究，总体而言，这两种方式在劝服效果上无显著差异，但通过进一步的分析发现，这两种方式会因学生的特点在劝服效果上而有所不同。一是对于学生既有立场、态度的影响。具体而言，对于原本持赞成立场、肯定态度的学生来说，一面提示效果较好；持反对立场和否定态度的学生来说，两面提示的效果较好。二是受教育程度的影响。面对年级越高的学生，两面提示更为有效；年级越低的学生，一面提示的效果更佳。也就是说，一面提示和两面提示的劝服效果主要取决于学生的特性，尤其是对于道德与法治或思想政治、历史等需要大量论证的学科教科书，在观点材料的呈现上，对于低年级的学生，采用一面提示的方法，劝服效果会更好；而对于高年级的学生来说，采用正反观点论证，提供较为翔实、丰富的材料会更有说服力，也会产生更好的劝服效果。

第二，首因效应与近因效应。

从认知心理学的角度出发，人们对于一件事情的开头和结尾会有较为深刻的印象。根据信息呈现的顺序，首因效应是指最开始出现的内容比较容易引起人们的注意，形成先入为主的效果，而近因效应则是指最近出现的信息较易为人们所记住。用施拉姆的话来说：首先提出论点在引起注意上是有利的，而最后提出论点在被记住上是有利的。这种认识特点用到教科书的内容组织中，就有所谓金字塔结构和倒金字塔结构的说法，教科书内容的金字塔结构把最为重要的内容放在最后，倒金字塔结构则将最重要的内容放在开头。前者有利于加深学生的印象，有助于学生记忆；后者则更有利于引起学生注意和兴趣。

第三，观点先行与材料先行。

观点先行是指开门见山式地呈现核心观点，不拐弯抹角，不旁敲侧击，学生可以在较短的时间内迅速理解和把握教科书的意图和立场，给人以明白晓畅、直截了当之感。材料先行则是不直接呈现观点，而是通过寓观点于材料之中的方式，摆事实，讲道理，引导学生自己得出结论的方法，给人以逻辑谨严、含蓄蕴藉、模糊隐晦之感。在大多数情况下，观点先行的劝服效果要优于材料先行，但也要根据具体情况而定。当论述的问题较为复杂，学生的理解水平较低时，观点先行的效果比较理想。反之，当论述的问题较为简单，且论点明确，学生理解水平较高时，观点先行就会引起人们的反感，采用材料先行的做法劝服效果反而会更好。针对知识经验还有所欠缺、理解水平也较为有限的低年级学生，在教科书的选文和内容组织时应当开门见山地呈现观点。对高年级的学生，由于其认知能力和理解水平都已经达到了一定的程度，就可以寓观点于材料之中，采用材料先行的方法，在充分了解和阅读与问题相关的材料的基础上，引导学生自己得出观点，从而取得更加积极的劝服效果，实现情感、态度的转变。

第四，晓之以理与动之以情。

教科书在开展劝服性传播时，以什么方式打动学生，也是影响传播效果的重要因素，人们通常有两种做法：一种是诉诸理性，通过摆事实讲道理，运用理性和逻辑的力量来达到说服的目的；另一种是诉诸情感，主要通过营造某种气氛或者使用感情色彩强烈的言辞来感染对方，以谋求特定的效果。两种方式的有效性，因学生与文本类型而异，要综合考虑教科书文本类型以及学生的特点。

根据学科性质的差别，教科书文本大致可分为科学类和人文类的教科书。前者如数学、物理、化学等教科书，强调客观性、逻辑性，适用于证明命题的真与假、正确和错误，具有显著的逻辑性和可验证性；后者如语文等教科书，有明显的主观性、体验性。如果说科学类教科书重逻辑、推理，那么人文类教科书则重体验、感受。科学类教科书使用的主要是科学语言，定义清晰、精确、严谨，其主要目的是要让学生掌握系统的科学知识，以培养学生的求真、爱智精神，因此在教科书中遵循学科知识内在逻辑，用晓之以理、诉诸理性的方式，以体现其客观性、严谨性与逻辑性，以理性客观的方式传达教科书的信息内容。人文类教科书使用的语言体系属典型的个人化的人文话语，便于表达情感态度、价值观，比如"热情""爱""幸福"等，但因比较模糊、个人化，所以具有多样性和歧义性[①]，但它借助语言表达复杂而微妙的情感，提高学生的审美与体验能力，引导学生向善向美，因而更加适合用动之以情、诉诸情感的方式，传播教科书中所承载的情感、态度、价值观，以此来达成陶冶情感、纯洁人性、唤醒灵魂、建构意义的目的。

（4）根据教科书信息传播对象特点的劝服

首先，充分了解学生的人格与个性特征。

在实际生活中，我们会发现这样一个现象，即使面对的是同样的劝服者，使用的是同样的劝服内容，采取的是同样的劝服方式，不同的劝服对象还是会有不同的反应，也会产生有不同的劝服效果。通俗地说，就是有些人的认识属于场依存性，较多地依赖自己所处的周围环境的外在参照，比较容易接纳别人的意见和观点，比较容易被人说服；有些人的认识属于场独立性，个体较多依赖自己内部的参照，不易受外来因素影响和干扰，习惯独立对事物做出判断，比较固执己见，不太容易被人说服。在传播效果研究中，这种容易或难以接受他人劝说的个性倾向，被称为"个人的可说服性"。根据日本学者鲍户宏的研究，可说服性主要包括以下几个方面："一是与特定主题相关的可说服性，二是与特定议论或诉求形式相关的可说服性，三是与主题或说服形式无直接关系的一般可说服性，主要受个人性格和个性所规定的，对于他人意见，容易接受或排斥的倾向。"[②]也就是说，学生的人格与个性特征是决定可说服性的重要因素，可说服性又是决定劝服效果的重要因素。学生的可说服性受到多种人格和个性因素的影响，根据霍夫兰和贾尼斯的实验研究，影响学生可说服性的因素主要有以下几个：第一，自

---

① 石鸥. 教科书概论［M］. 广州：广东教育出版社，2019：61–62.
② 郭庆光. 传播学教程［M］. 北京：中国人民大学出版社，1999：190.

尊心、自信心强的人比自尊心、自信心较弱的人更难以劝服。第二，心怀敌意的人比心怀善意的人更难以说服。第三，想象力贫乏的人比想象力丰富的人更难接受他人的影响。第四，性格内向的人比性格外向的人更不容易被说服。第五，固执保守的人比具有社会进步倾向的人更难以被说服①。因此，当教师在使用和讲解教科书时要充分了解和研究学生的人格与个性特征，注意采取不同的劝服方式，做到因材施教，有的放矢，以便取得更好的劝服效果。

其次，适当呈现一定数量的反面教材。

站在学生角度，着眼如何抵御负面信息。在传播效果研究中的一个有趣的现象——"预防注射"，其实，关于"预防注射"的研究最早可追溯至前述霍夫兰关于一面提示与两面提示的研究。霍夫兰发现，接受两面提示的人比起仅仅接受一面提示的人来说，立场更为坚定，抵御负面信息的能力也更强。威廉·麦奎尔在承袭这一研究传统的基础上，经过进一步的实验和研究，发现当说服对象接触到对于基本信息的攻击，以及这些攻击的反驳（即反宣传）时，原先接受单方面信息的几乎都受到了相反观点的影响，而之前那些接受了正反两方面信息的人的态度却没有发生明显的变化。这种思路与接种免疫的思路有点相似。我们知道人的身体要想抵御病毒的攻击无非两种方式：一种是做好防护工作、增强自身的抵抗力；另一种是进行一定的预防接种。同样地，教科书要培养学生的意识形态，并抵御住负面思想的荼毒，方法也有两种：一种是加强正面教育，增加思想上的抵抗力；另一种则是进行适当的反面教育，有意识地向学生提供一些负面的材料信息，使他们的思想先对这类负面信息产生抵抗性和适应性，这样他们真正面临负面信息的大规模侵袭时，便不会轻易发生动摇②。如在道德与法治教科书中编排社会主义核心价值观的内容时，适当添加和编排一些与之相背的内容，让学生事先了解和正确辨别负面信息，并对它们产生一定的抵触情绪，可以更容易让学生坚守社会主义核心价值观。

最后，充分发挥班级集体教学压力和班集体价值的作用。

个体总是处于社会关系之中，是关系中的人，群体中的人。作为教科书劝服对象的学生则始终处于班集体之中，学生对教科书的使用大多时间发生在班集体

① 李彬. 传播学引论：第3版［M］. 北京：高等教育出版社，2013：221.
② 李彬. 传播学引论：第3版［M］. 北京：高等教育出版社，2013：223.

教学中，因此，考察学生对劝服效果的影响，就不得不考察学生的班级学习和班级价值。其一，学生对教科书的接受会受到班集体的影响。教科书的阅读活动区别于一般文本阅读之处在于，教科书文本阅读活动是一种集体性阅读，是在教师引导下的学生集体阅读、集体思考、集体表达的过程，任何个人阅读都会受到集体阅读的规范或制约。当学生对教科书内容的理解与班集体不一致时，班集体的理解会对学生产生一种无形的心理压力，从而让学生改变原有的态度，与班集体保持一致。因此，如果教师充分发挥班集体阅读的功能，那么对教科书的劝服就有一定的增效作用。其二，学生对教科书的接受还会受到班集体价值的制约。班集体共同认可的价值观，潜移默化地影响着每个班集体成员的思想与行为方式，并对每个学生对教科书的理解具有重要的调节、凝聚、引导作用。为此，教科书的教学应当注意发挥班集体价值的影响，引导学生用共同的思想、信念、价值观解读教科书，以增强教科书的劝服效果。

第四节　教科书的培养特性

如前所述，教科书的传播劝服需要考虑学生的特点，那么接下来的问题是学生的价值、态度、行为等特点又是如何形成的？教科书能培养学生的上述特点吗？

对这个问题的回答其实不需要太多的论证，教育的个体社会化功能已给出了答案。教科书知识蕴藏的价值取向、情感、态度等经过教学活动能转化为学生的情感、态度、价值取向。教科书的完美传播是教科书传播内容与学生接收的内容具有高度的一致性。但是，教科书的传播真有这么理想吗？难道学生会像魔弹论当中所描述的受众那样不加辨别地全盘接受教科书吗？教科书为何能培养学生的德性，改变学生的情感、态度、价值观？换言之，就是教科书培养学生德性，改变学生的情感、态度、价值观的内在机制是什么？我们知道，学生的德性培育，情感、态度、价值观的改变绝非一朝一夕之功，是一个长期反复、日积月累、潜移默化、熏陶浸染的过程。依据传播效果研究中的培养理论，可以对教科书如何通过传播培养学生的机制做深入的解释。

一、教科书的培养理论

教科书的培养理论，最早可追溯至李普曼在公共舆论中所提出的著名的"拟态环境"这一概念。李普曼指出，在大众传播极为发达的现代社会中，人们与现实的环境之间并不是简单的一一对应关系，他认为"人们的行为与三种意义上的'现实'发生着密切的联系：一是实际存在着的不以人的主观意志为转移的'客观现实'；二是经过传播媒介有选择地加工整理后所呈现的'象征性现实'（即拟态环境），就像柏拉图在理想国中所描写的洞穴中的那些影子一样；三是人们在自己头脑中描绘的'关于外部世界的图像'，即'主观现实'"[①]。主观现实是人们的现实行为的依据，在传统社会里，主观现实是对客观现实较为直接的反映。但在教科书媒介中，学生对于客观现实的认识在很大程度上需要经过教科书媒介所呈现的象征性现实的中介，也就是说，正是这种由教科书媒介所构筑的象征性现实最终决定了学生认识理解世界的方式。而培养理论要解决的问题正是"教科书媒介对人们的现实观究竟具有什么样的影响""这种影响是如何发生的"等一系列问题，对上述这些问题做出实证考察的是以格伯纳为代表的培养理论研究。

培养理论，又被称为"涵化理论"和"教化理论"，作为传播效果研究中的一个重要理论，至今仍葆有着旺盛的生命力和解释力。它起源于20世纪60年代后期由格伯纳领导的关于探讨电视暴力内容与社会犯罪之间关系的研究。根据一系列实证调查和分析的结果，格伯纳等人认为，在现代社会，大众传媒提示的象征性现实对人们认识和理解现实世界发挥着巨大的影响。由于大众传媒的某种倾向性，人们在心目中描绘的主观现实与实际存在的客观现实之间正在出现很大的偏离，同时，这种影响不是短期的，而是一个长期的潜移默化的培养的过程，它在不知不觉中培养着人们的现实观。在这个意义上，格伯纳等人将这一研究称为"培养分析"[②]。如果以教科书媒介替代大众传媒，也可得出这样的结论：教科书提供的象征性现实，长期潜移默化地培养学生的现实观。

---

① 郭庆光. 传播学教程 [M]. 北京：中国人民大学出版社，1999：204.
② 郭庆光. 传播学教程 [M]. 北京：中国人民大学出版社，1999：205.

二、教科书的培养特点

尽管格伯纳对于培养理论的研究都是建立在电视这一传播媒介的基础之上，但是格伯纳的这一研究思路也可以为我们揭示，教科书与教育性关系的内在机制。教科书与电视是看似毫不相干的两件事物，但是如果从传播媒介的角度加以审视的话，二者还是有许多可比之处的。

从相同点来说，二者都可以看作李普曼所讲的拟态环境，即象征性现实，在这一点上，教科书与电视并无二致。因为，电视可以看作人们借助视听媒介根据一定的标准有选择性地加工整理建构出来的符号系统。同样地，教科书则是人们借助纸质或数字媒介，根据教学大纲或课程标准制定的系统反映学科内容的意义系统。这两种符号或意义系统，既不同于不以人意志为转移的客观现实，也不同于人头脑中的主观现实。哪些内容可以进入，哪些内容不可以进入，内容如何呈现都有一定的规则和标准。教科书的媒介特性，使学生不是通过直接接触客观现实来认识和理解世界，而是通过象征性现实，也就是教科书媒介用知识所构造和呈现出来的现实，来认识、理解和改造世界。

两种媒介构造都是选择性的意义系统，所以媒介都不可避免地具有一定的倾向性。象征性现实的这种倾向性使学生心中的主观现实与实际存在的客观现实产生一定程度的差距，造成主观现实与客观现实的内在张力，进而影响和制约着学生的现实观、世界观与价值观。此外，两种媒介具有传播范围广、受众多、影响周期长的特点。因此，两者对人们情感、态度、世界观、价值观的影响都是循序渐进、潜移默化、长期作用的过程。

与电视相比，教科书有其独特之处。第一，教科书的受众——学生的可选择性更少。学生不能像观看电视一样根据自己的喜好对电视节目进行选择和更换。观众在电视面前具有很大的主动权与选择权，因此电视对观众的影响更为零散，有时甚至会相互抵消。而教科书给学生的个体选择空间较小，对学生的影响也较为接近。第二，教科书花费学生的时间和精力更多。可以毫不犹豫地说，教科书是读者最多、最特殊，最被读者信赖甚至依赖，最耗费读者精力和时间，对读者影响最深远的文本[1]。第三，教科书在主流化上更为有效。主流化是指传播媒介

---

[1] 石鸥，石玉. 论教科书的基本特征 [J]. 教育研究，2012，33（4）：92-97.

在形成社会共识尤其是在传播特定阶级和统治集团的意识形态上所具有的作用，与电视相比，教科书更有权威性和专业性，在某种程度上其政治性和意识形态属性也更强。这是教科书在主流化上得天独厚的优势所在。

当然，培养分析也并非一项孤立的研究，它是格伯纳文化指标研究项目的一个有机组成部分，由制度分析、讯息系统分析和培养分析三个部分组成[①]。其中制度分析的主要目的是分析大众传播的信息生产、传达和消费过程中的各种制度性压力和制约因素，进而揭示大众传播内容的特定倾向性形成的原因。制度分析教科书，也就是说教科书制度本身也是有不同倾向性的，不同的教科书制度会形成不同倾向性的教科书内容，如一纲一本与一纲多本，前者的教科书内容较固定，适用于统一和强化意识形态教育，后者的教科书内容较多样，适用于弱意识形态教育。讯息系统分析的前提是认为大众传播的讯息是通过语言文字、画面、影像等象征符号来传达的，这些讯息并不是符号的随意组合，而是根据一定的观点和意识形态进行加工整理后具有完整意义结构的系统。因此，讯息系统分析的目的就在于揭示媒介讯息系统的整体倾向性。对教科书进行讯息系统分析，也是说教科书的符号体系，是按照某种符号规则，形成的具有某种倾向性的意义系统。培养分析是讯息系统分析的延伸，其核心观点认为：教科书的传播内容具有特定的价值和意识形态倾向，这些倾向通常不是以说教而是以讲事实、讲故事、提供知识的形式传达给学生的，它们让学生于潜移默化之中形成现实观、社会观[②]。教科书媒介的这种"培养效果"，主要就表现在形成当代主流的社会观和现实观。特别是在主流意识形态的形成过程中，教科书尤其发挥着强大的作用，可以适用不同的学生特点，在全社会范围内广泛培养学生关于社会、民族、国家的共同印象。

综上所述，教科书培育学生的情感、态度、价值观的过程，就是通过教科书媒介所构筑和呈现的具有特定倾向性的象征性现实，日积月累、潜移默化、润物无声地影响学生认识、理解和把握世界的方式，培育期待的学生，以便教科书进一步巩固或强化学生的情感、态度、价值观。

---

① 郭庆光. 传播学教程［M］. 北京：中国人民大学出版社，1999：207.
② 郭庆光. 传播学教程［M］. 北京：中国人民大学出版社，1999：208.

第二章

教科书的把关人

从教科书制度建设和理论探讨层面出发，教科书知识准入问题既是教科书建设的关键环节，又是教科书理论研究的重要内容，并在一定程度上构成了教科书建设和发展的一大难题。而"教科书把关人"概念的提出则为这一难题的解决提供了较为合适的切入点。就其根本而言，教科书知识准入问题就是对教科书进行把关的问题。接下来的问题便是：与一般的把关人相比，教科书把关人有何独特之处？教科书的把关人拥有哪些把关机制？又是如何具体践行这些把关机制的？教科书把关人之间存在各种关系，这种错综复杂的关系又为把关人之间的博弈现象的形成提供了现实基础，把关人之间存在着哪些典型的博弈现象？应采取何种措施为教科书把关人之间构建和谐有序的对话环境，从而消解教科书把关人之间的博弈现象呢？对上述种种问题的厘清有助于深入理解教科书知识准入，进一步推动教科书制度建设以及教科书基本理论的发展和完善。

第一节　教科书把关人的内涵及特征

教科书把关人是传播学理论在教科书研究中自觉运用的结果，它既有一般把关人的特点，又因把关对象的特殊性而具有诸多独特之处。

一、什么是教科书把关人

"把关"与"把关人（gatekeeper）"（又称"守门人"），是传播学中传播主体研究的重要内容，由传播学家卢因最早提出，并在《群体生活的渠道》一书中加以系统地论述。其中，"把关"是指在信息传播过程中对信息进行搜集整理、选择加工、筛选过滤的行为。相应地，"把关人"就是实施上述把关行为的组织或个人。因此，教科书把关人是指在教科书的产生与传播的过程中，对教科书的内容信息、价值取向等进行筛选过滤、加工处理、综合抉择的组织或个人。一般包括课程标准的制定者，教科书的编写者、出版者、审定者，教科书的传播者——教师以及社会公众等。

二、教科书把关人的特征

教科书建设是一项系统复杂的工程，涉及教科书的策划、编写、审定、出版、发行、使用等各个环节，教科书的把关人因而具有多元化、多层次的特点。与一般的把关人相比，由于教科书文本的特殊性，教科书把关人具有别样的特征。

首先，把关主体多元化。具体而言，国家主要从宏观层面规约着教科书的内容，对教科书进行思想把关；编写者则具体决定着教科书的内容；教师主要对教科书进行教学阐释，将教科书内容转化为促进学生发展的内容，对教科书进行教学把关；舆论的主体是社会公众，代表着社会公众的意见与诉求，主要对教科书进行民意监督。因此，教科书把关人主要指国家、编写者、教师和社会公众四大主体（其中国家把关人是教科书的政府主管部门、审定者，课程标准的制定者的统称）。四大把关人深度参与，层层把关，进而推动教科书的有效传播。

其次，把关标准多元化。把关主体的多元化，必然带来把关标准的多元化。国家、编写者、教师、社会公众在教科书的传播过程中具有较强的异质性。由于立场观点、价值取向和利益诉求上的不同，四大把关人所秉持的把关标准也不尽相同，如在衡量教科书合格的标准上，国家更加关注其思想性、政治性；编写者尽量兼顾各方诉求，既关注思想性，也关注其教学性；教师则更加关注其教学性等。

最后，事前把关与事后把关分工协作。教科书在出版前主要由教科书的政府主管部门、编写者、出版者、审定者事前把关；出版发行后，教科书便很难更改，因此事前把关非常关键。但是，教科书的特殊性正在于它需要经过人的阐释和教学才能发挥其应有的功能与价值，所以教师也是把关人，只是属于事后把关人，把教科书事前把关遗漏之处补充完整。总之，教科书的政府主管部门、编写者、出版者、审定者等主要是对教科书进行事前把关，教师和社会公众则是对教科书进行事后把关，事前把关非常关键，事后把关也不可或缺。在互联网时代，社会公众也参与教科书的把关，并借助互联网充分自由地表达意见，形成有力的社会舆论监督，推动教科书的完善与发展。

第二节　教科书的把关机制

教科书把关是一项由多主体参与的系统且严密的专业性工作，它需要国家、编写者、出版者、审定者、教师和社会公众等各负其责、通力合作，根据把关工作特点，综合运行多种机制，对教科书进行严格把关。

一、国家把关人确定"谁的知识最有价值"

19世纪中期，斯宾塞有感于古典知识的空疏无用，振聋发聩地提出"什么知识最有价值"的问题，正式确立了科学主义的课程知识观，并由此引发了人们对于课程知识选择的无尽思考。20世纪中后期，阿普尔批评斯宾塞之问的片面性与简单化倾向，敏锐地发出"谁的知识最有价值"的深切之问，凸显了课程知识的意识形态属性与政治性。从斯宾塞之问到阿普尔之问，宣告了课程研究范式的时代转向。

回顾这种课程研究范式的转向，为我们审视教科书传播过程中国家把关作用提供了重要的方法论。在教科书传播过程中。国家把关不仅是一个规定"什么知识最有价值"的技术性、操作性过程，更是一个确定"谁的知识最有价值"的政治性、社会性的过程。首先，教材建设是国家事权的必然结果。"教材建设事关国家利益，属于国家社会文化事务，是国家教育事业的有机组成部分，是国家社会文明和精神文明的重要内容，教材建设必须由国家统筹管理。"[1]其次，国家把关是由教科书的本质属性所决定的。教科书作为国家意志、民族文化、社会进步和科学发展的集中体现，是实现培养目标的最直接的载体。教科书是读者最多、最特殊，最被读者信赖甚至依赖，最耗费读者精力和时间，对读者影响最深远的文本。一代又一代的青少年就是手捧着这小小的文本成长起来的，在一定意义上，有什么样的教科书，就有什么样的年轻人，也就有什么样的国家未来[2]。因此，从斯宾塞之问走向阿普尔之问，既是国家事权的要求，也是教科书本质属

---

① 　郝志军. 教材建设作为国家事权的政策意蕴［J］. 教育研究，2020，41（3）：22-25.
② 　石鸥，石玉. 论教科书的基本特征［J］. 教育研究，2012，33（4）：92-97.

性的体现。国家把关人既要提供"什么知识最有价值"的标准，也要守住"谁的知识最有价值"的红线。

1. 设置知识准入门槛

教科书存在内、外两个知识空间。这两个知识空间并非一一对应的关系。国家把关人会通过设置知识准入门槛的方式，将广阔的外部知识空间转化为教科书的内部知识空间。大到教育目的的确立，小到课程标准的制定，都体现了国家把关人设置知识准入门槛的良苦用心。具体而言，教育目的是国家对人才培养的总的规格的限定。人才规格的问题决定了"用什么来培养人"的问题，即课程知识选择的问题。教育目的必须回答"为社会与国家培养什么人"的问题，因此带有较强的社会本位论色彩，在"用什么培养人"的问题即在课程知识选择上更加强调知识的思想性。

如果说教育目的主要是从宏观层面上设置知识准入门槛的话，那么课程标准则在微观层面上设置知识准入的标准，具体规定什么知识、谁的知识可以进入，当然也排除了另外一些知识。可以说，课程标准更为直接也更为具体地体现了国家意志，更加符合国家主流意识形态的要求，规定真正意义上的"法定知识"框架。国家把关人也把设置课程标准作为教科书把关的重要手段。

世界各国课程标准的制定与形成，有两点是相同的。一是课程标准的制定主体都是国家把关人。在课程标准的制定过程中，国家把关人扮演课程标准的"立法者"角色，出版者与编写者、教师更像是课程标准的实施者和执行者。二是课程标准都是价值的秩序。课程标准理论上有三个依据，即学生、学科和社会。课程标准的形成，既是依据学生的心理特征和学科知识体系，对学生提出内容标准和表现标准的过程，也是根据国家意志和社会需要对学生的学习结果提出期望，对知识进行价值排序与类型划分的价值负载的社会性过程。总之，课程标准的三个依据，也就是知识的准入门槛。

2. 挑选国家把关人

众所周知，国家并不作为教科书的直接主体参与教科书传播过程，但国家以成立专家委员会或委托专业人员的形式挑选国家把关人，间接主导教科书的传播内容制定环节。国家把关人以知识权威的身份对课程标准的制定，教科书的编写、审定出版与发行全面介入，发挥了关键的控制审查角色。

国家事权与知识权威的结合是一种重要的把关机制。一方面，作为国家把关人的知识权威有落实国家事权的能力，能实现国家把关的科学化、合理化、合法化。另一方面，作为国家把关人的知识权威又是国家意识形态化的个体，能够忠实贯彻国家意志，反映国家主流意识形态的要求。总之，权力与知识的结合决定了教科书的知识谱系，当然，要实现知识与国家权力结合的目标，挑选合格的国家把关人是极为有效的机制。

3. 设置教科书制度

教科书制度是国家权力在教科书领域最为直接、最为集中的体现，涉及教科书从编写到审定、出版发行、供应使用的各个环节。国家对教科书制度的介入主要表现为确立教科书的编审制度。按照国家介入程度的大小可以分为自由制、国定制和审定制，三种制度各有其优缺点，因而各有其适用学科范围。

自由制有利于充分调动教师、学校和社会参与教科书建设的积极性。通过营造良好的竞争环境，有效提高教科书质量，以适合不同地区及学生的需要，促进教科书多样化发展和多样化局面的形成。这种自由松散的制度不利于国家主流意识形态的宣扬与传播，削弱了国家意志的权威。自由制也是一种市场制，但并非国家未介入，而是介入程度较轻，且因学科而易。如对一些意识形态属性、思想性较弱的教科书，如数学、物理等理科教科书，一些国家采用自由制管理。

与自由制相反，国定制是为了忠实地贯彻国家意志，反映国家主流意识形态的要求，以国家力量确保教科书总体质量，使教育服从国家利益的需要。但是，教科书国定制的高度集中统一，也有可能造成教科书制度的官僚主义，以及教科书市场的垄断，不利于满足不同地区学生的差异化与多样化需求。当然，国定制也适用于一定的学科，如一些意识形态属性、思想性较强且需要统一的语文、历史、道德与法治/思想政治教科书就比较适用这种制度。

审定制则介于二者之间，也兼具二者的优点，一方面可以通过审查来保证教科书质量和特定意识形态，另一方面可以满足学生的多样化需要。审定制也面临诸多困境，如审定标准欠科学、审定规则不明确、问责机制欠缺等。

针对不同教科书制度的利弊，我国采取统筹为主、统分结合、分类指导的教科书制度。2019年2月，中共中央、国务院印发的《中国教育现代化2035》中就明确指出："健全国家教材制度。强化教材建设国家事权，统筹为主、统分结合、分类指导。"①"这里明确的目标是'统筹为主',不是统编为主。'统筹'就是顶层统一规划计划、通盘筹划谋划,不是统一编写,而且强调统分结合,分类指导。可见,大格局的多样化的指导思想仍然没有变。"②自此,我国教科书制度形成了三科教科书统编与其他教科书多样化并存的局面,以审定制为主、国定制为辅的教科书制度。

二、编写者把关人判断"什么知识与谁的知识最有价值"

教科书编写者在教科书传播序列中处于较为特殊的位置,既要发挥着承上启下的作用,成为联结国家意志与培养学生的中介,又要直接接受社会公众舆论的监督。因此,教科书编写者在教科书的编写中不仅要考虑国家意识形态的要求,确保教科书符合主流文化与价值观,又要深入了解教师和学生的需求,保证其教学适用性,还要接受来自社会公众的批评与建议。所以编写者要同时针对"什么知识最有价值"与"谁的知识最有价值"的问题,协调各方关系,综合考量各方利益诉求,努力在政治性与教学性、求真与求善、文化传承与文化创新之间达成微妙的平衡。由此看来,编写者对教科书的把关行为不仅是一个专业性、技术性的创编行为,也是一个蕴含着价值判断与价值冲突的价值抉择行为。编写者对于教科书的把关包含多重机制。

1. 内容选择与确定

"教科书内外存在两种知识空间,一个是教科书外部的原生态的文化知识空间,一个是通过选择等主体行为而构建的教科书内部文化知识空间。"③教科书的外部文化知识空间是人类在历史发展过程中所创造建构的所有知识的总和,浩如烟海,汗牛充栋。而教科书内部文化知识空间则是教科书的编写者在一定价值观、教育观的指引下,依据课程标准,从外部文化知识空间中精挑细选,采取一系列编写机制建构起来的,与前者相比,容量较为有限。而教科书内部容量的有

---

① 中共中央、国务院. 中国教育现代化2035[EB/OL].[2019-02-23]. https://www.gov.cn/zhengce/2019-02/23/content_5367987.htm.
② 石鸥,张美静. 新中国教科书多样化探索之路及未来展望[J]. 教育科学,2020,36(4):1-9.
③ 石鸥,张美静. 被低估的创新:试论教科书研制的主体性特征[J]. 课程·教材·教法,2019,39(11):59-66.

限性与外部文化知识空间的无限性的矛盾正需要借助编写者的选择这一主体行为来解决。也正因为如此，选择不可能是价值中立或者价值无涉的技术性行为，选择本身就是一种价值判断。"什么知识最有价值""谁的知识最有价值"，始终横亘眼前，难以回避。如语文教科书中，选文的重要标准是文质兼美，思想性、文学性、政治性并重。选择既意味着编写者在一定价值观和教育观的指引下对外部文化知识空间中的广阔素材进行创新性的择取，也意味着对之进行创造性的放弃，这是一个过程的两个方面，也是编写者履行把关机制的第一步。

2. 单元组织与建构

单元是教科书的基本组成部分，具有相对独立的知识体系与育人价值。同一单元内的知识往往在价值取向、内容题材、表达方式等方面具有一定的相似性，它们相互联系、相互强化、相互融通，形成了具有丰富育人价值的整体。如在统编版语文教科书的单元就是双线组织结构，即按照内容主题和语文素养来组织单元，同时兼顾人文性与教学性。以叶圣陶创作的童话《古代英雄的石像》为例，因在近百年的语文教科书史中，编写者把它放在了不同的单元结构中，其寓意就众说纷纭、莫衷一是。在民国时期的《开明国文读本》（第一册）中，《古代英雄的石像》一文是与陈垣的《记大同武州石窟寺》、宋起凤的《核工记》、蔡元培的《雕刻》合为一个单元，主要是为了传授关于雕刻的科学知识，培养学生的科学精神与科学态度；而在《初中国文选本》（第二册）中，《古代英雄的石像》是与胡适的《威权》和《乐观》二文，以及苏联作家爱罗先珂的《池边》共同组成一个单元，受到这些选文内容和主题的影响，《古代英雄的石像》被解读为鼓励小石块团结一致，反抗压迫和暴力[①]。由此可见，编写者通过单元组织与建构这一机制，为每篇选文都设置单元语境，或者说提供了型文本，赋予选文表意与解释的基本程式，提供了新的内涵。因此，同一篇课文，在编写不同单元的组织下，就规定了它的不同内涵，从而发挥出不同的育人价值。

3. 内容修改与润色

当原生态的文化知识被选入教科书之后，需要对之进行加工、修改和润色，使其更加符合教科书的规范和体例，其原因主要是：一是教学的需要；二是一个时代的政治、经济、文化发展变化的需要；三是内容完善的需要。内容修改与润

---

① 张心科. 经典课文多重阐释［M］. 上海：华东师范大学出版社，2019：9-14.

色是教科书编写过程的必然与必要环节，包括两个方面：一是内容的删减、改写或增补；二是形式上的编辑与印刷。前者如2019年"人教版"小学《语文》课本三年级下册《火烧云》一文，选自《呼兰河传》，但对原著做出了较大修改；后者如对字体、字号、颜色等进行调整，以引起教师、学生的注意，传达编写者的意图。以香港现代教育研究社出版的历史教科书（简称"旧版历史教科书"）中关于鸦片战争的叙述为例，旧版历史教科书在提到鸦片战争背景时，对鸦片对中国造成的深重灾难闭口不提，转而突出清朝以"天朝上国"自居、闭关锁国、限制通商、林则徐禁烟、中英贸易谈判失败等背景，引出结论"英国最终决意派兵来华，战争因此爆发"[①]，企图为英国侵略行为洗白，抹杀其侵略本质。香港新编写的历史教科书中，编写者对鸦片战争这一部分做出大幅度修改、对其历史观进行了拨乱反正，一方面增加了鸦片对中国造成的危害内容，另一方面删除了以往洗白英国侵略战争的内容，帮助学生确立正确的历史观。香港教科书反向与正向的修改与润色案例，都说明编写者在内容把关上发挥了重要作用，不同编写者的修改可以影响教科书的性质。

4. 助读系统设计

按照石鸥的说法，助读系统的设计是最能体现编写者的主体性与创新性的环节，当然，也是最能说明编写者把关机制的环节。可以说，教科书与一般著作最大的不同之处就在于教科书有专门的助读系统，也有人称之为教科书的"支架体系"。它是教科书研制者为读者设计、帮助读者理解教科书，以使读者可以方便地使用教科书的手段与工具[②]。一般说来，教科书的助读系统是指教科书的前言、编写大意、单元导语、注释、课后问题、练习、活动等。助读系统在为编写者充分发挥自身优势、大展拳脚提供了广阔空间的同时，也积极参与知识意义的构成，影响意义解释。如香港的旧版历史教科书在鸦片战争这一课的课后提问是这样的：如果中国当初采取较开放贸易政策，能否避免鸦片战争的屈辱？林则徐

---

① 香港清理"毒教材"［EB/OL］.（2021-04-09）. https://www.ccdi.gov.cn/toutiao/ 202104/t20210409_239321_m.html.

② 热拉尔，罗日叶. 为了学习的教科书：编写、评估和使用［M］. 上海：华东师范大学出版社，2009：233.

的禁烟手法是否明智？^①编写者利用助读系统意图回避英国发起鸦片战争的战争动因、淡化其侵略本质。新编写的历史教科书中，编写者又通过助读系统进行拨乱反正，要求学生用图表描述清朝时由英国输入中国的鸦片数量，或分析不平等条约对中国经济的影响，^②以引导学生正确认识鸦片战争的侵略本质。

三、教师把关人界定"什么知识最有教学价值"

经过国家把关人与编写者把关人的重重把关后，物质形态的教科书就此诞生且固定下来，接下来教师作为把关人的作用便凸显出来了。教师的把关作用就是将教科书的静态符号系统转化为适应学生认知特征、促进学生发展的动态符号系统。教师把关也就是教师对教科书中的信息进行解码、译码和重新编码的过程。教师能够在教学中直接决定教科书中内容信息的重要性，以及教科书内容信息的呈现方式。因此，教师是教科书与学生发生实质性联系的纽带与桥梁，是教科书的意义与价值得以落地的最为重要的中介。总之，教师对教科书的把关主要表现在对教科书内容的再次剪裁加工，并通过重新阐释进行价值传递。

1. 再次剪裁加工

教师对教科书内容进行剪裁加工重组，既是课程理论的要求，又是教学实践的诉求。无论是古德莱德的课程层次理论还是辛德的课程实施取向理论，都从不同方面充分肯定了教师在课程组织与实施过程中的主体性地位。在古德莱德的课程层次理论中，教师领悟课程构成了从官方课程到实际运作和学生体验课程的中介和桥梁，教师需要根据具体实际情境做出适当的调整。而在课程实施取向理论中，相互调试取向和创生取向成功与否在很大程度上取决于教师能否充分发挥其能动性和主动性。教师的这种能动性和主动性对教科书就体现在把关上。一方面，作为能动且有前结构的个体，教师很难成为传播的透明通道、完整无缺地传递教科书的信息，总会在有意与无意间对教科书内容做出一定的裁剪加工。任何对教科书的裁剪加工又是在其前结构（如一定的价值观、教育观）的影响下发生的；另一方面，对教科书做出一定程度的剪裁、修改、重组与扩充，也是教师根

---

① 香港清理"毒教材"［EB/OL］.（2021–04–09）. https://www.ccdi.gov.cn/toutiao/ 202104/t20210409_239321_m.html.

② 香港清理"毒教材"［EB/OL］.（2021–04–09）. https://www.ccdi.gov.cn/toutiao/ 202104/t20210409_239321_m.html.

据教学实践情景（如学生特点、教学工具条件等）做出的适应性调整。教师从教学实践出发，重点关注教科书的教学性，对之进行教学性把关，对教科书的内容，价值取向进行剪裁、加工、重组或增补工作，以增强知识的教学性。当然，依据前结构或教学实践作调试取向或创生取向的裁剪加工，其实也是在忠实地贯彻国家意志，传递符合其价值观的内容。

2. 重新阐释

教师也可能根据教育观和价值观对既有的教科书内容加以重新阐释，赋予其以新的内涵与教育价值。这种阐释既可能是合理的创生性阐释，也可能是偏激甚至错误的阐释。前者如一教师在教《愚公移山》这篇经典课文的案例。对"愚公移山"这个惯用成语，大多教师意在让学生明白人做事情有毅力、面对困难懂得坚持这个道理，所以故事情节学下来很轻松，然而学生表面上认可了愚公锲而不舍的精神，但事实上触动不深。面对这种情景，该教师没有做简单的肯定和否定，而是急中生智地抓住了文中那个"始龀"（刚换牙）就来帮愚公移山的孩子，让大家思考：为什么孩子会来帮忙？莫非孩子比愚公更愚吗？这些问题，不仅激起了学生思维的火花，也重新阐释了愚公移山的行为并不是为了个人的利益，所以得到的不仅是家人的认可，也赢得了别人的支持。后者如2020年4月，香港一名教师在讲授鸦片战争历史时，受错误史观的影响，竟宣称英国是"为了消灭中国的鸦片而发动鸦片战争"①，对鸦片战争给中华民族造成的深重灾难则闭口不谈，公然为英国的侵略事实洗白，颂扬英国的侵略行径。上述两个正反案例，正好解释了教师在教科书的使用中具有把关的义务与责任。

四、社会公众把关人监督"什么知识与谁的知识符合民意"

教科书作为教育教学最为重要的工具与资料，承担着培育人才、传承与创新文化的重要使命。可以说，每代人都是在教科书所给予的精神食粮的哺育下茁壮成长起来的，每个国家都是在教科书所提供的精神动力下发展壮大起来的。教科书既关乎国家民族的命运，也牵动着千家万户的心弦。教科书一经传播，必然要接受社会公众的检阅，在检阅的过程中，社会公众会对教科书发表各种观点，表

---

① 香港清理"毒教材"［EB/OL］.（2021-04-09）. https://www.ccdi.gov.cn/toutiao/ 202104/ t20210409_239321_m.html.

露出各种情绪、态度。当这些理性与非理性的声音、态度、情绪交织在一起，形成时间持续、声音强烈的意见时，教科书的舆论便诞生了。

历史和现实告诉我们，对于由教科书问题引发的社会舆论不容小觑。从20世纪20年代"初中教科书《本国史》风波"到21世纪初上海历史教科书风波，再到新近的语文教科书风波，教科书舆论的巨大影响力都可见一斑。卢梭对舆论有精辟的认识："因为它是正规法律以外的法律。既不是铭刻在大理石上，也不是铭刻在铜表上，而是铭刻在公民的内心里，它形成了国家的真正宪法，它每天都在获得新的力量，当其他法律衰老或消亡的时候，它可以复活那些法律或代替那些法律，它可以保持一个民族的创造精神，而且可以不知不觉地以习惯的力量代替权威的力量，我说的就是风俗习惯，而尤其是舆论。"①因此，厘清公众作为把关人用舆论手段在教科书传播过程中发挥把关作用就尤为重要。公众用舆论对教科书把关，主要表现在以下两个方面：一是通过直接质疑批评的方式直陈教科书中存在的问题，自由地表达民意；二是通过间接施压的方式迫使教科书有关部门做出回应，并最终介入教科书的具体编写工作。

第三节　教科书把关人的合作

在教科书的传播过程中，由于参与其中的把关人在价值取向、把关标准、态度立场上各不相同，教科书把关人之间存在着不同类型的博弈现象。为此，需要采取以下合作策略消解把关人博弈导致的负面效果，为教科书把关工作营造健康有序的生态环境。

一、促进把关人之间的有效交流

教科书传播过程中的把关人如此众多，各自秉持的把关标准和诉求又不尽相同，价值冲突与利益博弈现象就不可避免。总体上，通过教科书来促进学生发展、提高国民素质，是国家、编写者、教师与社会公众等把关人的共同价值追求。但不同的把关人在具体的把关过程中又有各自的诉求，国家把关人总本能地

---

① 卢梭. 社会契约论［M］. 北京：商务印书馆，1980：73.

追问"谁的知识最有价值",更加关注教科书的意识形态属性、政治性与思想性;编写者把关人则尽量兼顾各方利益,力求达成最佳均衡,但也使得各方诉求体现得不够明晰;教师把关人主要关注教科书的教学适用性,是从教学的角度审视教科书;社会公众希望教科书能够反映社会大众的意愿与需求。总之,教科书把关人在把关过程中容易各行其是,缺乏对话交流意识,固守各自的标准、态度和立场。为此,建立国家、编写者、教师与社会公众等把关人之间有效的沟通交流机制,为四者之间的沟通交流活动创设有利条件,是协调处理教科书把关人之间价值冲突与利益博弈的关键所在。

首先,国家把关人对课程审查标准与教科书要求做出解释与说明,让教科书的其他把关人认同课程标准与教科书审查要求。通过课程标准与教科书审查要求的解释与说明,增进编写者、教师和社会公众对课程标准与教科书审查要求的理解,通过普及教科书的理念和目标,提高教师、社会公众对教科书的认识水平。

其次,编写者及时公布教科书编写或改编缘由,解答教师和社会公众的困惑。教科书编写者若能对其编写工作做出详细的解释,及时解答教师与社会公众的问题、听取其他把关人的意见,就能防范教科书的舆论风险。

最后,搭建教科书交流网络平台。一方面,借助平台普及教科书有关专业知识与政策,提高社会大众关于教科书的专业知识水平;另一方面,为教科书的把关人提供平等沟通交流的平台,方便综合各方意见,为教科书把好关。

二、教科书把关要兼顾各方利益

教科书不仅是一个教学文本,更是一个政治文本;教科书问题不仅是教育问题,更是一个政治问题。可以说,教科书是相关利益方相互博弈与妥协的产物。教科书的任何风吹草动都会在一定程度上引起利益格局的变化,因此,教科书的把关,也有兼顾各方利益、使各方利益最大化和均衡化的目的。简单地说,教科书把关就是要协调各方利益。

一是确保教科书把关人的平等性。教科书把关人主体多元,在价值取向、态度立场、利益诉求上不尽相同,在教科书的话语权上也不平等。国家把关人、编写者把关人相对更多地掌握教科书编写的话语权,教师把关人、社会公众把关人的话语权相对较弱,也常容易在教科书编写过程中失语。因此,把关人的不平等性甚至把关人的缺席,不仅会造成利益不均衡,也容易产生教科书的舆论风险,引起教科书舆论风波。

二是保持把关标准的弹性与灵活性。在教科书的把关过程中，国家、编写者、教师和社会公众等把关人所坚持的把关标准因各自立场和利益而固化，而忽略其他把关人的诉求，不能根据具体情况做出适当的变动与调整，最后造成把关人之间的僵持或对立。这种现象在我国20世纪60—70年代教科书编写上表现得较典型，政治与学术知识、编写者与公众对立现象频发，矛盾纠结、错综复杂。把关人的博弈正反事例都说明，把关人应做出适当调整与妥协，将原则性与灵活性结合起来，在保证教科书政治正确、思想健康的前提下，充分满足教师、公众、学生的需要，避免对教科书的把关厚此薄彼、顾此失彼。

三、明确把关的职责并树立全局意识

教科书的编写是一项高度专业化的工作，对教科书的把关工作也是一项较为专业、充满挑战与创造性的工作。它既需要较高的政治觉悟、专业的知识储备，也需要敏锐的洞察力和综合抉择的能力。在明确教科书把关人的责任的同时，树立全局意识至关重要。

不同的把关人有不同的职责，不能因为履行职责而否定教科书的其他属性、否定其他把关人的职责。例如，国家把关人不能因政治属性而遮蔽教学属性，不能因要开展政治宣传，而牺牲教科书的教学性。任何不以教学性为前提的政治教育，不仅很难达到政治教诲的目的，也不利于国家意志的实现。编写者、教师、社会公众等把关人同样有各自不同的把关职责，同样也不能为自己的利益和责任而否定其他把关人的利益与责任。总之，把关人需要以更加理性的态度对待与处理教科书中的各种问题。

任何教科书把关人的责任虽然各有侧重，但并不相互排斥，反而因此要树立全局意识，兼顾到不同主体的利益和责任。如每个把关人都应该关注教科书的教诲性，有利于培养学生的国家、民族、文化、价值等认同感；每个把关人都应该关注教科书的可教学性，有利于教师的教学；每个把关人都应该关注教科书的心理特性，有利于学生的学习。总之，把关人应将教科书放在有利于国家传播文化、教师便于教学、学生可以学习的全局中去审视和把关，从而着力于推动教科书的持久健康发展。

第三章

教科书传播的受众

在传播过程中，受众是整个传播过程的出发点和归宿，教科书传播亦是如此。在教科书传播中作为受众的学生，是教科书传播过程的起点与归属。在此，对受众进行分析之前，首先需要厘清"受众"一词。具有独立地位的受众学说诞生的最早标志，是1944年拉扎斯菲尔德、贝雷尔森等人在社会调查的基础上，发表了《人民的选择》一书[1]。他们采用了实证的测量技术统计方法，以市场商业的定位，将"受众"作为研究的客体，认为受众接收信息的行为与态度可以精确的把握。而从媒体形态的视角看，在我国现代大众所说的"受众"一词是从英文"audience"翻译过来的，一般是指狭义的受众，即指大众传媒传播过程中信息的接收者[2]。在大众传播研究中，受众指的是大众传媒的信息接收者或传播对象。受众是一个集合概念，最直观地体现为作为大众传媒信息接收者的社会人群[3]。在传播学的视角来看，受众是信息传播的目的地，也是传播过程得以存在的前提；受众既是信息传播的收受者，也是传播活动的主动参与者和信源反馈者[4]。在传播过程中，受众的角色不仅是信息接收的受者，也是传播过程的必不可少的参与者和反馈者，因此对受众的研究十分必要。

早期研究受众的传播学者从宣传的角度出发，先后提出了魔弹论、强大效果理论等理论，其实质是把受众看作被动的信息接收者，显而易见，在这些理论中传播者是居于中心地位的。但是随着研究的发展，学者们发现，受众并不是单纯的、被动的接收者。传播者想传播什么，关键还是在于受众想要得到什么，不同

① 臧海群，张晨阳. 受众学说：多维学术视野的观照与启迪 [M]. 上海：复旦大学出版社，2007：31.
② 孙平. 受众心理学 [M]. 郑州：中州古籍出版社，2007：3.
③ 郭庆光. 传播学教程：第2版 [M]. 北京：中国人民大学出版社，2011：155.
④ 李正良. 传播学原理 [M]. 北京：中国传媒大学出版社，2007：110.

的受众对于同一传播信息会产生不同的反应，因此受众在传播过程中的作用应该受到重视。受众是传播的主动者，并不是消极地接收信息，而是积极地寻求信息为自己所用，参与到信息传播的过程之中。在教科书传播中亦是如此，学生不仅只是被动意义上的接收者，更是主动的学习者。

第一节　作为受众的学生

在教科书传播的过程中，作为最终受众的学生，不仅接收着信息，也参与到教科书传播的反馈过程中；既是教科书需要首先考虑的最重要的影响传播因素，也是衡量教科书传播效果的标尺。当然，作为受众的学生，并不意味着就是被动的、被强制性的受者，更是当下在教育教学中强调的师生双主体的民主对等关系中的一方，即应该在教学的任何情境中与学生展开真正平等的对话，一切教育中介的影响都应该具有教育性意义，教科书作为最具权威的教育中介亦不例外。依此，对于教科书传播来说，在提高教科书的传播效益以及重视教科书传播者赢效因素的同时，传播的视角更应回到以学生个体生命为本、学生德行培养与情感浸润为主的教育依归，那么分析教科书传播的受众——学生将对此大有裨益。

一、学生群体的整体特征

传播可以分为内向传播（人的自我信息活动对象）、人际传播、群体传播、组织传播以及大众传播[①]。那么，教科书对学生群体的传播属于组织传播——学校信息传递系统传播，并且学生群体与其他的传播受众群体有着极大的区别。作为受众的学生群体在教科书传播中有直接的即时接触与交流，并在一定的群体规章制度下，通常会为了提升教科书的传播效果，聚合成每名学生有着各自身份角色的受众群体。因而，将教科书作为传播中介来看，作为教科书受众的学生群体与其他受众群体有着十分鲜明的区别。而深入了解学生群体的特点，将直接有益于提高对学生群体进行教科书传播的效益与质量。

其一，作为受众的学生群体在传播中有着直接的即时交流、接触，并在接触

---

① 孙平. 受众心理学 [M]. 郑州：中州古籍出版社，2007.

中发生全新的传播，产生内向传播或人际传播。若产生了内向传播，那么作为受众的学生，将成为自我的信息活动对象，即自己与自己产生对话（认知结构中新信息与已有信息的同化或顺应）。若教科书内容在学生身上发生一次内向传播，那么，学生将同时成为传播主体和传播受众的双重角色。当然，若学生能够发生内向传播，说明传播效果良好，意味着教科书内容已经参与到个体认知发展的复杂过程中。若产生了人际传播，那么学生从受众变成传播者（如学生解释教科书的内容或回答教科书中的问题），而教师与群体中的其他部分学生则变成受众，教科书中的内容也会进一步被加工和传递。由于此时的传播受众由个体变成了群体，教科书传播的影响就会持续扩大范围（学生的解释与回答影响了其他学生或教师）。

其二，作为受众的学生群体不仅会受教师的影响，也会衍生出自发管理的领导角色，并对教育情境中教科书知识的传播产生关键的影响。例如，教师对教科书的解读直接影响学生的理解；在学生群体中有影响力的学生个体对教科书的内容产生的误解，会加重群体同伴对于该内容的误解。这类活跃在人际传播网络中，经常为他人提供信息、观点或建议并对他人施加个人影响的人物，可以称为"意见领袖"[1]。课堂上的意见领袖不只有教师，在学生群体中同样存在学生的意见领袖。在教科书传播中意见领袖影响学生群体的意见与行动，学生群体对意见领袖意见的服从，也是一种常见的教学现象。因此，作为受众的学生群体，有比较特殊的传播心理特征，直接影响着教科书传播的方向与质量。

当然，不同的学生群体也具有差异性，教科书传播应该考虑到不同学生群体的受众对于信息接收的差异性特点。传播者（教师）应该根据不同的学生群体差异性，对教科书内容进行调整，设计传播内容，改善传播技巧，以增强自身作为传播主体的传播特色与风格，提高教科书的传播效果。

二、学生个体的差异特性

教师依据何种材，材有何特点，又施什么教，这是千百年来教育亘古不变的话题。孔子的"因材施教"教育原则，提倡要根据学生的个性特点和个别差异进行教学，主要为解决教学中教师、教学材料的统一要求和学生个别差异的矛盾问

---

[1] 郭庆光. 传播学教程：第2版 [M]. 北京：中国人民大学出版社，2011：189.

题。"因材施教"如何在教学实践中完美实现，面临着复杂的教育情境和个性化学生的挑战。古罗马教育家昆体良提出分班教学的思想，主张在同一时间里教师对全班教学，而非个别教学，这是最早的班级授课制萌芽，但也产生了至今都难以解决的一个困境，即如何实现既有集中高效的标准化统一管理，又有针对个体差异的个性化指导。可见，对于学生群体采用个性化指导受到了来自不同因素的阻碍，教科书传播过程亦是如此。

在班级授课制的模式下，如何使教科书在传播中能在学生身上获得最佳传播效果？这是教科书传播的核心问题。根据古德莱德对课程的层级分类，课程内容经过课程专家、正式课程、教师领会课程以及教师运作课程，最后到达学生可以体验习得的课程。课程逐层传递并在学生身上产生真正传播功效与价值的关键，就在于不同的学生能够获得与其个性相适应的课程。因此，作为课程内容载体的教科书，要获得最佳的传播效果就必须考虑学生的以下个性差异。

其一，学生存在多元智力的差异，影响教科书传播效果。学生的智力，一方面表现为总体一致性，即学生的总体智力水平呈倒U型，大部分学生处在相当的正常智力水平，另一方面表现出在智力类型、智力发展水平等方面的多元智力差异。教科书在编写时是依据整体学生的智力水平编写和组织内容，但在传播时不仅需要依据整体学生的智力水平组织施教，也要照顾具有多元智力的学生。因此，教科书的传播需要教师根据多元智力的差异化特点，在信息传播中对不同学生重新组织与之相适应的传播内容、采取符合其特点的传播方式，从而避免对多元智力的学生使用同一套传播内容与传播方式，以致降低传播效果。

其二，学生不同的人格特质也会影响教科书传播的方式。例如，黏液质学生的高级神经活动过程平衡而不灵活，适合于程序化、有外在支持的知识传播方式，因此黏液质学生在使用教科书时更需要教师基于教科书内容的支架式指导的传播。多血质学生的高级神经活动过程平衡而灵活，适合探索性、自主性的知识传播方式。简言之，教科书传播应尊重学生的个体差异特点、考虑不同学生的认知风格的差异，采取适合于学生人格特质的传播方式，以提高教科书传播的效果。

总之，教科书传播时应全面了解学生、面向全体学生，承认并尊重学生的个体差异，并根据学生的实际情况，采取针对性的传播方式，切忌对所有学生"一视同仁"地传播，否则将十分不利于实现教科书传播的良好效果，也违背了教科书育人的初衷。

第二节　学生受众的两种类型

受众动机是激发和维持受众进行受传活动，并导致该活动朝向某一目标进行，以满足其受传需要的内部动力①。受众动机可以用来解释学生作为传播受众，想参与教科书传播活动的具体原因是什么。正如恩格斯所说的，"就单个人来说，他的行动的一切动力，都一定要通过他的头脑，一定要转变为他的意志的动机，才能使他行动起来"②，可见，是受众有了心理需求、产生了一定的动机，再参与到传播活动之中的。

从传播心理学的视角来看，受众动机经历了从行为主义到认知主义的认识转变。行为主义认为，受众接收信息的过程就如同S—R之间刺激反应的联结，通过研究受众身上的行为变化，来分析信息所带来的刺激强度。根据效果定律，如果信息刺激之后带来的后果能使得受众产生愉悦、满足的心理，那么受众将产生动机，继续参与到信息接收的过程中，并强化该行为发生的频率；反之，信息刺激之后受众不满意，将降低受众参与信息传播的动机和行为频率。由此可见，行为主义强调传播过程中外在因素引起动机的重要性，能够解释一些基本的传—受行为，在一定程度上能够控制传播效果，但是行为主义忽视了人复杂的认知心理活动以及人的主观性。认知主义反对行为主义将人作为一个被动接收的反应器，认为主观意识是形成动机的主要影响因素，人的个体主观意识在接受刺激时，会发挥极大的作用，而不是简单的S—R刺激反应的联结。认知主义比较完美地解释人的高级、复杂的心理活动——动机。即便如此，认知主义仍存在一定局限，如过于关注个体的意识作用，却忽视了社会文化背景对个体动机的影响。

综上，作为受众的学生动机受到多方面的影响，而且受众动机在受众的心理

---

① 孙平. 受众心理学［M］. 郑州：中州古籍出版社，2007.
② 中共中央马克思恩格斯列宁斯大林著作编译局. 马克思恩格斯选集：第4卷［M］. 北京：人民出版社，1995：251.

动力系统乃至整个非智力因素结构中都处于核心地位①。分析受众的心理动机对于提高整个传播过程的质量与效益大有裨益，这也是进一步分析受众接收信息的认知、态度、行为等的前提。当前，受众动机通常被分成主动与被动两种类型，它们共同驱动受众的动机行为。

一、被动的受众

即使教师秉持"学生不是知识的容器"的信念，但在真实的教学情境中，学生常常也成为被灌输知识的对象，行为主义在教学中仍然顽固不化。原因在于，教科书传播的核心是知识的传递，是从传播者一方传给接收者一方，先有单向的传播行为，这种传播符合行为主义模式，在一定程度上能实现知识的迅速及高效传播。所以，在当前，学生作为被动受众的传播仍然能大行其道。

在教科书传播的过程中，学生以微弱的动机被迫参与传播过程，通常是传播方式导致的。一方面，将教科书的教学看成自上而下的传播，把学生看成接收的"容器"，在不平等的教学关系中学生渐渐丧失学习的动机，被动参与教科书的传播；另一方面，把教科书的教学看成S—R的行为主义知识传播，以传播的强大效果为导向，关注教科书的强大作用而忽略学生受众的主动性。自上而下、效果导向的传播方式，使学生成为传播的纯粹受体，缺乏参与教科书传播的动机，也越来越反感、抵触传播活动。

行为主义的教科书传播，有悖于以生为本的教育宗旨。学生不是容器，而是一个个智慧生命的存在，具有差异性和主观能动性，这已经成为当前主体性教育的共识。因此，教科书传播不是通过无差别地灌输获得传播效果，而是需要学生的智慧参与。在哲学家怀特海看来，智慧是掌握知识的方式，涉及知识的处理、确定有关问题时对知识的选择以及运用知识使我们的直觉经验更有价值，这种对知识的掌握便是智慧②。其中，智慧地掌握知识的关键是学生主动地参与教科书传播的过程，避免成为只有机械记忆的受体。从这个意义上说，教科书传播的出发点要颠倒过来，从编写者、教师、教科书内容转变为受众学生，把学生从自变

---

① 孙平. 受众心理学 [M]. 郑州：中州古籍出版社，2007.
② 怀特海. 教育的目的 [M]. 庄莲平，王立中，译. 上海：上海文汇出版社，2012：10，54.

量变成因变量，从学生使用与满足视角来考察教科书的传播。

二、主动的受众

与大众传播的魔弹论认为传播是单向传播、受众是被动的信息接收者不同，从因变量的学生角度来看，教科书传播是双向传播，学生受众被认为是具有思想情感、能动性的个体，可以影响传播的过程，主动寻求信息。这意味着，一方面，教科书试图传播什么，学生会接收、能接收什么，不是S—R之间关系，而是"S—O—R"的关系，其中"O"表明传播过程需要经过包括学生动机在内的主动加工。另一方面，教科书的使用与满足理论修正了只看传播效果的狭猛视野，更多地强调学生受众的主动性及使用教科书的目的性①，学生不是被动接收，而是积极地自发地选择性使用教科书，来满足自己的信息需要。

在教科书传播过程中，当学生的需要引起动机达到一定水平，就会发生学生主动接收、获取信息的行为。主要由兴趣、好奇心、上进心、好胜心等高级心理需要转化而来的学生动机，能更持久、稳定地使学生保持获取传播信息的行为。学生获取教科书信息，又满足了自己的求知欲、自尊心等心理需要，进一步增强动机，循环往复，不断推动学生参与教科书的传播活动。

在教科书传播之中如何激发学生受众的主动动机呢？蒙妮奎·博卡尔兹提出了激发学习动机原理："动机是激励人去行动的原因，它的产生受两个因素的制约：（1）需要，包括个体机能的生理需要和社会需要；（2）刺激，包括内部刺激和外部刺激。由于需要和刺激的不同，人们的动机有很大的差异。"②因此，教科书传播中激发学生动机也不外乎以下两个方面：其一，把教科书传播内容与学生的求知需要结合，激发学生的内部动机，驱动学生的认知活动，使学生成为主动的受众；其二，教科书传播需要制造知识与精神的刺激，如提出问题（知识刺激）后鼓励学生思考、解答，再如教科书传播中对学生进行表扬、赞赏等精神刺激，使学生获得愉悦感与满足感后形成动机。

---

① 汪淼. 传播研究的心理学传统［M］. 桂林：广西师范大学出版社，2014：116.
② 博卡尔兹. 学习动机的激发原理［J］. 刘瑛，译. 远程教育杂志，2006（1）：7.

第三节 学生受众的三种反应

教科书传播效果反映在受众身上，既有内在的心理反应，也有外化的行为反应，两者通常融合在一起。孙平认为，信息接收时在受众身上不只会产生内化反应，即通过一系列不可见的、内隐的信息加工过程，记住传播信息、改变态度、形成美感；还会产生外化反应，以表情、语言、行为等形式表现出来[①]。传播心理学认为，受众接收信息的心理过程大致分为五个阶段：引起注意—产生印象—加深理解—增进感情—付诸行动[②]。一般信息接收的反应可以体现为三种形式：心理反应（包括情绪、情感等形式）、心理能的外化表现（包括参与、评价等行为形式）、"裂变"反应（信息接收并产生巨大的心理动能）。

一、学生的心理反应

学生接收教科书信息时，都会产生各种各样的情绪和情感等心理反应。情绪和情感是人对客观外界事物的态度的主观体验和相应的行为反应，它反映的是主体需要和客观外界事物间的关系。情绪和情感有三个成分，即独特的主观体验、外部表现和生理唤醒。一般来说，人们将短暂而强烈的具有情景性的情感反应看作情绪，如喜、怒、哀、惧等；而将稳定而持久的、具有深沉体验的感情反应看作情感。

学生在接收教科书信息时产生的具有情景性的情绪反应，通常包括喜、怒、哀等心理反应。

1. 喜

喜是受众在接收信息时产生一种常见的情绪（若转化为深沉、持久的感情反应就为情感），喜体现为一种兴奋、积极的心理状态。例如，当教师或学生在教科书中读到使之愉悦的信息，便喜形于色、眉眼飞扬，影响着教师或学生整个的精神状态。在鲁迅的《从百草园到三味书屋》里，先生（老师）的表现，十分形象地反映了这一点：

---

① 孙平. 受众心理学［M］. 郑州：中州古籍出版社，2007：9.
② 孙平. 受众心理学［M］. 郑州：中州古籍出版社，2007：239.

后来，我们的声音便低下去，静下去了，只有他还大声朗读着：

"铁如意，指挥倜傥，一座皆惊呢～～；金叵罗，颠倒淋漓噫，千杯未醉嗬～～……。"

我疑心这是极好的文章，因为读到这里，他总是微笑起来，而且将头仰起，摇着，向后面拗过去，拗过去。①

在教科书传播中教师或学生表现出喜悦且平和的心情，产生强烈、深刻的情感体验，既有助于提高教科书传播活动的效果，也能使学生获得美的感受，实现教科书传播情感育人的目的。

2. 怒

怒是受众在接收传播内容时，其中蕴含的与道义、公德、良心、正义等社会道德和爱国情感相悖的信息，无法纳入受众的社会情感系统而产生的强烈而偏激的情绪和情感反应②。在教科书中，有些内容设计是为了引起学生强烈的愤怒情感，从而激发出其心中生动炽热的热爱祖国、希冀中华民族团结统一的情感。例如，统编版《中国历史》八年级上册第7课"八国联军侵华与《辛丑条约》签订"，面对八国联军的侵略，中国人民浴血奋战抵抗外寇，但最终在中外反动势力的绞杀下失败，八国联军侵略北京后，采取了报复性的屠杀、抢掠，充分暴露出侵略军的凶恶本质。这样的写实语言读起来无不令学生痛惜、愤怒：

1900年9月接任八国联军统帅的瓦德西，后来在给德皇的报告中供认，"联军占领北京之后，曾特许军队公开抢劫三日，其后更继以私人抢劫"，"所有中国此次所受毁损及抢劫之损失，其详数将永远不能查出，但为数必极重大无疑"。北京珍贵图书文物，如著名的《永乐大典》等均被洗劫一空。户部银库的300万两存银全被日本劫掠。八国联军烧杀淫掠，犯下骇人听闻的累累暴行。当时的北京城到处残垣断壁，尸骸枕藉。③

教科书不同于其他的信息传播媒介，有责任将中华民族过去的耻辱与悲痛倾诉给一代又一代的中华儿女，以此来激发中华儿女自强不息、不卑不亢，知耻而

---

① 教育部. 义务教育教科书：语文：七年级：上册［M］. 北京：人民教育出版社，2024：50-51.

② 孙平. 受众心理学［M］. 郑州：中州古籍出版社，2007.

③ 教育部. 义务教育教科书：中国历史：八年级：上册［M］. 北京：人民教育出版社，2017：36.

后勇、知弱而图强的奋发精神。在教科书传播之中通过激起学生怒的心理反应，以达到对学生的思想政治品德形成与发展的导向作用，激发和鼓励学生合目的性的行为。

3. 哀

哀是指传播之中的一些信息蕴含着哀伤、悲悯或感动的思想情感而引发的情绪情感反应。当受众因接触到的信息动容而感伤时，会体现出神情低落、哽咽或者流泪等反应。例如，统编版高中语文必修下册的《祝福》：

我在蒙胧中，又隐约听到远处的爆竹声联绵不断，似乎合成一天音响的浓云，夹着团团飞舞的雪花，拥抱了全市镇。我在这繁响的拥抱中，也懒散而且舒适，从白天以至初夜的疑虑，全给祝福的空气一扫而空了，只觉得天地圣众歆享了牲醴和香烟，都醉醺醺的在空中蹒跚，豫备给鲁镇的人们以无限的幸福。[①]

在万众欢乐的新年，最热闹的祭祀声、祝福中祥林嫂惨死在街头，乐景而不乐，叫人沉郁、悲哀，深刻地揭示了祥林嫂悲剧的社会根源，深化了封建礼教"吃人"的主题，自然引起学生的共鸣，激起学生心中的悲愤之情[②]。

教科书以文字为载体，蕴含着丰富而多层面的情感因子，随时可能激发学生奇妙而丰富的心理反应。因此，教科书传播的效果判断除了根据知识信息的传播质量外，学生的心理反应也是重要的判断标准之一。总之，只有得到预期的学生心理反应的教科书传播活动，才能真正实现教科书传播的育人目标。

二、学生的行为反应

行为反应就是传播信息进入受众的心理接受系统被接纳后，又转化为内在动力，驱使受众从事某些行为[③]。教科书传播中学生的行为反应是在情绪、情感的心理反应之后，进一步外化的行为。一般来说有两种外化行为反应。

学生的第一种外化行为反应是持续地参与传播活动。主要表现为学生沉浸在教科书传播中，被传播内容所吸引，坚持参与传播活动，例如，学生集中注意力

---

① 教育部. 普通高中教科书：语文：必修：下册［M］. 北京：人民教育出版社，2019：106.

② 高航兵. 乐景哀情倍伤情：谈中学语文课文以乐景衬哀情的描写［J］. 语文教学之友，2012（2）：25-26.

③ 孙平. 受众心理学［M］. 郑州：中州古籍出版社，2007：245.

在教科书上、看着教师指引的教科书方位、做教科书的作业等学生行为。概括说，学生参与传播活动主要有三种原因：一是学生被感兴趣的传播内容所吸引，或听或看或想，有持续参与传播的行动；二是好奇心驱使学生参与到教科书传播中来；三是外在纪律的压力迫使学生参与教科书传播，如班级教学要求学生认真听讲。

与大众传播相比，学生持续参与教科书传播活动有两个明显的不同：一是作为特殊传播对象的学生，二是作为二次传播者的教师。学生参与到教科书的传播活动表现在两个方面：其一，学生的个体经验成为教师二次教科书传播的前提；其二，学生对教科书传播内容的再创造和再建构。现代传播学告诉我们，传播不仅是信息的传递过程，也是信息的形成过程①。教科书传播过程中，教科书的传播内容并非一成不变的，其按传播顺序有三个层面：先有教科书内容，再有教师的教学内容，最后有学生的学习内容。三者并不相同，原因如前述，信息的传递过程具有形成性、发展性。教师在二次传播过程中，既是把关人也是创作者，其最大限度地发挥自己的教学机智，将教科书内容再次创作，转化为教学内容，以应对传播中各种复杂多变的情境。学生在传播过程中是具有差异和主观能动的个体，他们的前理解与前结构，又使教科书传播呈现出生成性和发展的特点。

学生的第二种外化行为反应是评价行为。教科书传播中的评价行为不只是参与信息的传播，而且有反思、有强烈的主观意见表达，是对传播者、信息或者自己发表看法的外化行为。有了评价行为，学生参与教科书传播就有了因变量的意义。评价行为是观察学生的外化行为反应的重要表现，通常包括以下三种评价：

第一，学生对教科书传播的信息进行评价，包括对信息的内容、形式进行评价，是教科书传播中最为广泛的学生评价行为。信息内容包括表现手法、思想情感、知识、价值观、美感等；信息的形式包括单元设计、主题安排等。教科书传播中学生对于教科书的信息形式评价较少，对于内容的评价较多。常见这样的评价，如"对《三打白骨精》中的唐僧与孙悟空的性格特点进行评价，说说你对他们的看法"，"细读《记承天寺夜游》，体会作者的心境。结合写作背景和你对苏轼生平、思想的认识，谈谈对'闲人'的理解"②。

① 孙平. 受众心理学［M］. 郑州：中州古籍出版社，2007：249.
② 教育部. 义务教育教科书：语文：八年级：上册［M］. 北京：人民教育出版社，2017：57.

　　第二，学生对传播者即教师进行评价。学生对教师的评价，表现在传播方式、行为等方面。传播实践证明，越有亲和力的传播方式与行为，越能实现预期的传播目标，也越能得到学生的肯定性评价。

　　第三，学生在教科书传播中自评。这种评价一般是反思性评价，在教科书中也常见到这种需要学生自评的设计，如"在进行了《刘姥姥进大观园》的舞台剧表演之后，你对自己的表现有什么看法？"

　　学生的评价属于教科书传播中高级的思维活动，因此更能体现学生在教科书传播中作为因变量的价值。从功能上说，让学生参与到教科书传播的评价中，也更能锻炼培养学生的批判性思维和创新能力，有利于实现教科书传播的育人目标。

三、学生的心理能

　　传播心理学研究者林之达教授认为，心理能是人的心理系统中可以发动人的行为做功的一种精神潜势或意识潜势；这种精神潜势或意识潜势有少部分是人的心理构成本来就有的，如发动性行为的潜势、发动喝水行为以解渴的行为；但绝大部分是由进入心理系统的传播信息与心理构成进行心理反应后的产物，如发动人为实现远大理想而奋斗的潜势[1]。例如，教科书中部分内容蕴含着弘扬中华优秀传统文化的信息内容，这些信息经过传播后与学生心理发生反应后，激发学生更加努力学习优秀的中华传统文化，弘扬民族精神和时代精神，培育良好社会道德风尚，积极参与促进物质文明、精神文明和社会文明的协调发展之中。可见，心理能发生"裂变"反应后，带来的心理动能是十分巨大的，对于学生的影响不可谓不深刻。心理能的作用主要体现在以下三个方面。

　　第一，心理能具有激发作用。从教科书中接收的一些新信息，会激发学生产生新的心理动能。例如，学生在教科书中学习到"夏季在野外单独或者无大人陪同野泳的情形下，将会有诸多意外的发生，对于脆弱的生命来说将是不能承受之重"；信息激发学生产生自我保护、珍惜生命以及远离危险水区域的意识，从而达到警醒学生珍重生命的效果。

　　第二，心理能具有强化作用。教科书通过一些反复提及的信息内化成心理

① 林之达. 传播心理学新探［M］. 北京：北京大学出版，2004：298.

能，产生助推器的作用，从而达到知识强化的功能。例如，毛主席的三首诗词《七律·长征》《沁园春·雪》《沁园春·长沙》涉及党史的三个不同时期，分别编排在小学、初中和高中的语文教科书中，这样的编排既体现了党史内容选择的多元性，也兼顾了不同学习阶段学生的接受水平[①]。将党史内容多次编排在不同学段的语文教科书中，并恰当运用教育的一致性与连贯性原则，实现党史文化的"春风化雨""润物细无声"的涵化效应，在不经意间强化了学生努力学习红色革命文化的热情，增强学生的民族凝聚感和国家自豪感。

第三，心理能具有推动作用。心理能可以推动学生将心理反应转化为行为表现。"受众对与自己具有非常意义的传播信息，在接受的同时，又在心理系统里转化成内在反应信息，与原有的心理结构、认知结构、情意结构、个性心理结构等有机融合，形成的理想、信念、抱负、毅力之类的心理能，推动人去追求事业、探索真理。"[②]如，数学家丘成桐曾回忆道，"读初中二年级时，我开始尝到数学美妙的滋味。到了14岁，我已决心在学术界闯出一番名堂"。接触到数学信息，形成对学习数学的信念与抱负，驱使丘成桐由此"以数学为出发点，依靠它的指引，照亮寻找真和美的旅程"。

第四节　学生受众的制约性

传播效果是传播学的核心研究领域。它之所以令人特别关注，是因为它是受众对于信息刺激的反应，能够检验传播目的的实现程度，也是传播者控制、调整传播行为的依据[③]。对于教科书传播来说，传播效果可以检验教科书传播的目标达成程度，同时也是教师调整其传播行为的依据。同样地，也需要厘清传播效果的含义。学者郭庆光认为，在传播学研究领域中，传播效果这个概念具有下述双重含义。第一，它指带有说服动机的传播行为在受众身上引起的心理、态度和行

① 张钧，高琦. 跟着课本学党史：统编版中小学语文教科书中的党史内容分析［J］.民族教育研究，2021，32（3）：23-30.
② 孙平. 受众心理学［M］. 郑州：中州古籍出版社，2007：9，268.
③ 李正良. 传播学原理［M］. 北京：中国传媒大学出版社，2007：341.

为的变化。这里的传播效果，通常意味着传播活动在多大程度上实现了传播者的意图或目的。第二，它指传播活动尤其是报刊、广播、电视等大众传播媒介的活动对受众和社会所产生的一切影响和结果的总体，不管这些影响是有意的还是无意的、直接的还是间接的、显在的还是潜在的[①]。学者李正良认为，传播效果指的是带有说服动机的传播行为在受众身上引起的心理、态度和行为的变化[②]。学者臧海群、张晨阳认为，对于传播效果的关注，必然落在对受众的关注上，即受众的反应（认知、行为、态度等）也就是大众传播的社会效果[③]。以上概念虽有不同解释角度，但学者们都认为，对于传播效果的检验均要落在对受众的反应变化上，同时都强调受众有自我接受和选择的权利。

传播效果的魔弹论兴起之后，传播学的大量研究与实践都证明，受众是复杂的能动主体。面对信息子弹的扫射，受众根据自身需要进行选择和评价，再决定是否接纳信息，接受劝服，改变行为与态度。也就是说，不是信息子弹"击中"受众，而是受众自己选择是否被"击中"[④]。魔弹论过于简单，无助于说明人类行为的复杂性，所以心理学家托尔曼在刺激、反应之间，增加了一个中介变量，更为完美地解释了传播效果。这个中介变量就是个体的心理状态，一般包括认识变量与需求变量。中介变量的加入，使传播效果走向了有限效果论方向。从课程理论来解释，也会发现效果有限问题。按照古德莱德对课程进行层级分类的观点，课程内容的传播路程经过社会文化、政治等方面的层级"过滤"，导致学生最后所能体验到主要课程内容——教科书所传播的内容实则所剩不足。在教科书传播过程中情况也类似，教师作为教科书传播的意见领袖、把关人，其传播方式、教师个人教学风格的差别，以及学生个体本就已经形成的个体先前经验的差异等，都会导致教科书传播的效果必然是有限的，即教科书传播产生的是适度效果。其中，影响传播效果的与学生有关的因素大致有三个：学生外部的限制（社会关系）、内部的制约（个体差异）以及学生参与传播过程中反馈的延迟与阻断（传播的反馈机制）。个体外部的限制是宏观的社会因素对受众心理和行为的影

① 郭庆光. 传播学教程［M］. 北京：中国人民大学出版社，2022：172.
② 李正良. 传播学原理［M］. 北京：中国传媒大学出版社，2007：1，342.
③ 臧海群，张晨阳. 受众学说：多维学术视野的观照与启迪［M］. 上海：复旦大学出版社，2007：12，58.
④ 汪淼. 传播研究的心理学传统［M］. 桂林：广西师范大学出版社，2014：47.

响，个体内部的制约是个体差异、个体背景和特点导致受众接收信息的有限性，传播过程中反馈的延迟与阻断是传播过程中自身所带来的影响，三者会导致教科书传播的有限效果。

一、学生的社会关系

在教科书传播中，作为受众的学生个体会受到外部的制约，即学生所属的社会群体会在教科书传播中发生作用，学生的社会关系会影响教科书传播的效果。拉扎斯菲尔德、贝雷尔森等人提出来的社会关系论强调，群体关系在传播活动中的作用，主要关注在受众参加的组织或团体的压力、合力对其个人接收传播信息的影响上[1]。学生受众会受到所在团体的约束和影响。具体地说，越是教学组织关系紧密的班级对学生的影响越大；教科书传播就是在这种团队关系紧密的班级上完成的。因此，教科书传播很容易受班级群体或权威意志的影响，使学生接收到班级教学中教师意欲传播的内容和观点，以致最后的传播效果受限。学生的社会关系在一定程度上使教科书传播信息失真，但又增加了二次传播者——教师的权威性，使教科书传播发生一定的变化。正如邵培仁所说："受众接受到的很多信息并非来自大众媒介而是生活圈中活跃的'意见领袖'，而这种二次传播的信息并非不偏不倚。"[2]这种学生的社会关系掣肘，在一定程度上影响了教科书的传播效果。

二、学生的个体差异

心理学者霍夫兰于1946年提出的个人差异论认为，"媒介传递的信息包含一定的刺激性，这些刺激性和受众的个性特征结合后会产生特定的作用"[3]。每个人生来就有个体特质差异，在成长过程中又形成不同的社会经验与阅历，它们使个体在接收传播信息的认知、态度与行为等方面都会有所不同。为了提高传播效果，就需要根据学生的个体差异调整传播方式。

如前所述，学生不是被动接收的受众，而是具有对教科书传播内容进行选

① 李正良. 传播学原理［M］. 北京：中国传媒大学出版社，2007：135.
② 邵培仁. 传播学［M］. 北京：高等教育出版社，2000：206.
③ 李正良. 传播学原理［M］. 北京：中国传媒大学出版社，2007：134.

择、判断和解释的主观能动性。例如，在教学过程中，学生需要经过选择性注意、选择性理解和选择性记忆等一系列的心理过程，最终接受部分教学内容。其中，选择性注意、选择性理解和选择性记忆不仅是受众选择信息的三个程序步骤，也构成了受众接收信息心理过程的三个"防卫圈"（如图1）①。

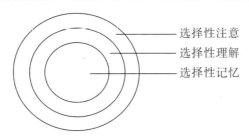

选择性注意
选择性理解
选择性记忆

图1　受众接收信息心理过程的"防卫圈"

那些并未引起学生选择性注意、选择性理解以及选择性记忆的传播内容，就在其中某个"防卫圈"被封锁了，这也是教科书传播有限效果的根本原因。教科书传播什么是由教科书决定的，而作为受众的学生想要接受什么、能接受什么就由学生自己的心理状态有意或无意地决定。进入互联网、数字化时代后，为了服务于学生选择性心理特征，教科书的传播发生了颠覆性变化：一方面，根据学生个人喜好推送和传播学生喜爱的内容；另一方面，根据学生的需求推送和传播学习内容，提供越来越个性化、立体化的传播服务。而大数据分析技术的出现让立体化传播效果的评估更加数据化、精确化②。这种个性化、推送式的教科书传播发挥着类似于把关人的作用，在掌握学生数据的基础上，对学生的兴趣、需求和知识困难点做出预测，并通过信息过滤算法将不同的知识信息推送给不同的学生，从而实现千人千面的个性化传播效果。这在传统的纸质教科书时代是不可想象的。

信息加工理论也认为，"要注重对受众需求、态度和情绪的把握，探寻信息输入、信息存储和信息输出过程中受众的需求，促进受众进行选择性注意、选择性理解与选择性记忆"③。总之，为了提高教科书传播效果，教科书传播应满足

① 李正良. 传播学原理［M］. 北京：中国传媒大学出版社，2007：121.
② 卜宇. 融合传播：复杂博弈及未来趋势［J］. 人民论坛·学术前沿，2020（19）：78–87.
③ 邢变变，党少彬. 受众选择"3S"理论视域下档案信息轻量化传播分析［J］. 档案学研究，2020（5）：110–115.

每名学生的发展要求，了解学生个体差异，从促进学生的选择性注意、选择性理解与选择性记忆开始，一步步引导学生参与教科书传播，从而真正从学生的因变量出发提升教科书传播效果。

三、传播的反馈机制

"传播也需要在传者和受者间建立一个相应的内外联系机制，从媒体外部环境（主要是受众）——媒体的生存本源那里获取传播动力。这个流动循环的机制就是信息反馈机制。"[①]学生不仅是接收信息的受众，还参与教科书传播过程中的反馈环节。但在反馈环节中，存在学生反馈延迟或者发出声音时受到阻断的现象，导致教科书传播效果的有限性。

教师和学生之间建立良好的传播反馈环节，就是建立教科书传播的循环，给教科书传播带来动力，持续推动教科书传播进入下一个进程，有效调节和增强传播的效果。但在教科书传播过程中，哪怕在尊重学生主观能动性的教学情境中，仍然会存在大量说教、灌输，缺少互动与反馈的现象。这种单向、静止的线性教学过程，使教科书传播的环形链条断裂、往复循环停止，造成学生的反馈延迟与阻断，以致传播的效果大打折扣。

因此，在教科书传播中应当建立稳定、灵活且系统的反馈机制，促进教科书信息传播的双向流通，增强教科书传播效果。一方面，要建立教科书编写的反馈机制，使教科书编写者会根据学生学习的反馈情况，不断改编教科书，以适应学生的发展水平、满足学生的需要；另一方面，要建立教科书教学的反馈机制，使教师在以适切的教学方式向学生传播信息的同时，又从教学的互动中获得学生的学习反馈，以改进教学、提高传播效果，吸引学生主动、自愿地参与教科书的传播。

---

① 熊忠辉，熊永新.从受众那里获取传播动力：新闻反馈机制建设的几个问题［J］.新闻知识，2000（12）：11–12.

第四章

教科书传播内容的符号化

　　传播符号是人类文明的"精神细胞"，也是教科书的"生命基因"，试想离开了传播符号（如黄河、长江、人民、文明、X、Y等），教科书还能传播什么？对教科书传播通常有两种态度：一种认为它是线性过程，另一种认为它是文本、材料。它将传播看成是意义的生产与交换，它关心讯息（知识）如何与受众发生互动而产生意义。此讯息是一种符号结构，通过与受众互动而产生意义。要使传播发生，传播者（编写者）就必须使用符号来创造讯息。这些讯息会刺激受众产生自己的讯息意义，两者之间的讯息意义又是相关联的。共享的传播代码越多，我们使用的符号系统越相似，这两种讯息的意义就越彼此接近①。

　　两种教科书传播，后者关注文本，而线性的过程却是将文本当成是一个阶段，甚至对文本略过不提，两者的主要差别则是受众（学生）的地位。符号学模式中，学生被认为比线性传播中的学生发挥了更为积极的作用。读者（学生）通过个人经历、态度与情绪的纳入来促进文本意义的产生②。

第一节　教科书的线性传播

　　香农和韦弗的《传播的数学原理》将传播看成讯息的传递。香农—韦弗的传播基本模式将传播展现为一个简单的线性过程，主要回答传播符号如何能准确地

---

① 费斯克. 传播研究导论：过程与符号：第2版［M］. 许静，译. 北京：北京大学出版社，2008：39.
② 费斯克. 传播研究导论：过程与符号：第2版［M］. 许静，译. 北京：北京大学出版社，2008：40.

被传输的问题，认为传播的重点是在于我们了解如何改进传播的准确性和效率。

一、教科书的冗余与熵问题

与信息紧密相关的是冗余。冗余是信息中可预测或者说常规的内容。冗余的对立物是熵。冗余具有高可预测性，而熵的可预测性很低。所以一个信息的可预测性低，那么就说是熵值很高或者说信息量大。相反，如果一个信息的可预测性高，那么就说是冗余多或者信息量小[1]。语文教科书熵值相对较高，而数学教科书冗余多，通常只有唯一答案和理解，但是语文教科书在选文与设计时，受传播效率与效果的影响，也会把信息变成冗余多、可预测的标准答案。

教科书将传播看成讯息（知识）的传递。它关注讯息（知识）的编辑者（发出者）和接收者如何编码与解码，讯息传递者（教师）如何使用传播渠道和媒介（教学活动、教科书、练习册等），目的是提高传播效率与传播的精准性等问题。它把传播视为一个过程，通过这个过程，一方会影响另一方的思想与行动。如果传播效果不同于或未达到传播者的预设目标，就被认为是传播失败[2]。这就是传播学中的魔弹论，把学生当成瞄准的靶子，把传播的信息当成子弹，希望观察到子弹射击靶子的效果。如果信息的子弹射中的靶子是教师，信息就会按照教师的影响再多重地折射出去，形成二次传播效果。

二、教科书的上下文与惯例

线性传播的目的是提高效率与准确性，因此冗余有助于解码的准确。冗余也可以用来检查，使我们辨别错误。在没有冗余的信息中，无从知道信息的对错，例如，把"语文"写成了"语言"，仅从词语拼写无法知道后者错了。此时，上下文可以提供帮助，而上下文正是冗余之源。任何讯息都可能包括多种可能性，2003年出版的人教版小学语文三年级下册第22课《月球之谜》中"一轮明月悬挂在……"，根据上下文使得"悬挂在高高的夜空"可能性更易出现，其冗余要比说"窗户上"的冗余更大。"悬挂在窗户上"更像是在散文、诗文中出现，是一

① 费斯克. 传播研究导论：过程与符号：第2版［M］. 许静，译. 北京：北京大学出版社，2008：9.
② 费斯克. 传播研究导论：过程与符号：第2版［M］. 许静，译. 北京：北京大学出版社，2008：2.

种高熵值的语言使用，传递的信息量较大，可做多重理解。对于以传播月球之谜讯息的有效性为目的的教科书来说，上下文使"悬挂在高高的夜空"是最有冗余性的选择。以精确传播讯息为目的的教科书，在课文练习中，常会有标准答案的填空题，如"一轮明月悬挂在（　　　）"。

根据上下文、信息特点的经验来判断信息的可能性和准确性，换言之，是根据惯例、用法来达到传播的准确性，通过惯例或用法来编码与解码。惯例是共同体成员的不成文、没有申明的期待和预想，例如，教科书对正面人物的描写，使用的词汇都是积极的、褒义的；对反面人物则相反，"官绅一个个吓得面如土色，跪下来磕头求饶，把头都磕破了，直淌血"。惯例的使用，使学生易产生对特定人物在行为、语言、穿着上的期待。这种教科书中常用的惯例，增加了信息的冗余，便于学生解码，有利于培养学生相同的文化身份与价值观，形成相同的体验。

第二节　教科书传播的符号结构模式

教科书的传播不再强调传播是一个过程，而是强调传播是意义的产生。教科书的传播是意义制造，是用符号来创造信息、知识，使接收者产生自己的信息与知识意义。其间的传播代码越多，也即使用的符号系统越相似，两种信息的意义就越接近。这种过程并不像过程模式那样有明确的流程，而是指向意义产生与创造中各要素的关系。

一、教科书传播内容的能指与所指

我们从第一本教科书的识字开始，学习的各种知识，都离不开语言符号，我们的知识几乎都在"语言符号"中。"无论是常识还是科学，都必须通过符号作中介，才能传播，才能成为社会的共享财富。"[①]可以肯定，教科书传播的都是符号，无符号就无内容、无知识，更无传播的可能性。所以，从符号出发了解教科书传播知识的特点就是从根思维上寻找教科书传播的特性。

---

① 余志鸿. 传播符号学［M］. 上海：上海交通大学出版社，2007：1.

符号按"现代语言学之父"索绪尔的观点，由能指与所指组成。能指即表达面是"音响形象"（image acoustique)，所指即内容面是"概念"(concept)。比如"羊"这个词，学习字形与读音就是能指，"羊"的概念是所指。通过教科书载体的中介把所指称的"那种头上长角，以草为食，全身绒毛，咩咩叫"的动物观念就是所指。再如"π"符号的读音与字形是物质性能指，而其概念内涵是圆周率。教科书的符号都是由这两部分组成，如果去掉能指，所指就失去意义的物质载体而无法存在；没有所指，能指也就失去了存在价值而只不过是一个无意义的自然物。正如索绪尔所说："语言的实体是只有把能指和所指联结起来才能存在的，如果只保持这些要素中的一个，这一实体就将化为乌有。"[①]不管符号的表现形态怎样不同，我们总能发现它的能指和所指，正如纸总有正反两面，水总是氢氧组合[②]。

因此，无论是对于刚进入学校接受启蒙教育的儿童（从认字开始，都是学习字的音形和含义），还是对于学习更高深知识或符号的成人，都离不开同时学习音形（能指）与含义（所指）。与前面比喻相似，不管我们把纸裁成什么形状，纸总是由正反两面组成（能指与所指），所以任何教科书的编写，对字、词（符号）等都必须有音形与字义的组合；否则，言无所指，言无所义。教科书的编写把音形与字义结合起来的过程，就是在索绪尔的语言学能指与所指建立联系的过程，符号学上称之为"意指过程"，它实际就是意义生成过程或者说是教科书内容传播的过程。当然，写在教科书的符号在未给接收者接收之前，传播并未发生，它不像人际传播一样实时或同空间内传播，而是延长了时空的传播。编写者编写的内容符号还只是编写者的意指过程，使符号产生意义，按传播的内外之分来说，这是一种内在传播。在其中，教科书中符号的所指与能指被固定后，符号的文本意义基本就确定了，不太可能依据解释而变动。

二、教科书传播内容的组织

结构主义符号学把教科书理解为各种语言系统，例如，把数学、音乐、美术等认同为一种数学符号系统的具体言说。所以，应把这些语言作为一种完整的形

---

① 索绪尔. 普通语言学教程［M］. 高名凯，译. 北京：商务印书馆，1980：146.
② 李彬. 传播内容的符号透视［M］. 上海：复旦大学出版社，2003：55.

式，作为一个统一的领域、一个自足的系统来研究，就如我们现在实际体验到的那样①。但这种语言决不会一下全部显露出来，只是通过课文、举例、公式、练习、图例等不完全表现出来。简言之，学习教科书的内容就是从言语中学习各种有结构性的语言。

1. 教科书的二元对立世界

语言学家A.J.格雷马斯认为，关于"意义"的基本概念是通过我们所感到的基本的"语义素"或语义单位之间的对立呈现出来的。索绪尔也认为，"能使任何单独的要素'有意义'，并不是要素本身的个别的独特性质，而是这种性质和其他语音的性质之间的差异。……各种差异是被系统地组织起来，形成'各种对立'，而这些对立又被极为重要的种种关系联结在一起"②。在人类的思想中，存在着大量的这种二元对立的范畴，如主体与客体、神与人、精神与物质、瞬间与永恒等，这些对立的范畴构成了人类思想的核心。二元对立不仅存在于人类思想中，也存在于社会现象、自然现象中，当然也存在于教科书的内容中，如男与女、昼与夜、黑与白、高与低、日与月等。无处不在的二元对立是人类传播的基础。③我们的思想有把任何表面是静态的独立的概念或因素组合到二元对立之中的义务，因为概念或因素是以二元对立为先决条件的，同时正是二元对立为人们理解这些概念或因素提供了基础。④

2. 教科书的区别系统

把能指与所指联系起来的意指过程可以是任意的，并没有明显的"科学规则"。为了让学生更易形成意义，教科书的设计都会在类上进行区别式编排，如学习动物名词时，一般把鸡、鸭放在一起，牛、羊、马放在一起学习，这样更易使学生获得准确的意义；如果把羊与钢放在一起，虽然也是在区别系统中，但羊不能在与钢的区别中产生意义，而只能在与牛、马的区别中产生意义。因此，为了产生意义，就必须把各种能指投入到区别系统中。在教科书中把这种能指扩大为每一篇课文，其意义也是在区别系统中产生，如讲勤劳的意义则产生于它与懒

① 霍克斯. 结构主义与符号学［M］. 瞿铁鹏，译. 上海：上海译文出版社，1987：11.
② 霍克斯. 结构主义与符号学［M］. 瞿铁鹏，译. 上海：上海译文出版社，1987：13-14.
③ 陈卫星. 传播的观念［M］. 北京：人民出版社，2004：86.
④ 霍克斯. 结构主义与符号学［M］. 瞿铁鹏，译. 上海：上海译文出版社，1987：94.

惰的区别中，讲圆周率则是在它与周长、面积的区别中，而一般不把老虎与勤劳、黏度与圆周率放在一起，因为它们不是在同一个区别的类体系中。所以，教科书中的课文或单元的设计也常有二元对立式的设计，主要是为了建立意义。

三、教科书中符号的意指过程

将能指与所指结合成一体的行为就是一个被理解的过程，我们也可以把这个过程称为"符号化过程"或"获得解释的过程"[①]。让符号产生和建立意义，也是教科书的主要任务之一，无论是标志符号还是象征符号，在教科书中就是要通过其他符号中介的意指过程产生意义。小到一个符号，大到一篇文章，都是把能指与所指结合，把能指拽向所指的意指过程。

我们必须认识到，教科书中的传播符号存在于传播互动中，所以意指虽然客观地存在于内容符号中，但却是由传播主体互动而生。传播者（编写者）和受众（学生）互动实现符号运动，符号的意义即非独立于人类心灵也非取决于传播者（编写者），某物或某意义的存在有赖于传播者与受众的共同体验和共同认识，在心灵上达成某物和某意义的共同特征。对传播者与受众来说，符号的共同特征构成了共享性，传播者与受众可以进行互动和传播。透过符号的意指，受众的心灵不仅能够体验到某物或某意义的存在，也能体验到其他心灵的存在，而且包含与其他心灵沟通的意向。符号的共享性越高，传播者与受众之间的共同文化背景越接近，其互动互通的效果就越强，其意义也更易传播。例如，π（圆周率）对于小学一年级学生来说没有共享性，而对小学高年级学生有了共享性，即有了意义。在小学高年级数学教科书中的π，就是一种在互动中实现的意指。事实上，所有在教科书中发生的传播都是在互动中的意指。

教科书研究通常关注内容和主题，应当包括哪些部分，哪些应多些，哪些又多了，不同的人都站在自己的立场对"空无内容"发表意见，这也是有历史以来对教科书批评最多的地方。很少有批评指向教科书的形式，比如哪些语言是不适用于儿童的，哪些设计对儿童学习是有害的，哪些形式是不利于儿童理解的。其原因是，批评者认为主题内容是教科书的核心，学习内容即获得内容所指的意义。殊不知，从符号角度来说意义是通过传播内容中信息的组织过程来寻找意

---

① 余志鸿. 传播符号学［M］. 上海：上海交通大学出版社，2007：77.

义，换言之，是通过符号的表达方式或者说表述实现意义。所以，教科书中符号的组织应当考虑儿童需要和特点，才能被学生所阐释，真正"创造"意义的世界。否则，不关注符号组织形式的教科书对儿童来说，只是一种读者性文本，让读者（儿童）被动地、单纯地接受式阅读，使儿童单向地从文本中接受意义。这种意义也即前述的单向信息传播，必将会有变异和衰减。而教科书作为另外一种文本——作者性文本，则是要求读者积极介入文本，像作者一样建构文本的意义。虽然教科书中的课文，出自名家名人，历经几代人的大浪淘沙，这些文字符号成为经典，但文本的意义在于阐释，符号的意义归结为阐释行为。阐述的目的在于创造语境或意境，从而创造世界，因此，在文本中，一切作为象征的表现形式都可以成为大众参与的东西，原文原意被进行了当代性的改造①。在文本中，这些受重视的形式（也就是能指），也就是怎么说，而不是说了什么。从接收者来说，必须以表现形式上的可接受性作为尺度，也即以适应儿童的形式组织文本与符号，如用比喻、拟人、童话的表现手法。因此，离开了表现形式本身去寻找意义的理解是荒谬的，用思想代替表现形式是一种严重的歪曲②。对于青少年使用的教科书而言，为表述思想更加亲切、生动、易于理解，经常需要捣毁语言与事物或某种意义的固定联系，找到这种更自由生动的表现形式。

四、教科书的符号三元互动模式

结构主义的符号论将教科书的传播拘泥于二元认识论，使得传播过程实际上只存在传播者和与传播效果两个维度，这种二元传播模式并没有给传播主体教师与学生两者提供充足的能动性与创造性的空间，或者说编写者与学生之间不可能产生充分的互动。

符号学家皮尔斯认为结构主义的符号论是僵化的意义生成思想，意义不存在于语言的系统与结构中，而存在于人与人的传播中。他提出"符号三元构成说"，认为任何符号都由再现体、对象与解释项这三项构成。三元关系中，起决定作用的是解释项这一项③。如果把"对象"大致相当于词典的意义或外延，那

---

① 陈卫星. 传播的观念［M］. 北京：人民出版社，2004：106.
② 陈卫星. 传播的观念［M］. 北京：人民出版社，2004：107.
③ 赵星植. 皮尔斯与传播符号学［M］. 成都：四川大学出版社，2017：3.

么解释项相当于"百科意义"或"内涵"，是解释者自身对符号意义的理解与解释。皮尔斯认为，正是因为有解释项，任何符号都必须有接收者。教科书的符号的意义并不存在于符号结构中，而是存在于解释者（教师或学生）与发出者（编写者）的传播过程中。任何教科书符号意义的产生，只有发挥教师与学生的主体性使得交流与互动对认知产生积极作用，使教科书产生使用效果，才会使符号意义最终生成，才能评价教科书的优劣之处。

第三节　教科书的符号、文本与符码

符号就是携带意义的标记，意义只能用符号才能表达；反之，没有意义可以不用符号来表达，也没有不表达意义的符号。教科书正是表达意义的文本，因此符号是教科书的条件，没有符号就没有教科书。学习教科书，也就是学习符号的过程，以及意义的追求、表达、传播与理解的过程。教科书没有一刻能脱离意义的存在，对意义的思考、表达、传播正是教科书的根本生存方式。

一、教科书的符号组成

不同于索绪尔的符号能指与所指关系的任意性原则，皮尔斯提出三种符号：像似符号、指示符号、象征符号。前两种是有理据性的符号。

教科书的像似符号，指向对象的像似性。像似符号又分图形像似、图表像似、比喻像似三种。图形象似，符号与对象之间关系比较直接、自然，但也可能是符号创造了对象，特别是教科书中神话人物、动物等，如凤凰。图表像似，是一种结构性的类似，如各种图表表达的是符号之间的关系。教科书的语言中也有这种词汇的构造相似性，如拟声词"乒乓"，甚至也可能不是拟声，而是表示状态的叠加，如"气势汹汹、水汪汪、眼睁睁、平平安安、明明白白"等。比喻像似，就像人物的高大上，比喻高高在上，以他为中心。

教科书的指示符号，是指符号与对象之间有某种如因果、邻接、部分—整体的关系，起到提示作用，让接收者能想到其所指对象，典型有名字、代词、物主代词、关系代词、选择代词等。

教科书的象征符号，是与对象之间没有一定理据性联系的符号，是索绪尔所说的"任意或武断"符号，在教科书中的语言符号大多属于这种，具有明显的社会性。荀子说：名无固宜，约之以命。约定俗成谓之宜，异于约则谓之不宜。名无固实，约之以命实①。在教科书中很难明显区别以上三种符号，相当多的符号混合了三种情况。

二、教科书的文本

符号很少单独出现，在教科书中的符号更是与其他符号形成组合，如果这些符号组合在一起，形成一个表意的单元，就称之为"文本"。文本可大可小，一套教科书也可称为一个文本，一个问题也可称为文本。符号化的文本，是编写者进行"文本化"的结果，即是编写者根据要求，选择和编辑文本来反映世界。因为有选择有编辑，所以文本化实质是对事物的片面化感知。

1. 从作品到文本

符号学家巴尔特的《从作品到文本》一文中，提出以"文本"取代"作品"的观点，这对教科书来说是一种颠覆性的思想冲击。作品是意义来自作者且只有作者独享的情感体验与思想表达，是具有独立意义的思想实体。教科书的内容从某种意义来说就是选文作者或编写者的作品，选文作者与编写者在意义的生产中占据绝对的主导地位，学生在作为"作品"的教科书学习中只能被动地阅读、学习和解读作品的意义，理解选文作者的意图，接受选文作者的意识形态与情感、态度。学生很难跳出作品本身去寻找或发现意义。巴尔特的教科书文本与传统教科书"作品"最大的不同是其开放性：一方面，打破选文作者、编写者对意义的束缚，破除作品的意义边界，提出文本的意义来自学生，每个学生又可生成不同的意义；另一方面，认为文本的意义是随着学生学习、阅读被不断加工和深化，文本的意义随着时代的变化也在不断迭代出新。

教科书的课文内容具有文化传承性，因此内容是"作品"与选文作者联系在一起，课文出自名家名篇、历史或科学结论，只能按照原文原意按图索骥，寻找作者的意图、科学的应用等，有限的诠释也只是发挥原文原意的当代性。课文的符号文本，所强调的过程性和参与性，使文本成为意义的消解与增殖。把课文

---

① 赵毅衡. 符号学：原理与推理：修订本［M］. 南京：南京大学出版社，2016：85.

当成符号文本时，一切符号都可以成为学生参与的对象，原文原意不仅可以被改造，而且可以脱离作者，激发个人经验，使文本成为一个自足自立的系统。

在教科书的现代文本中，能指与所指的价值是不同的，能指为形式，只为读与写，重点在所指，即其内容与意义。越是高年级的教科书越关注所指，而非能指。教科书过多纠缠在内容上，而极易忽视能指之形式，如对内容设计的互动、表达与组织等忽视，极易降低了教科书的教学性。现代的文本观认为更应让能指与所指、符号与意义的固定联系被捣毁，也即是通过文本的开放性、形式创新性创造文本的丰富性。举例来说，教科书中常设计课文的中心思想，作者的意图等，就是把文本固定在某种意义中，这种学习是传递性接受或机械性学习，而现代文本观在能指上打破此固定联结，在表达、修辞、互动等上创新，把作者置换成学生，让阐释换位为创造。由此，学生的学习变成了有意义学习或者创造性学习。

需要指出的是，文本开放性的程度是不同的，它与文本性质相关。巴尔特把文本分成可读文本和可写文本。可读文本的意义是封闭的，具有强编码特征，意义较固定，不需要学生做出太多的意义解释与创造。科学类教科书以可读文本为主，表现出规律性、定理性的特征。如果没有可读文本的存在，也就无法为解释和认识符号世界提供理论基础。而人文类教科书更像是可写文本，它邀请学生去创造意义，强调学生的个体创造和解释，学生可根据自己的经验与前结构进行符号文本的有限拼接和再造。换成主体的角度看文本，可分成作者性文本与读者性文本。作者性文本，在教科书中体现为：一方面是选文作者的原始文本，另一方面是编写者的编辑化文本。如果把教科书意义的生成当成动态的过程，事实上还有一种读者性文本，学生主动介入教科书的解读与创造的过程。这种文本将其意义结构展示在学生面前，要求学生对文本进行再创作。

总之，作品向文本的范式转变，解构了教科书的作者中心论，把赋予作品意义的权力从作者逻各斯当中解放出来。在这个范式转向过程中，学生成为作品意义建构的中心[①]。

---

① 冯月季. 传播符号学教程［M］. 重庆：重庆大学出版社，2017：47.

2. 文本与语境

符号文本与语境是一体的，没有符号文本能离开语境。它既指文本中的语境，也包括文本外的语境。文中语境也称"内语境"，其实就是一些后面要讲到的伴随文本，它在文本中表现出来，对文本进行了辅助加工展现了符号的意义，或者说在解读文本时不得不考虑的辅助信息。教科书中课文的内语境，常见有插图、表格、作者思想介绍、课文写作的时代背景等，它影响了学生对课文文本的理解。符号文本的外语境，就是学生对文本解释的语境，包括学生身处社会的一切历史文化条件和思维方式等。因为外语境是社会性的，所以统编教科书会考虑选用具有共同语境的符号文本，而非统编教科书则会重点考虑不同语境的符号文本。因为外语境的历史性，所以随着历史语境的变化，学生学习的语境不同了，教科书的符号文本也要适应时代需要，就得对文本重新编选或编辑修改。

符号文本语境除了内外之别，也有高低之分。高语境文本"预制程度的信息贮存在接收者身上和背景之中，此时传达的讯息中只包含着极少的信息"，而低语境文本"大多数的信息必须包含在传达的讯息之中，以弥补语境中缺失的信息"。①教科书符号文本语境，尽管是为了更有效地传递文本的意义，但有可能成为教科书文本传播的障碍。通常低语境的教科书符号文本具有普遍性，更有利于不同地域的教师的教与学生的学，有助于提高教科书传播的普及性和有效性。统编教科书编写者为使全国不同地区的学生能理解文体，考虑到文本的全国适用性，普遍采用低语境的符号文本。高语境的教科书文本，如未考虑学生的学习准备情况，则会成为教科书文本传播或学生学习的阻碍。但若文本编写契合学生的语境与学习准备或学生认识规律，高语境的教科书文本可能会取得更佳的预期传播效果。因此，根据不同的教科书适用对象，编写者会采取高低语境不同的教科书文本编写策略。此外，教科书符号文本本身的意图定位，也是影响文本传播的重要因素。文本的意图定点，实质是指教科书文本的适用对象。教科书文本为了适用于不同的目标群体，会对目标受众进行分类，即针对不同的学生，如城市与农村、西部与沿海等的学生，编写不同教科书文本，其中最典型的教科书是我国20世纪80—90年代的"八套半"教科书。当然，那些看起来意图定点不是很明

---

① 冯月季. 传播符号学教程［M］. 重庆：重庆大学出版社，2017：72.

确，即未对学生区别对待的教科书，其实也是有一个明确的意图定点——针对全体学生。

3. 生产性的伴随文本

"文本就像一慧［彗］星，携带了巨大数量的附加因素，其中有些因素与文本本身几乎难以分解，有些却相隔非常遥远。"[①]这些附加因素就是伴随文本，它是伴随着符号文本一道发送给接收者的附加因素[②]，以潜在的形式参与教科书文本的意义解释和构成，在教科书中通常以目录、题目、图片、思考、单元、附录、生词表、公式表、元素表等形式表现出来。这些伴随文本不只是零散的周边文本符号，还是文本与学生建立联系的方式，使学生更加容易学习和巩固。任何教科书的伴随文本都携带了大量教科书的教育逻辑信息，表现出教科书的独特性，以区别于读本和其他读物。可以说，任何教科书都是文本与伴随文本的结合体，任何教科书文本都渗透着大量教育文化的复杂构造。

（1）文本间性

法国符号学家朱丽娅·克里斯蒂娃在其《符号学》中提出了"文本间性"，它指的是语篇生成过程中各种语料相互交叉、一个文本与其他文本之间相互影响相互关联的、复杂的、异质的特性[③]。通俗地说，任何文本都具有拼接性质，总是或多或少地受到其他文本的影响，也被称为"互文性"。教科书文本的文本间性表现得更加显著，每篇课文不仅受原文的影响，也被同单元的其他课文影响。数学、化学、物理等理科教科书结构严谨、知识系统，其文本间性毋庸置疑；语文、历史、政治等义科教科书，也同样受前文、后文的影响。以语文为例，每篇课文都与单元课文建立了主题性联系，也受选文作者的其他文章的影响。从结构主义角度来说，相对于整本教科书，任何课文都是在与课文的相互指涉中才确定了自身的意义。但克里斯蒂娃并没有局限于结构主义的文本观，她认为，文本本身就是一个有创造力的主体，教科书文本不仅在课文之间存在文本间性，更在更广阔空间或社会语境中建立了文本间性。但此时，文本间性并没有与结构主义

---

① 冯月季. 传播符号学教程［M］. 重庆：重庆大学出版社，2017：13.

② 赵毅衡. 符号学：原理与推理：修订本［M］. 南京：南京大学出版社，2016：139.

③ 王青. 文本间性与西方文学［J］. 广西师范大学学报（哲学社会科学版），2008，44（6）：5-6.

文本观撇清关系，而是超越后形成后结构主义文本观，即认为，由于教科书的语言结构构成了教科书文本的意义解释规则，所以文本间性得以发挥影响力。教科书文本必须按照一个时代的教科书语言结构（也即它的编写规则）来编写，语言结构先天地规定编写者对教科书的创作，贯穿在教科书文本的表达与编排中。

（2）伴随文本

文本生成后的意义是要依靠接收者的解读才能完成，所以从解读者角度，文本的伴随文本也会参与意义的生成，它与文本一起共同建构了文本的意义。如前述伴随文本，是伴随着符号文本一道发送给接收者的附加因素，任何符号文本都携带着大量的社会约定和联系。约定既可以是文本内的，如体裁影响课文的解读——学生对说明文的解读是真实的意义，对小说的解读则是虚构的意义；约定也可以是文本之外的，如"鲁迅的文章具有批判性"的文本信息影响了对课文中鲁迅作品的解读。

伴随文本一般分成显性伴随文本、生成性伴随文本、解释性伴随文本。显性伴随文本，是指伴随文本不一定是潜在和隐藏的隐文本，而是完全"显露"在文本表现层上的伴随因素，它们甚至比文本更加醒目[①]。显性伴随文本通常有副文本和型文本，前者是文本的框架因素，如教科书的名称、适用年级、前言、导引、插图、出版信息等，课文中的作者介绍、写作背景等，它们对教科书符号文本的接收起到重要作用。例如，在《中国历史》七年级下册第16课"明朝的科技、建筑与文学"中，介绍李时珍的《本草纲目》时，副文本有"相关史事"："李时珍在行医时，总是热情地接待病人，无论来看病的人是否出得起诊费，他都一样细心治疗。他在用药上常用药味简易、能就地取材的药方，使病人既能治病又能省钱，受到患者的欢迎。"[②]副文本中描述的李时珍崇高的人格，使学生心生对《本草纲目》的崇敬之情，课文的副文本对课文的接收和理解起到重要作用。型文本是文本所从属的集群，即文化背景规定的文本"归类"方式。最明显的型文本就是体裁，例如说明文、记叙文、诗歌等。"体裁的最大作用，是指示接收者应当如何解释眼前的符号文本，体裁的形式特征，本身是从此指示符号，

① 赵毅衡. 符号学：原理与推理：修订本［M］. 南京：南京大学出版社，2016：140.
② 教育部. 义务教育教科书：中国历史：七年级：下册［M］. 北京：人民教育出版社，2016：76.

指引读者采用某种相应的'注意类型'或'阅读态度'。"①体裁是一种型文本，是学生学习课文首先的意识阅读方式，学生按体裁的要求，对课文给予一定形式的关注。教科书的编写者生产文本之时，就要求学生按照课文所属体裁所规定的方式解读课文，就是某种"期待"。如教授报告文学，期待学生真实地解读课文；又如教授童话、神话、小说，期待学生虚构性解读课文。以体裁为代表的型文本是文本与社会文化联结的主要方式。一般以为只有语文课文才有体裁，其实"所有符号文本都落在一定体裁之内"②。体裁是文本的固定程式，是表意与解释的基本语言模式。如果《女娲造人》不被编写者与学生约定为神话，文本意义即是在反科学、反人类。

生成性伴随文本，是文本生成过程中留下的其他文本信息，包括前文本与同时文本，前者顾名思义是先前的文本对当前文本产生的影响，后者是与当前文本同时出现并影响了它。解释性伴随文本，包括评论文本、链文本、先后文本。评论文本是此文本生成后到被接收者接收前关于文本的评价，如对教科书中常见课文的原作的评价。链文本是接收者接收文本的同时一起接收的其他文本，例如教科书的目录、课文的单元、作者简介等，学生在接收课文的同时也将这些文本浏览，为课文的接收提供了一个"参照背景"。

以上所述的伴随文本虽然与课文同时组成了意义场，但伴随文本毕竟是课文的辅助文本，在实际的阅读中会形成千差万别的解释与理解。在接收一端，伴随文本有可能喧宾夺主，甚至接管了符号接收者的解释努力，这种情况可以称为"伴随文本执着"③。对课文的解释过于依赖伴随文本，反而使学生忘记课文本身，例如，过分关注课文的评论文本，会使学生和教师忘记课文的意义。但同时，我们也应当认识到伴随文本与文本之间是一种辩证关系。

以上的伴随文本属于表层文本，另外还有一种深层伴随文本。深层伴随文本，其实就是相对于表层文本的深层文本，它在场却不可见，离开它就不可能真正理解和解读文本，所以就类似于萨义德所说："必须把文本内容与作者排除在

---

① 赵毅衡. 符号学：原理与推理：修订本［M］. 南京：南京大学出版社，2016：135.
② 赵毅衡. 符号学：原理与推理：修订本［M］. 南京：南京大学出版社，2016：142.
③ 赵毅衡. 符号学：原理与推理：修订本［M］. 南京：南京大学出版社，2016：153.

外的内容统一起来。"[①]教科书中未写明的内容，恰恰就是意识形态伴随文本，它以潜移默化的方式掌控着文本。

总之，伴随文本普遍存在于教科书的各种符号文本的表意过程中，无论编写者的生产意义还是学生的解释意义都离不开伴随文本。一方面，伴随文本使得学生对教科书文本的理解与解释更加开阔，因此教科书编写应拓展符号文本的伴随文本，让学生的视野更加开阔，对意义的理解更加多元、深刻；另一方面，作为理解教科书文本的依据，甚至是学生认识知识的方式，它具有将新知整合进学生知识经验体系中的功能。教科书编写更应根据学生情况框定伴随文本范围，选择或组织文本。

三、教科书的传播符码

1. 传播符码

传播符码就是控制和解释文本意义的规则。传播学中奥斯古德——施拉姆循环模式认为传播的过程就是传受双方互相编码、释码和译码。编码就是将意义转化成可以传递的符号的过程。释码和译码则是反向的过程。传播学的文化研究学派代表斯图亚特·霍尔提出的"编码—解码"理论更详尽地指出受众对文本意义的解释必须掌握与文本意义相关的文化规则，否则无法通过解码理解文本的意义。巴兹尔·伯恩斯坦指出所谓的"符码"，指的是社群成员所使用的语言背后所蕴含的一套组织原则[②]，可分成精心设计的和限制性的。我国符号学者冯月季认为，符码就是存在于社会传播关系中的意义结构，它为受众提供了一种认识模式，[③]并把传播中的符码分成两种：强符码与弱符码。前者是发出者与接收者的意图意义与解释意义具有一致性，后者指编码者与解码者之间因文化背景的不一致而对文本意义的理解不一致。教科书中大多为强符码与弱符码并存，在不同年级段的教科书中，强弱符码主导地位并不相同，由低年级到高年级，教科书的符码由强向弱递减。不同学科的教科书，符码的强弱也不相同，理科教科书都属于强符码，而文科教科书多属弱符码。符码一般是成套的，如适用于乡村的教科

① 赵毅衡. 符号学：原理与推理：修订本［M］. 南京：南京大学出版社，2016：154.
② 李特约翰，福斯. 人类传播理论：第9版［M］. 史安斌，译. 北京：清华大学出版社，2009：368.
③ 冯月季. 传播符号学教程［M］. 重庆：重庆大学出版社，2017：95.

书，所用材料都是围绕农业生活编码的。总体上，符码是对教科书文本意义的解释规则，并不能创造新的意义。

2. 元语言

教科书的符码是控制教科书文本意义的机制或者说意义转换机制，但教科书符码的使用，关键在于教科书编写者与使用者有共同的文化语境。任何文本意义都离不开符码背后的元语言，甚至可以认为元语言就是符码的集合。因此，符码与元语言共同建构了教科书文本的意义，一个作为文本意义产生的规则，另一个作为文本意义的文化语境。如"学阀玩弄手腕"，只知道符码，就只能译成一种动作，有元语言后就能明白其引申义。所以，元语言又能创造性地运用符码生成新的意义。但是，元语言并非一成不变，随着不同元语言成分的加入，元语言也在变动，组成新的元语言组合。就像读者每一次读《背影》时对父子之情的体验是不一样的，每一次读《我为什么而活着》时对文本的理解是不同的。

3. 符码化

教科书文本的表意过程，就是将文本进行符码化处理和结构化组织的过程，即符码化。对教科书文本进行符码化处理，是需要经过"媒介再现"，即经过教科书的意义结构安排。为了把符号文本的意义更好地传送给学生，教科书需要"媒介再现"原始文本，即通过单元整合、剪切文字、语言组合、配上插图等教科书媒介修辞手段，将不同文本、符号组合起来以表达某种特定的观念、意识形态或事实。教科书的符码化建立了符号与意义之间的联系，是文本巩固意义、转换意义甚至传播意义的机制，通过教科书的"媒介再现"使作品原本意义变成教科书的教育意义。

4. 体裁就是一种符码

正如前述作为型文本的体裁是文本的固定程式，是表意与解释的基本语言模式，其实体裁也就是控制文本传播方式的符码。不同的教科书文本体裁指示着不同的文本解码方式，如报告文学必须按真实性的文本来阅读，神话必须按虚构的文本来阅读。它是在教科书的编写者与使用者之间形成的一种阅读契约。

教科书的文本中，不只语文课文有体裁，任何文本都有体裁，都属于某类体裁。如数学，可分工具性理解和关系性理解模型，代数和几何就是两种不同的数学体裁。教科书的文本编写者与使用者能够按照体裁的要求对文本进行意义解读，也可认为是按照两者在社会文化语境下（元语言系统中）形成的"惯习"来解读文本。教科书的文本体裁有其社会化语境下的表意目的，在其存在的"文化语境"中，通过准确传递意义实现教科书的教育目的。此外，教科书的文本体裁还有指示符号的功能，即对文本意义（传播）生成过程，对传受两者（即编写者、教师与学生）之间的关系进行规定和编码。举例来说，新闻或科学体裁内容，编写者、教师与学生只有知识授受关系；虚构类体裁内容，教师与学生之间还有知识讨论的平等空间。

教科书的文本体裁作为表意形式，指示学生解读文本的规则，因此，它不仅限定了编写者的符号表意目的和范围，也限制了学生使用教科书的意义解读。经典的课文因受真假质疑而不得不退出教科书，如何避免这些课文退出历史舞台的命运，需要编写者创新编排形式，其中创新表意形式——体裁——就是最重要的手段，即改变文本表意的规则。例如，经典动物故事《斑羚飞渡》，有人批评其违背常理，这是以动物科学的规则解读课文。如果转换体裁为童话故事，文本符码发生变化，不以科学而以虚构作为编码规则，则文本呈现出跨体裁的表意特征，即借助新体裁实现新的表意方式，把《斑羚飞渡》的表意转换成了宣扬牺牲精神的伟大。

教科书的符码是教科书文本符号表意的规则。这是编写者与使用者的社会规定，更准确地说是为了维系秩序与传统，传承文化。教科书的符码作为一种文化表意的机制，有利于使社会价值和秩序得到传承与保持稳定。但教科书的符码是一种较稳定的文化保守机制，所以在教科书具有传承意义的同时，也在束缚意义的创生。要想创造意义，就必须逆规则，打破传统，创造新的符码。例如，教科书编制，不仅设有知识巩固性的练习题、思考题，而且增加了知识建构性的探究、研讨题。探究、研讨题，即是对符号规则的重新创造，其重新确定了知识的本质与师生之间的关系。

第四节　教科书文本符号的双轴关系与操作

从前文可知，教科书文本是由符号组成的系统。接下来的问题是，符号是如何组成，在教科书文本编写中又是如何操作的。回答这些问题可以搞清楚文本形成的基本机制。

一、教科书文本的组合轴与聚合轴

教科书的文本符码是文本表意的规则，那么文本是如何构成的呢？索绪尔的结构主义符号学提出的符号双轴关系，探讨的就是文本如何构成。"符号文本有两个展开向度，即组合轴与聚合轴。任何符号表意活动，小至一个梦，大至整个文化，必然在这个双轴关系中展开。"[①]索绪尔的符号双轴关系，与人类思维方式相似。另一位结构主义符号学家雅柯布森也认为，"比较与连接，是人的思考方式与行为方式的最基本的二个维度，也是任何文化得以维持并延续的二元"[②]。教科书的文本构成离不开双轴关系。组合轴容易理解，是一些符号组合成有意义文本的方法，如，一本教科书由若干单元与课文组合而成，一篇课文由几段文字组成，一句话由若干字组成。聚合轴的组成，是符号文本的每个成分是从可供选择的符号中进行比较后，选择其中编写者认为最合适的一个符号，并排除其他符号，类似于诗人贾岛为诗句"鸟宿池边树，僧敲月下门"中用"推"还是"敲"字犹豫不决的典故，诗人选用一个最合适的符号"敲"而排除了其他符号如"推""撞""锤"等；"春风又绿江南岸"就是从"到""吹""来""过""绿"中选择"绿"。教科书文本结构也面临聚合轴的选择问题，在众多的文本中选编某篇课文即是放弃其他课文。但是，被放弃的符号、文本并非在文本中消失了，而是作为文本的隐藏成分存在的。换句话说，被选择的符号，唤起的不是一个概念或形式，而是"整个潜在的符号系统"[③]。

---

① 赵毅衡. 符号学：原理与推理：修订本［M］. 南京：南京大学出版社，2016：156.
② 赵毅衡. 符号学：原理与推理：修订本［M］. 南京：南京大学出版社，2016：156.
③ 陈卫星. 传播的观念［M］. 北京：人民出版社，2004：98.

二、教科书文本的双轴操作

教科书文本常以组合的形式显示出来，它就是文本的构成方式；而文本的聚合是文本的建构方式，一旦教科书编成后，所有的聚合轴都会退出教科书，隐身在幕后。编写者编写教科书在组合之前，必须要做大量的聚合轴操作；在使用教科书时，不仅要让学生学习、练习、操作教科书文本的组合轴，更应当让学生深入操作聚合轴，突破文本组合轴的限制。

通常的双轴操作，很难说谁在时间上优先发生，但在逻辑上应有先后。教科书编排逻辑较特别，因为有教学大纲或课程标准指导，也即是先有了组合轴，才有编写者依据教学大纲与课程标准的组合轴再操作教科书的聚合轴。但是编写教科书的实践，又是双轴操作基本同时发生，如学生"学写诗，课本上说明诗词格律规定，这是组合训练；课本上也说明某字可选的平仄，某句可以押的韵，某字对偶的可选择范围，这是聚合训练。几乎任何教科书都同时展现聚合与组合。但是课本本身的写作，是另一个双轴操作的结果"①。教科书的文本编写过程是多层次的选择与组合，整套书、全书单元、单元内的课文、课文符号文本的选择与组合等，任何显现的文本只能是另一个双轴操作。教科书的双轴操作都是按意义标准做出的选择和实施。以统编版小学语文七年级下册为例，教科书的基本组合第一层是阅读与写作，第二层写作又由选择人物、抒情、抓住细节、怎样选材、文从字顺、语言简明组合。其中，选择阅读与写作，是按照语文素养标准做出的选择；选择写作组合，是根据为提高写作水平做出的选择。总之，追求双轴操作就是在追求文本的意义。

三、教科书双轴操作的窄宽幅选择

教科书的文本聚合轴属于文本意义的深层结构，在文本的背后发挥潜在影响。在聚合轴中文本选择范围的大小，并不完全取决于编写者的喜好，而关键看课程标准或教学大纲能提供多大的选择空间与范围。教科书的特点就取决于教科书文本聚合轴的选择方式。当我国教科书进入"一纲多本"时代时，教科书的聚合轴表现出宽幅文化，即聚合轴的选择空间与范围更大，就导致了教科书的风格

---

① 赵毅衡. 符号学：原理与推理：修订本 [M]. 南京：南京大学出版社，2016：159.

多样化，教科书的单元组合也有意外的安排。例如，20世纪90年代初的"八套半"教科书是适配不同地区学生各种风格的教科书，对教科书来说属于宽幅文化变大，但是，对每一本教科书来说聚合轴又表现出窄幅文化，因为每一本教科书只能适用一部分人，聚合轴的选择空间与范围又变窄了。有时候看似教科书的宽幅选择，但可选的可能多是一些次要文本，真正足够宽的聚合选择其实并不多，例如，编写者编排课文，都倾向大量用经典课文，而只增加了少量非经典课文，所以这种宽幅的选择其实是一种假性选择，文本的聚合轴操作其实是窄幅的。

四、教科书双轴操作的展面与刺点现象

教科书文本的双轴操作，在巴尔特看来还会形成展面与刺点现象。展面属于组合轴操作，严格按照编写者与选文作者之间的阅读契约，明晰地表达或传递文本意义，学生不需要做出太多的努力就能理解文本意义。展面就是教科书常见的大多数教育文本，具有向学生传播普遍知识、形成价值判断、塑造社会秩序的功能。刺点是局部的组成要素，是聚合轴操作的结果，使聚合轴的选择空间与范围突然扩张，导致意想不到的效果。如王安石的《泊船瓜洲》中"春风又绿江南岸，明月何时照我还"，其中"绿"字的聚合轴的选择范围比其他字突然变宽，诗人选过"到""入""过""满"等字后，才用"绿"，此"绿"即是此诗的刺点，意外的点睛之意。在数学教科书中也常见展面与刺点相互组成的文本，如数学的变式题就是常规题中的一个刺点，它打破了学生的常规思维。刺点是构成展面文本意义的挑战，有例外、个别化的特点，有可能与展面文本形成矛盾的张力，以提高学生的思维力和判断力。如统编版道德与法治七年级下册第三单元"在集体中成长"中，在"集体生活邀请我""集体生活成就我""让和声更美"等展面文本之后，提出刺点文本的"探究与分享"："在不合理的规则被修改之前，是执行规则重要，还是修改规则重要？为什么？""有人认为死守规则是一种僵化，有人认为无视规则是一种放任。你怎么看？"[①]这个刺点文本不是依据展面文本的组合轴操作的意义框架，而是在聚合轴上提出一个修改规则或执行规则的选择空间，从而造成与前述展面文本的矛盾与冲突，进一步引发了学生

---

① 教育部. 义务教育教科书：道德与法治：七年级：下册［M］. 北京：人民教育出版社，2016：64.

的思考。无展面文本就无刺点文本，好的教科书应该是展面文本与刺点文本的结合。无刺点文本的教科书，只能作为传递知识的文本，而不能发挥发展学生智能的作用。

五、教科书的双轴操作影响经典课文的形成

教科书的双轴操作对文本的形成与评估影响较大，在此以经典课文为例。

1. 经典课文与文本身份

经典课文是教科书中最常见的文本，它的形成与退出具有双轴操作的典型特点。经典，原指宗教的经典教义，后用于文化经典，在教科书中表现为经典文本、经典课文，是在长期教科书编选实践中，从积累的大量文本或课文中，编选的一部分公认的精选文本。经典课文能被长期选入教科书成为经典总是有原因的。经典课文背负着一代人甚至几代人的情感与价值寄托，以至成为民族凝聚力的纽带。经典课文与普通课文的表意地位在教科书中并不完全相等，作为一种特殊的文本身份，经典课文在教科书中被赋予了特别的身份与地位，如区别于选读、参考文的必读文以及围绕它建立的单元等。如果"没有文本身份，任何文本无法表意"①；如果没有作为教科书经典课文的身份，任何经典课文无法向学生表达永恒的价值与意义。如果没有作为经典课文的身份，《背影》只是一篇父子感情纠葛的记事文，不可能广泛传递伟大的父爱。没有经典革命课文的身份，《海燕》只是一篇描述海燕与暴风搏击的故事，而不可能向学生传达英勇革命者的形象。经典课文的身份是外在的，其符号表意具有社会的维度：一方面，课文的意图定点的对象是学生，因此本来不是给学生的文本进入教科书就变成了具有教育目的的课文文本；另一方面，课文经过几代人的推崇而成为经典，已经从作者的"个人声音"变成课文的"社会声音"，再到经典课文的"民族声音"。当然，经典课文的身份和地位也是变化的，即使是同一篇经典课文基于不同的编排目的与教学目标，也可能被赋予不同的社会身份。

2. 经典课文与作者身份

那么，接下来我们要回答经典课文与作者的身份问题：到底是谁先谁后呢？从文本产生的角度来说，当然是作者生产了文本。但这些文本的课文身份及其意

---

① 赵毅衡. 符号学：原理与推理：修订本［M］. 南京：南京大学出版社，2016：353.

义，应当在课文产生时才被决定的，而非作者所能改变。简言之，课文并非由作者生产出来的，也不是由作者派生了经典课文。换从经典课文的身份角度，可以认为是经典课文"生产出"了经典课文的作者。作品入选教科书，并没有多少学生熟识作者，而是有了课文的身份，才塑造了作者的符号自我。推而广之，经典课文与经典课文的作者之间的关系也是如此。符号的自我，比作者真实的自我更为重要，因为学生无法了解真实的作者自我，课文呈现给学生的是作者作为符号的自我——一个经典课文的作者。

"在最一般意义上，经典之所以是经典，就在于它不仅属于某一个特定的时间与空间，而且能克服历史距离，对不同时代甚至不同地点的人说话。"①经典一方面超越时间的局限，另一方面不断处在历史的理解中。经典课文也是如此，因为其自身永恒的育人价值，所以在不同的时代都编选它作为课文；但是，经典课文又由于其社会性，它处在不断的历史变化中，每个时代对经典课文又有些许不同的解读。总之，经典课文的文本意义，不是结构化的结构，而是能结构化的结构，经典课文总是在向每个时代、每个人敞开。

"经典的要义不在文本内，而在文本外，经典是文化的提喻。"②经典课文只是文化的一部分代表，是一个对时代开放性的结构，所以对经典课文的重估就不可避免。虽然这一过程较为缓慢，以至家长、教师与学生都很难察觉，总觉得经典课文要永恒不变，因而在鲁迅的一篇文章或革命传统文章退出教科书时，引起家长、教师等教科书相关者的抗议："我们需要经典。"正因为经典具有永恒的教育价值，所以教科书的中任何课文异动，都会受到教科书相关者的高度关注。

3. 经典课文的重估

经典课文的重估与变化又是如何发生的呢？

首先理一下经典课文的形成。经典课文的产生一般经历两个阶段：第一阶段，从浩如烟海的作品中选择一部分经典作品作为课文，即一些经典作品成为课文；第二阶段，在教科书的历史长河中一些课文因为其永恒的教育价值，成为经典课文。由此看来，成为经典课文必然经过二次选择。那么选择者是谁呢？第一阶段作品中成为经典作品的选择者是知识分子，他们根据作品的时代价值与文学

---

① 张隆溪. 经典在阐释学上的意义 [J]. 中国文哲研究通讯，1999，9（3）.

② 赵毅衡. 符号学：原理与推理：修订本 [M]. 南京：南京大学出版社，2016：374.

创新进行辩论，最后得出是否经典的共识。第二阶段的选择者是编写者，他们根据教学大纲或课程标准要求，对课文进行再次选择，让其成为整个时代的经典课文。当然，经典作品与课文的更新也是常态化的。

经典课文不仅传承优秀文化，也是文化的"提喻"，即作为代表性的文化随着时代变迁也面临着被重估与持续更新。知识分子担负了重要的重估责任，即根据教学大纲或课程标准的要求，对先前经典课文进行比较与评估，使它符合时代的潮流，或者说更有利于当前提高培养学生的质量，因此，比较性地评估经典课文的质量，是大多数知识分子的责任。当前知识分子特别是编写者或教科书研究者，作为经典课文的评论者，必须要对经典课文做质量的衡量，以便重估和选择经典课文。当代教科书重估经典课文的一个重要标准是"教材更加强调时代性"，语文出版社原社长王旭明认为有些教科书的篇目虽然内容很好，文字也不错，但是由于和时代要求不符，还是被撤换。"比如《谁勇敢》一文，有些老师教过，而且特别爱教，希望能留下来，但我们还是拿下来了。为什么呢？一个孩子为了保护其他孩子不受马蜂蜇，用身体扑向马蜂窝，虽然保护了别人，但自己却受伤了，文本的结论是这个孩子最勇敢。我们认为，对孩子来说，这不是最好的解决办法，不应倡导这种行为。怎么办最好？那不是语文要讲的事，至少在选文时我们不选这种文章。"①

21世纪基础教育课程改革后，《义务教育语文课程标准（2011年版）》对教科书，提出"选文要文质兼美，具有典范性，富有文化内涵和时代气息，题材、体裁、风格丰富多样，各种类别配置适当，难易适度，适合学生学习。要重视开发高质量的新课文"②的建议。课标要求"开发高质量的新课文"，也就是说编选新课文需要在聚合轴上进行操作。多数人以为，这是以课文质量、适用性等内在品质在聚合轴上做比较重选课文，但在教科书编选的实践过程中，教科书的经典课文重估与汰换，却走向另一条道路，即从外面连接重估和选择课文。所谓外面连接，不是对课文的质量进行批评性比较，而是根据课文外因素如课文或课文

---

① 赵英梓. 语文版新教材换血40%：看看哪些篇章被拿下［EB/OL］.（2016-05-24）. http://edu.people.com.cn/nl/2016/0524/c367001-28375517.html.

② 教育部. 义务教育语文课程标准：2011年版［M］. 北京：北京师范大学出版社，2012：33.

中人物的人气选编课文，即根据课文的时代性要求来选择课文。如，选择《跨越新纪录》入选上海二期课改语文教材，就是因为刘翔在田径赛场上夺得奥运冠军的超人气，也"破纪录"地以"活人英雄"形象"跨"入了小学语文教科书。上海二期课改小学语文教材主编徐根荣说，旧教科书编写过于保守，所付出的代价便是"内容滞后"，"与时代脱节"，所以新教科书要更新不是因其本身的质量问题，而是课文的时代链接。另一位语文教科书主编陶本一就刘翔进了教科书，而传统的爱国主义教育篇目《狼牙山五壮士》悄然退出教科书谈了自己的看法："爱国主义教育是中小学语文教学中的一项重要内容，永远不能淡化，但也应与时俱进，爱国主义英雄不应仅仅是革命战争年代的人物，新时期的杨利伟、刘翔同样是英雄。本次调整就是一次小小的尝试"①。上海市教育委员会教学研究室原主任王厥轩表示，《跨越新纪录》一文被收入教科书，实现了两大跨越：一是多年来在教科书编写过程中恪守的"活人不进教材"的规矩从此被打破；二是将新闻作品改编入教科书，在小学教科书编写史上属首创②。进教科书的两大跨越，不是在聚合轴上对课文批评性质量的重估，而是与课文外在因素连接、再连接，即是在组合轴上连接操作。它是依靠媒体反复介绍、人物的出镜率等社会性的连接，使课文内容深入人心。与以往教科书中邱少云、雷锋、赖宁等英雄人物相比，刘翔、杨利伟等当代英雄更能走进孩子们的心灵，更加受儿童喜爱。上海市静安区第一中心小学的一份小范围调查显示，在五年级语文教科书第一单元六篇课文中，《跨越新纪录》成了学生们最喜爱的一课。并且，记者随意采访的五名学生，无一例外都能将《跨越新纪录》倒背如流③。这类课文进入教科书，更像是因为大众的选择和学生的喜爱，而非课文批评性质量的重估。这种群选经典课文的方式，是因个人（刘翔、杨利伟）而采用作品，而非因采用作品而熟悉个人，因此这类课文是集于名字下的型文本。群选经典课文的重估方式在21世纪基础教育课程改革后，已有明显的增强，较典型的如2004年11月，王度庐的《卧虎

---

① 刘翔事迹被收入上海市小学语文教材［EB/OL］.（2005-08-05）. https://yuwen.chazidian.com/xiangxi-203660/?only_pc=1.

② 刘翔"跨"进了小学教材　教科书实现两大跨越［EB/OL］.（2005-03-07）. http://www.cnr.cn/stiyu/200503090197.html.

③ 刘翔"跨"进上海小学课文［EB/OL］.（2005-03-10）. http://news.sina.com.cn/w/2005-03-10/08445320414s.shtml.

藏龙》和金庸的《天龙八部》被选入人教版高中语文读本。前者连接着传媒的影响力，后者连接着金庸的知名度。

在继《天龙八部》部分章节被选入人教版高中语文读本之后，金庸武侠名作《雪山飞狐》也出现在课改后的北京语文泛读备选篇目中。群选经典课文，不是一种经受过历史性验证的行为。因此，新的经典课文在未来的存续能力就不得不令人质疑。下一代的经典课文群选，又会适应下一代人的偏好，所以，群选经典课文的下场很可能是这一代是金庸作品，下一代又换成另一位知名作家的作品了，如此汰换下去，哪还会有什么百年的文化经典？

4. 两种经典重估方式的异同

聚合轴的批评方式与组织轴的群选方式的区别表现在以下方面：

经典课文在聚合轴上使用批评元语言，需要挑战保守性力量，任何的经典重估都需要接受原有经典课文守护者的顽强阻击。批评元语言是从文学性、教学性等课文的内在特性角度，对经典课文进行比较，其中经典课文的文学性批评一般发生在文学场中，是在其成为课文前就已经发生的。所以，对课文批评最常见的表现是对课文的教育适应性批评，即课文是否具有社会和学生的适应性。

经典课文的选择通常会在学生喜好与作品的文学性之间左右摇摆。当根据作品的文学性选择课文时，是在聚合轴上通过批评性评论与比较选择课文，它有可能使学生不喜欢；当根据学生喜好来选择课文时，是用组合轴连接喜欢、追星、名气等用以追随通俗文学。21世纪后，在为了学生发展、以学生为本的教育理念指导下，教科书选编了许多适合学生且学生喜欢的课文。新一代的年轻人大部分是在短平快的网络文化中长大的，无法忍受延迟满足的煎熬。所以，"喜欢"就成了"以学生为本"的遁词，通俗文学借此堂而皇之地进入了教科书。因此，课文成了照顾学生的群选经典的"盛宴"，拥有了粉丝般的群体优势。

庆幸的是，通俗文学只是打开教科书的门挤了进去，并没有蜂拥而入，大量的经过聚合轴比较的经典课文还被保留着。但哪怕是洒进一丝月光，也意味着经典课文的选择，有了不同的倾向或时代特征。

第五章

教科书媒介

从教科书传播的角度来看，其内容分析是最重要的，媒介分析似乎称不上显赫、特殊的研究，也非可以深入研究的领域。百年来，教科书的媒介比较稳定，只在近几年随着电脑化、网络化的技术发展，才有了革命性的发展，因此，教科书的媒介研究也产生了翻天覆地的变化。认清媒介及其意义对于教科书及其发展具有举足轻重的价值。

第一节　教科书媒介的界定与意义

教科书媒介从未进入教育研究者的视野，主要是因为他们对媒介熟视无睹，他们关注内容而使媒介透明化，以致不能充分发挥学术想象力。"可以从一个崭新的角度通过简单的事实建立起不曾存在的联系"[1]来认识教科书媒介及其意义。

一、什么是教科书媒介

沿着历史的发展轨迹，我们不难发现，传播是人类赖以生存与发展的最基本活动。但是，从各种传播研究来看，传播都离不开介质、载体——口语传播离不开声音，书面传播离不开文字，影音传播离不开图像。在早期的媒介研究中，媒介被当成介质、载体等，意味着媒介在一定程度上是包含一定内容的、客观中立的容器。直到在麦克卢汉提出惊世骇俗的论断"媒介即讯息"之后，人们对媒介的认识才发生了根本性的转变。媒介的研究终于枝繁叶茂起来，但与教科书媒

---

① 潘祥辉. 传播研究的媒介学转向［N］. 中国社会科学报，2015-08-13（8）.

介近百年的时间停滞一样，教科书媒介研究也在故步自封，很少有突破性研究出现。

教科书作为国家意志的表现形式，通过意识形态与人类文明的基本知识，使国家与国家中的每一个人建立联系。教科书不仅把信息、知识、观念等传递给国民，还为我们设置议程——告诉我们应当先学习哪些最有价值的知识。教科书作为一种特殊媒介，承担着国家任务，要培养国家的接班人、建设者。因此，教科书媒介在人类社会中具有不同于其他媒介的特殊功能，担负着特有的社会使命。

从媒介的角度来看，教科书的传播，就是媒介组织（代表国家的编写者、出版者）生产出大量有组织、系统的特殊信息，把它们传递给受众的过程。从受众即学生角度来看，教科书传播也是有组织、系统的特殊信息，通过教科书媒介，使受众接收、使用、理解和被影响的过程。教科书的传播也符合拉斯韦尔的"5W"传播模式：谁—说了什么—通过何种媒介—对谁说—获得什么效果。如果再简化一下，施拉姆认为，传播至少要有三个要素：信源、讯息和信宿，但是郭庆光认为，"仅有上述三个要素尚不足以构成一个现实的传播过程，也就是说，还必须有使三个要素相互连接起来的纽带或渠道，即媒介。有了上述四个要素以后，一个物理学意义上的传播基本上具备了成立的条件"[①]。由此看来，教科书媒介是学校发生教学传播过程的必要条件，是教学传播活动的纽带，没有教科书媒介就不会发生教学传播活动。于是，教科书媒介也就有基本的三种功能：提供知识，传输知识，维系教育关系。换言之，没有教科书媒介，学校不知道传播什么、用什么传播，就没有了教育教学活动，也就不存在师生、生生等各种教育关系。

二、教科书媒介的不同隐喻

乔舒亚·梅罗维兹用三种隐喻识别我们认识媒介的方式：导管、语言和环境[②]。

媒介是导管，指媒介是一种客观、中立的容器，就是通常说媒介是一种技术

---

① 郭庆光. 传播学教程：第2版［M］. 北京：中国人民大学出版社，2011：49.
② 李特约翰，福斯. 人类传播理论：第9版［M］. 史安斌，译. 北京：清华大学出版社，2009：331.

手段、载体，并不能对内容产生影响。早期对教科书媒介就是这种理解，所以把纸质教科书直接搬上电子媒体成为电子教科书，其内容与形式都没有改变，改变的只是载体。把媒介当成导管，就是把导管当成纯粹的物理学物体，变换了材料，传播性质没有改变。

媒介是语言，意味着每一种媒介都与语言一样，具有独特的结构性元素或语法。例如，纸质教科书有一定的版面设计、文字的大小与字体等格式，是按着时间线索编排内容等。电子教科书与数字教科书则在视觉、听觉上有不同元素组合，按着空间线索编排内容。

媒介是环境，指我们所处的外部环境是由特定类型的感性信息所组成的。这些信息是由媒介决定的，是通过人体的各个感官所接受的[①]。媒介环境通常是在我们没有意识的情况下对我们产生影响，并且塑造我们的体验。媒介即环境，首先指的是媒介不是中性、透明、无价值标准的渠道。媒介固有物质结构与符号形式界定的信息的性质，决定了传播的特性。例如，纸质教科书与数字教科书就是两套截然不同的物质结构与符号形式，学习这两种教科书的学生得到的是两套不同的信息与"现实"。所以说，界定教科书信息性质的正是教科书媒介的结构。纸质媒介与数字媒介意味着不同的信息版本，使用了不同的符号结构与形式，代表着不同的信息，可能对学生、教师或教学形式造成不同的影响。如同样的《荷塘月色》在不同的媒介中传递给学生是不同的感受，从纸质媒介中可以得到文字美、想象美，但很难有体验，而数字媒介不仅有文字美、想象美，还可以通过视觉体验到情感美，所以从这个角度说，媒介不是中性的渠道。其次，每种媒介都是有偏向的，伊尼斯在《传播的偏向》中认为，任何传播媒介都具有时间或空间偏向：传播媒介或具有易于长期保存但难以运输的倾向性，或具有易于远距离传送但长久保存性差的倾向性。前者是"偏向时间的媒介"，而后者则便于空间的控制，是"偏向空间的媒介"，两者有助于形成不同的社会机制。归结起来，教科书媒介通常有两种不同的面孔：一张社会面孔，是教科书媒介的宏观层面，即教科书媒介所呈现的更为广泛的社会机制，如教科书媒介如何嵌入社会当中，教科书媒介如何与社会之间形成相互影响等。另一张是微观层面的人的面孔，则是

① 李特约翰，福斯. 人类传播理论：第9版［M］. 史安斌，译. 北京：清华大学出版社，2009：331.

使用教科书媒介的人，即教科书与学生、教师等个人相互之间的关系，主要是教科书对使用者的影响，或者是两者相互关系产生的结果。两张面孔，反映三者关系，分别是教科书的内容与结构，社会与文化，编写者与使用者。

被媒介学者德布雷作为环境的媒介并非我们理解的"5W"传播模式中的媒介工具，也并不一定是麦克卢汉的"媒介即讯息"中的媒介，它是一个社会中的媒介系统的总称。它包括我们所说的文本、符号、媒介工具，甚至包括与之相关的媒介组织①。那么，把教科书媒介理解为环境，就包括教科书文本、符号、载体，还有课程标准、出版者等。这种理解一方面否定了把媒介当成技术，即"媒介是导管"的功能，如此，教科书媒介本身就消失了，"媒介就没有存在的必要，在传播者、受众和效果的三角关系中，它甚至被透明化了"②；另一方面否定了媒介技术决定论，环境隐喻使教科书媒介与教育、教学存在互动关系，不只教科书媒介影响教育教学关系，反之亦然。德布雷把媒介当成环境，提出三种媒介圈：话语圈、图文圈、视频圈。其中图文圈指的是由印刷术开启的时代，教科书在20世纪初代替了经书，这种教科书媒介圈使建立在印刷基础上的教育机构组织（现代学校）取得了教育统治地位，并造成了人们对教科书和现代教育、班级授课制的崇拜。在21世纪视频圈渐显峥嵘，数字教科书也产生了新型的教学关系，如虚拟、长距离的师生互动等。

如果从文化的角度看教科书媒介，它并非仅仅指一种实体，更是一种隐喻，而且不同时期的教科书媒介在不同的意义框架里意味着不同的隐喻。如果不能从隐喻的角度看待媒介，那么媒介事实上也就并不存在。因教科书媒介引起的"共鸣"，更加有能力越过这教科书语境并延伸到新的未知语境中，影响学生对真善美的看法，左右学生理解真理和定义真理的方式。

---

① 如何解读德布雷《媒介学引论》？［EB/OL］.［2019-11-17］.https://www.sohu.com/a/354374239_653748.
② 胡翼青，王焕超. 媒介理论范式的兴起：基于不同学派的比较分［J］. 现代传播（中国传媒大学学报），2020，42（4）：24-30.

第二节　教科书媒介的特点

一、教科书媒介的建构性

传播的效果研究与内容符号研究，把媒介偏向于中介的研究，即是使用媒介传递内容和意义。媒介变成一个透明的载体，"对媒介的文化和社会的影响仅限于在传播回路的内部展开考察"①。因为如果像传播效果论那样把教科书媒介理解为工具，媒介就等同于导管，教科书媒介本身实际上就消失了，只留下功能。因此在传播效果论的框架里，教科书媒介就没有存在的必要，在教师、学生、教科书内容、效果的关系中，它甚至被透明化了。

教科书传播的研究过多地关注媒介的内容，而忽视了媒介本身。新媒体学者认为，教科书传播不只是传递了教科书的内容，用麦克卢汉话说"媒介即讯息"，媒介的形式也是内容，能影响教育教学的状态、思维、组织与方式等。简而言之，教科书作为媒介的形式也是传播的内容之一。因此，教科书本身的形式与内容的边界也被打破，尽管作为形式的教科书并非通常所说的教科书知识内容，但是形式本身具有偏向性，并非完全透明与客观的，它对教育的形态，甚至人的感官比例都具有限定性。有人说技术是无形的形而上学，不是说媒介是无形的，而是说新媒介、新技术带来的观念变化往往是隐性的，不太容易被人们所感受到②。借用修辞思想，一种新技术的运用，就是引进一种修辞方式③。纸质教科书与电子教科书、数字教科书对教学与教育的意义显然是不同的。

通常关注教科书，是对内容及其组织的讨论，而鲜少涉及媒介，一是因为纸质媒介百年来一直是稳定的介质，直到今天仍然如此；二是由此唯一性、常见性而来的隐性影响，反而使我们忽视了媒介的意义与价值。不过近年来，数字教科书的发展使我们从内容与组织转向了媒介的艺术，如对课文的理解，从文字平面化转向了字、音、像等立体化；对《荷塘月色》的理解，从想象的美变成了各种

---

① 夏瓦. 文化与社会的媒介化［M］. 刘君，译. 上海：复旦大学出版社2018：4.
② 蒋原伦. 媒介与修辞［M］. 北京：生活·读书·新知三联书店，2020：158
③ 蒋原伦. 媒介与修辞［M］. 北京：生活·读书·新知三联书店，2020：157

感官参与的立体美，以至成了一种新的教育景观。当然也不是说在课文的内容上有多大的拓展，或者可以说课文的内容同时应该包括不同的层面，即情节层面和视听觉层面，而后者调动的正是新的媒介技术。两种媒介的转换，从根本上不可逆转地改变了教育话语的内容和意义，因为这样两种不同的媒介不可能传达同样的教育思想。随着纸质教科书的逐渐式微，教育需要改变其内容与思想，并且要用最适用于数字媒体的表达方式去重新定义。

据以上释义，换角度说，教科书媒介又是教育、教学的组织者。如果离开了教科书媒介，学校不成为学校，教学也不是教学。教科书媒介变量的发展变化（包括力量、速度、范围等要素的变革）会重新建构目前的各种教育教学关系。如数字教科书使师生关系、教室中教学组织形式等都发生变化，甚至使学生在学习中的感官比例也发生变化。在这种变化和影响中，人的主观性和主动性的能力是有限的。正如麦克卢汉想用"媒介是人体的延伸""地球村"等媒介变化所带来的环境变化，改变原有的社会关系结构和感官结构一样。当然，旧结构并不一定会完全消失，而是在新的媒介影响下进行调适，以一种新的方式进行重构。由此，教科书媒介就变成了组织者，媒介本身就是一种无形的环境力量和动力机制，并通过媒介技术重构了教育结构及其关系。人们生活在媒介所营造的环境中，却往往对其浑然不觉。

二、教科书媒介的传播性与传承性

伊尼斯提出的媒介理论认为，"一切文明都有赖于对空间领域和时间跨度的控制，与之相关的是传播媒介的时空倾向性，因而文明的兴起与衰弱同占支配地位的传播媒介息息相关"[①]。一个时代的更替也与传播媒介的偏好变化有极大关系。清末的溃败有各种复杂的社会与政治因素，其中一个原因就是新兴传播媒介的兴起。清末新兴学堂的教育需要重要的教育媒介——教科书，或者说教科书作为一种新媒介成就了新式学堂，成就了一种新型的教育文化模式。没有教科书的媒介特性，就不可能有班级授课制，也就不可能有现代的学校教学模式。教科书作为新媒介创生了新的教育文明，为大规模的教育传播提供了既有空间性又有

---

① 张咏华. 媒介分析：传播技术神话的解读：第2版［M］. 北京：北京大学出版社，2017：52.

时间性的传播偏好。一方面，纸质教科书具有以空间偏向的传播特性，其文化导向是以现在与将来为中心，或者说是培养现在的建设者与未来的接班人。所以，纸质教科书更加重视现代社会政治制度秩序的维护与意识形态的统一、重视政治权威性，同时为了培养社会建设者，教科书偏重科技知识的发展与传递。其空间偏向的高传播效果，取决于来自编写者对知识的适切性选择与编排。另一方面，纸质教科书在发达的社会保存、记忆系统中，如博物馆、图书馆、档案馆，又具有偏向时间的传播特性（可称为传承性）。每个时代或教育改革阶段都会对教科书进行编写或修订，无论如何改革，时代的印记总会传承下来，即使在社会发生剧变的时代也是如此。新中国成立初期，教科书虽然都在仿苏联教科书，强调编选系统的知识体系，但编排中仍然传承了解放区时期强调为社会政治、经济服务的教科书特性。哪怕是用今天的教科书与20世纪初编写的教科书相比，仍有许多传承下来的特点，例如以单元来编排等。所以，从媒介的视角看百年的纸质教科书，它有两个基本维度。一是空间的传播性，即以国家统编或"一纲多本"的形式，向全国各地的中小学学生传播知识、意识形态等。二是时间的传承性。任何纸质教科书尽管有编排形式的传承，但更多地表现在文化的传承。由于知识较强的迭代特质，所以知识的传承性在历史的长河中相对较弱。教科书传承的主要是传统文化，特别是中华优秀传统文化，如唐诗宋词等在百年语文教科书中得到了传承。总之，一百多年来的纸质教科书的偏向性，一方面表现在与全国广阔地域相联系，是为了建立政治中国，另一方面表现在与古代中国建立历史的联系，是为了延续血脉，建立文化中国。从媒介的角度来看，纸质教科书有传播性与传承性，"传播能够使空间上的'这里和那里'链［连］接起来形成社会性，而传承则是把'以前和以后'连接起来形成传统和历史性"①。教科书传播是在空间中传递信息，在同一时空范围内进行；而教科书传承指的是在时间中传递信息，在不同的时空范围内进行。教科书传播属于社会范畴，以个体之间的心理学研究作为出发点（在信息发出者和接收者之间，以话语行为所构成的基本经验为基础）。教科书传承是属于历史范畴，以技术性能为出发点（即同媒介载体的使用）。总之，教科书媒介，一方面，将这里和那里连接起来，形成网络（也就是

---

① 赵汀阳推荐：德布雷对"媒介学"的研究［EB/OL］.［2014-10-20］. https://www.douban.com/note/434909576/?_i=468513746zW_tT.

社会）；另一方面，将以前的和现在的连接起来，形成延续性（文化延续性）；教科书媒介的作用不仅是传播信息，更重要的是传承人类的文明记忆。

当然，要实现教科书传统与历史的传承，必须经过教科书出版者的加工精炼，赋予其象征意义，同时要通过物质载体把信息保存下来，让它超越时间。传承的意义是通过对教科书载体的使用，形成文化的延续性。但教科书的传承不会天然发生，一方面不能仅仅依靠物理、工具的方式，还必须与教育、教学等组织和形式联系起来，才能形成文化的延续性；另一方面，教科书的传播性越来越强、共享信息变得越来越容易，学生感受乡土的历史和文化却变得越来越困难。

三、教科书媒介的差异性

纸质教科书类似于"第一媒介时代"的产物，具有以下特征：① "一对多"式中心化的媒介生产；②单向传播；③媒介总体上受到国家的控制；④通过媒介大量复制社会分层等；⑤处于分裂状态的受众；⑥媒介塑造了社会意识。[①] 21世纪后，电子媒介走向前台，马克·波斯特称之"第二媒介时代"，它一方面拓展了媒介的范围，更重要的另一方面，它让我们关注了媒介使用的新形式——从个人化信息和知识获取到互动手段，等等[②]。如果纸质教科书重在"广播"，那么"第二媒介时代"的数字教科书突出的就是"网络"。正是因为网络的出现，一种开放、灵活和动态性的信息环境随之出现了，它为数字教科书创造了一种学习知识的新方式。具体来说，学生可以通过数字教科书的网络支持系统参与到一个更具互动性、更能表现个性化学习的教科书世界中。这是一个分享、互动、赋权的知识学习世界，为学生和教师提供了一个网络上的聚会场所，拓展了其所处的社会性世界，延展了使用者的感官，为教学创造了一种新的形式。总之，数字教科书作为一种新媒介，发明了一种新的教学人际互动形式。当然，它也有诸多缺点，如，数字教科书拓展了教学的多种选择性，但过多的教学选择反而使教师或学生对数字教科书的使用无所适从。它也可能导致分化和隔离，因为数字教科书的选择性使乡村与城市学生的选择两极分化，乡村与城市之间的心理距离就会越

---

① 李特约翰，福斯.人类传播理论：第9版［M］.史安斌，译.北京：清华大学出版社，2009：338.

② 李特约翰，福斯.人类传播理论：第9版［M］.史安斌，译.北京：清华大学出版社，2009：338.

来越远。

四、教科书媒介的议程设置功能

美国著名的舆论学者李普曼认为，媒介具有建构事物的潜在功能。"总的来说，真实的环境太大、太复杂、太捉摸不定，因此很难直接把握。我们不具备足够的能力去处理这种细微的、多样化的、充满变幻和混合的状况。从总体上看，我们不得不依据这样的环境来采取行动，也不得不用一种简化的模式来重新构建这种环境，然后才谈得上对它进行控制。"[1]李普曼的观点是，在社会中，我们处在拟态环境中，我们不是对真实事物的回应，而是对媒介创造的拟态环境的反应。可以用一句话来概括李普曼的观点："媒介为我们提供了这种简化的模式，从而为我们设置了议程。"[2]如果把这种观点放在教科书媒介上也是很适用的。无论教科书与社会生产、生活有多么紧密的联系，它呈现的知识仍旧是间接性知识，即是经过主体意识加工、归纳的知识，提供的是拟态环境。所以说，教科书媒介最重要的功能，可能是为学生安排和组织脑海中的现实世界。简单地说，教科书媒介不仅能要求教师、学生应当教什么、学什么，而且能安排将哪些知识按着什么顺序来教学、学习。换用传播学用语来说，教科书媒介其实在进行教育的议程设置，即在学生头脑中建立起最重要的知识与观念、形象等。之所以发生这种议程设置现象，主要是因为教科书是"根据教学大纲（或课程标准）编定的系统地反映学科内容的教学用书"[3]的本质属性决定的。首先，教科书"根据教学大纲（或课程标准）编制"即是依标准来选择的；其次，教科书容量的有限性决定了教科书的内容必然要有筛选、有舍弃；最后，教科书的教学性决定了知识是有序设置、依次安排的。

教科书媒介的议程设置功能，也是媒介的"守门"功能的延伸，学生学习什么知识，取决于媒介认为什么知识最重要。教科书媒介的议程设置在三个层面展

---

[1] 李特约翰, 福斯. 人类传播理论: 第9版 [M]. 史安斌, 译. 北京: 清华大学出版社, 2009: 340.

[2] 李特约翰, 福斯. 人类传播理论: 第9版 [M]. 史安斌, 译. 北京: 清华大学出版社, 2009: 340.

[3] 中国大百科全书总编辑委员会《教育》编辑委员会, 中国大百科全书出版社编辑部. 中国大百科全书: 教育 [M]. 北京: 中国大百科全书出版社, 1985: 144.

开：第一层是从总体上建立起人类知识，如德智体美劳，决定哪些需要进入教科书；第二层是在人类知识中认为哪些方面是最重要的，如语文、数学、外语是最基础学科，也是最重要的，其内容分量、学习时间也是最多的；第三层是对于学科中知识的选择与编排，如认为与社会生活联系紧密的基础知识最重要，并按照知识的逻辑性与心理性特征编排教科书顺序。媒介学对于第二层与第三层的议程设置，又挖掘出了"媒介框架"的概念，它类似于教科书编写必须遵守的教学大纲或课程标准。正是由于"媒介框架"的存在，才有第二、三层的教科书体系。教科书媒介本身为学生提供了一种框架，进行知识选择和解释知识问题，从而建构或者限制了学生对世界的理解与解释。

五、教科书媒介的培养特性

在研究电视媒介的过程中，格伯纳等人发展出一套培养理论。格伯纳等人认为，"在现代社会，大众传媒提示的'象征性现实'对人们认识和理解现实世界发挥着巨大影响。因大众媒介的某些倾向性，人们在心目中描绘的'主观现实'与实际存在的客观现实之间正在出现很大的偏离。同时，这种影响不是短期的，而是一个长期的、潜移默化的、'培养'的过程，它在不知不觉中制约着人们的现实观"[①]。教科书媒介是一种特殊性质的大众媒介，它所描绘的世界也是经过加工、抽象化、简单化的"世界"。例如，教科书中的圆就是一个理想的、抽象的圆，在现实世界中不存在如此完美的圆；对《背影》中作者的感受，学生永远无法与作者一模一样；等等。教科书对现实世界的偏离，与其媒介性质相关。教科书媒介的有限性与间接性，使其只能传播以抽象性、基础性为特征的学科知识。因而，在教科书的发展史上，不断有人批评教科书不能与社会生活、生产实践的现实世界联系起来。所以，教科书媒介存在现实世界与主观世界的张力。一方面，教科书媒介特别是纸质教科书的本质特征让其只能远离甚至偏离现实世界；另一方面，社会又需要教科书媒介反映现实世界。这种媒介的张力，使得教科书改革一直在两者之间摇摆，最终达成一种平衡。但是，无论是否取得平衡，教科书媒介在用"象征性现实"建构学生的世界，准确地说是在培养学生的思想观念与行为习惯。

---

① 郭庆光. 传播学教程：第2版［M］. 北京：中国人民大学出版社，2011：205.

培养理论认为，"社会要作为一个统一的整体存在和发展下去，就需要社会成员对该社会有一种'共识'，也就是对客观存在的事物，重要的事物以及社会的各种事物、各个部分及其相互关系要有大体一致或接近的认识"[①]。教科书媒介的作用就是培养"共识"，使学生群体共享一种价值观念，对待世界有相同的感知与态度。所以，教科书媒介使用共同的形象和符号，表达一致的信息与价值，组成一个共同的符号环境，培植学生头脑中的社会现实形象和认识世界的方式。在教科书媒介一边倒的主流文化、核心价值观的影响下，其影响延伸至学生的一生。总体上，教科书媒介对社会的一个附带效应是文化的同质化、主流化，因此它成为维护社会稳定的力量。正是因为它在社会中具有宰制性的力量，以至媒介的批判理论认为，媒介是主流意识形态的工具，是文化工业的一部分，因而能制造各种符号与形象，并通过它们塑造学生的头脑。

自麦克卢汉提出"媒介即讯息"以来，各种学说都对媒介的内容与形式有了颠覆性的认识。这些观点的价值在于，强调媒介形式对社会的重要意义。对教科书媒介的重视让我们注意到，除了内容以外，还要对我们使用的媒介本身进行批判性和创造性的思考，看看教科书媒介是如何影响每一名学生，又是如何塑造他们的价值观和维护社会的稳定。总之，教科书媒介对意义的建构，不仅取决于媒介对形象、符号的刻画本身，还取决于媒介把哪些知识作为议程设置在教科书中。

第三节　教材媒介与教材变革

一、教材演变的媒介技术图景

依据媒介技术的内在演进逻辑，结合教材发展的客观历史事实，可将教材发展史划分为口传媒介时期、抄本媒介时期、印刷媒介时期以及电子与数字媒介时期四个阶段。考察不同媒介时期的教材图景，有助于我们深入剖析媒介技术与教材之间的互动关系。

[①] 郭庆光. 传播学教程：第2版［M］. 北京：中国人民大学出版社，2011：205.

1. 口传媒介时期的教材图景

严格来说，口传媒介时期并没有真正意义上的教科书。与口传媒介时代的传播图景相适应，这一时期的教材普遍存在于人们口耳相传、口传心授的传播活动之中，形成了颇具特色的口头教材，具有鲜明的口头文化特征。在口传媒介时代，口语媒介以语音为符号载体，以身体为物质载体，这就要求传播双方必须同时在场，传播范围极为有限，且语音信息稍纵即逝。加之信息复制方式主要依靠口头表达与人脑的记忆活动，导致信息的失真与遗忘现象不可避免。口传媒介时代的社会传播图景是同时在场，开口即逝，"记录（记忆）"不准确，内容再次复述时会走样[1]。因此，口头教材的主要目的就是要便于激活与保持记忆，以避免遗忘现象的发生。在此背景下，由于教育的需要，中西方分别产生了各具特色的口头教材。中国古代重要的经典著作《论语》便是如此。首先，从《论语》一书的名字中，便可窥见一斑，如对于《论语》一书的最早解释见于汉代班固《汉书·艺文志》中的记载："《论语》者，孔子应答弟子时人及弟子相与言而接闻于夫子之语也。当时弟子各有所记。夫子既卒，门人相与辑而论纂，故谓之《论语》。"[2]其生动描绘了《论语》一书的产生与编纂过程。在此基础上，唐代的陆德明在《经典释文》中进一步解释道："论字，纶也，轮也，理也，次也，撰也；答述曰语，撰次孔子答弟子及时人之语也。"意思是说，《论语》即是对孔门师生日常口语表达的记录与编纂。由此可见，《论语》一书的形成，从一开始就打上了鲜明的口语文化烙印。《论语》一书的产生及其编纂过程就是口传媒介时代口头教材的生动写照。简言之，《论语》就是孔门师生的对话录与言谈录。其次，孔子一生主张述而不作，历来的说法是将"述"理解为继承，"作"解释为创新。"述而不作"反映了孔子在处理文化继承与文化创新上的个人偏向。但如果将"述而不作"置于口传文化与书写文化转折交替的文化语境之下，这一主张便获得了全新的内涵。"述就是口述，口头表达。作就是书写，文字表达。孔子以口头追述、复述古代知识为特长，以不写作个人著作为戒条。这说

---

① 郭文革. 教育的"技术"发展史［J］. 北京大学教育评论，2011，9（3）：137–157，192.
② 班固. 汉书［M］. 颜师古，注. 中华书局，1962：1717.

明孔子的文化价值观深深植根于数万年绵延不绝的口头知识传统。"①最后，从《论语》具体内容的阐释方式来看，一方面，它运用的套语、谚语及其论述内容也经常重复。"整个口语知识界或思想界都依靠……套语来构建思想，已经获得的知识必须要经常重述。否则，就会被人遗忘。"②另一方面，《论语》大量运用比喻，缺少概念式、分析式和抽象式的论证。

与中国古代的口头教材类似，古希腊也产生了适应口传媒介时代特征的口头教材，"荷马史诗"就是其中最为典型的代表。古希腊的史诗、神话和戏剧等是希腊文明中口语词力量最集中的反映，也是形成希腊口语媒介教育模式最广泛的教材③。就其产生而言，"荷马史诗"最初也形成于吟诵诗人之间的口头流传，荷马也并非某一个具体的诗人，而是众多吟诵诗人的象征符号。为了适应口传媒介时代的传播特征，他们具有超强的记忆力与表达力。每个诗人就好像行走的口头教材，借助其超强的记忆力与表达力，通过口传心授、重复背诵与练习的方式，横向传播与纵向传承本民族文化。一位伟大的诗人，就是一部传承口头文化传统的教材。一批能言善诵、能歌善舞的职业吟诵诗人，就是一种支撑整个希腊口语文化教育模式的承载者④。就其内容而言，为了激活与保持记忆，避免遗忘，吟诵诗人创作的《荷马史诗》是韵律和谐，句式灵活，富有弹性的、便于用方言和口语吟诵的六音步诗行。"荷马史诗"用的是古希腊最为系统完备的韵律口述语言和口语教学题材。

2. 抄本媒介时期的教材图景

进入抄本媒介时代，真正意义上的教科书得以正式产生。与口传媒介时期口头教材相比，抄本媒介的符号载体实现了由语音到文字的巨大飞跃，物质载体由人的身体变为外在的简牍、莎草纸、羊皮纸等，信息的复制方式由单纯依靠记忆与口述到手工抄写。与之相适应，抄本媒介时期的教科书已经初现教科书的雏

---

① 叶舒宪. 孔子《论语》与口传文化传统 [J]. 兰州大学学报，2006（2）：1-8.
② 翁. 口语文化与书面文化：语词的技术化 [M]. 何道宽，译. 北京：北京大学出版社，2008：15.
③ 李曦珍. 语言媒介技术的教育模式及其变革：麦克卢汉主义"媒介即讯息"的教育变革论 [J]. 兰州大学学报（社会科学版），2013，41（3）：48-56.
④ 李曦珍. 语言媒介技术的教育模式及其变革：麦克卢汉主义"媒介即讯息"的教育变革论 [J]. 兰州大学学报（社会科学版），2013，41（3）：48-56.

形，并且带有较为明显的抄本媒介特征，这主要体现在以下三个方面。

首先是教材的知识量激增，知识进一步文本化和系统化，并且出现了初步的分科教科书。文字与书写物质载体的结合引发了知识生产与表达范式的巨大转变。口传媒介时代稍纵即逝的语音符号主要依靠人脑记忆与口头表达，信息的存储量与传播的时空范围极为有限。文字的产生使得符号与事物分离，书写在简牍、羊皮纸、莎草纸等物质载体上的文字符号得以突破时空的限制，实现跨越时空的交流、碰撞与整合。值得注意的是，在中国教育史上，抄本媒介——简牍的广泛应用，在西周"六艺"向"六经"的转变过程中扮演了重要的角色。春秋战国时期，官学衰微，礼崩乐坏，学在官府的局面逐渐被打破，学术文化开始下移，原本深藏于官府的大量典籍流落民间，并借助于简牍得以大量抄写和流传。在占有和掌握大量典籍抄本的基础上，孔子对之加以精心选择加工，整理成《诗》《书》《礼》《乐》《易》《春秋》六部经典，并将其作为教材，后世称之为"六经"。而西周时期的"六艺"，整体上是以技艺形态存在的，对其学习掌握的过程主要是通过口传媒介。因此，以"六经"为代表的儒学教育乃是对西周"六艺"教育的继承和发展，它实际上是西周"六艺"中技艺性内容逐渐被压缩而文本性内容不断得到扩展，直到技艺型"六艺"让位于文本型"六经"的过程①，并最终实现了教学内容的文本化。正如王伦信所指出的那样，教学内容的文本化发展是春秋战国时期教育变革的一个重要方面，这是简牍普遍使用所导致的结果。因为不同地区、不同时代的人们借助文字符号表征人与自然、人与社会、人与自我的知识，并将其记录在物质载体之上。这些知识以文字符号的形式汇集在一起，并经过比较、甄别和分类，形成系统的知识表述。

其次是教材数量稀少，传播范围有限，被少数人所掌握和垄断。抄本媒介虽然在一定程度上突破了时空限制，有效扩大了知识传播的范围。但由于抄本媒介与生俱来的特点——作为物质载体的简牍过于笨重，不易搬运，莎草纸、羊皮纸则数量稀少且价格昂贵，加之手工抄写的效率低下，难以大批量复制出版。因此，抄本媒介时期的教材也就弥足珍贵，且集中掌握在少数人手里。中世纪欧洲教会就是通过对羊皮纸等抄本媒介的严格管控，以达成对民众思想控制与知识垄

---

① 王伦信. 简牍的普遍应用与春秋战国时期教育的转型［J］. 南京师大学报（社会科学版），2013，186（2）：90-96.

断的目的，"凡是圣经之外的知识，只要它有害，就宣判死刑，凡是它有益，就加以收录"①。此外，即使是在正规化、专门化的学校教育中，教学也仍然以口头交流和表达为主，教材也只是作为教学活动的辅助材料。

最后是教材缺乏教学性，不顾学科知识逻辑与学生心理特征，且版本驳杂不一，错误频出。手抄教材数量稀少，大多数情况下只有教师才有教材，教师高声讲授，学生洗耳恭听，不能自主阅读。教材难以兼顾学科知识内部的逻辑与学生心理发展特征，缺乏教学性。手工抄写后，即使是同一本教材，各个部分顺序的安排也不尽一致。抄错、漏抄等失误现象时有发生，因版本众多，错误频出也就在所难免。在印刷机问世以前，学校将许多时间花在制作教材上，教室动辄变成评注书籍的缮写室，学生则兼编辑和出版任务于一身②。

3. 印刷媒介时期的教材图景

如果说抄本媒介时期的教材还只是初具雏形，印刷媒介时代的教材无论是在数量质量、知识类型还是在形式编排、组织结构上，都展现出截然不同的景象，并对教育普及和现代学校教育制度的建立产生了重要的影响。具体而言，这一时期的教材已经基本具备现代教科书的所有性质，展现出以下鲜明的印刷媒介特征。

首先，教材数量的爆炸式增长，为教育普及和现代学校教育制度的建立奠定了坚实的媒介技术基础。在中世纪的西方，随着中国造纸术的传入与古登堡印刷机的发明，印刷媒介在物质载体与信息复制方式两方面大大超越了原来的抄本媒介。人造纸替代了莎草纸、羊皮纸，机器印刷也取代了人工抄写。人造纸制作方便，价格低廉，供应量充足，打破了教会对书写材料的垄断；印刷机准确高效，可以在短时间内大批量生产书本。"如果说拼音文字给部落人的感觉是掉在头上的炸弹，那么印刷机就是炸在他身上的一亿吨当量的氢弹……线性的、一致的、可重复的铅字这种新媒介，以无穷的数量和以前不可能的速度复制信息，使眼睛在人的感官系统中稳获霸主地位。"③"任何人只要想'读'，就能获得充足的阅读物；只要想'写'，就能得到足够的人造纸张。""在印刷机问世以前，学

---

① 伊尼斯. 传播的偏向 [M]. 何道宽，译.北京：中国人民大学出版社，2003：35.
② 李曦珍. 语言媒介技术的教育模式及其变革：麦克卢汉主义"媒介即讯息"的教育变革论 [J]. 兰州大学学报（社会科学版），2013，41（3）：48-56.
③ 麦克卢汉，秦格龙. 麦克卢汉精粹 [M]. 何道宽，译.南京：南京大学出版社，2000：282-283.

校的许多时间花在制作课本上，教室动辄变成评注书籍的缮写室，学生兼编辑和出版任务于一身。"①人造纸与印刷机的完美结合有力推动了教材数量的爆炸式增长，进一步扩大了教科书传播的时空范围。"印刷术为各阶层的人们打开了同样的信息之门，邮差把知识一视同仁地送到茅屋和宫殿前。"②承载知识的教材不再是少数人的专属品，教育的普及化与大众化也就有了强大的技术支持。"在中国教育史上，宋代教育相对普及的现象，有学者指出，与雕版印刷术的普遍应用有着密不可分的关系，文化教育的普及进而产生建立现代学校教育制度的客观诉求。"③

其次，出现了分门别类的分科教材，人文知识日益式微，科学知识逐步占据主导地位。"印刷术不仅是一种传播业已存在的观点的工具，它还具有塑造观点的功能。"④印刷媒介强大传播特征赋予人们可以在短时间内迅速搜集整理古今中外各种信息、学说与知识的能力，知识分门别类地进入书本之中，构建出具体的学科，最终形成一套系统完备的学科知识体系。印刷媒介为自然科学知识的搜集、生产、表达、传播与交流提供了极为便利的条件，自然科学因而取得了突飞猛进的发展。过去的学者在长时间的广泛游历、实地考察、资料抄写工作的基础上，再来进行科学研究，效率低下，自然科学知识发展缓慢。"牛顿利用本地的书市和图书馆，搜集了从欧几里得到笛卡尔所有面世的数学论文，在此基础上，他发明了微积分。"⑤印刷媒介技术在学术研究领域，形成了一种可重复、可验证的科学研究规范。印刷媒介被广泛应用后，科学家可以通过图书馆和定期出版的学术期刊搜集数据资料，迅速及时地了解既有研究成果，并将大部分精力放在学术思考、交流上来，从而加快了自然科学知识生产的步伐，科学知识也逐渐登

---

① 李曦珍. 语言媒介技术的教育模式及其变革：麦克卢汉主义"媒介即讯息"的教育变革论 [J]. 兰州大学学报（社会科学版），2013，41（3）：48-56.
② 波兹曼. 娱乐至死：童年的消逝 [M]. 章艳，吴燕莛，译. 桂林：广西师范大学出版社，2009：35.
③ 王伦信. 从纸的发明看媒介演进对教育的影响：技术向度的中国教育史考察 [J]. 华东师范大学学报（教育科学版），2007，95（1）：78-85.
④ 爱森斯坦. 作为变革动因的印刷机：早期近代欧洲的传播与文化变革 [M]. 何道宽，译. 北京：北京大学出版社，2010：14.
⑤ 爱森斯坦. 作为变革动因的印刷机：早期近代欧洲的传播与文化变革 [M]. 何道宽，译. 北京：北京大学出版社，2010：150.

堂入室，成为学校教育和教材的主要内容。

最后，教材的内容组织与形式结构进一步规范化、标准化，创造了一种全新的教材编写范例——拉米斯教材。在内容组织方面，这一时期的教科书遵循印刷媒介的线性叙事逻辑，"书籍的印刷形式创造了一种全新的组织内容的方式，从而推动了一种新的组织思想的方式。印刷书籍所具有的一成不变的线性特点（一句一句排列的序列性，它的分段，按字母顺序的索引，标准化的拼写和语法）导致一种乔伊斯戏称为'ABC式'的思维习惯，即一种跟排版结构非常相似的意识结构。印刷书籍所具有的'ABC式'的线性内容组织方式，不同于带有口语文化遗存的手稿，手稿中充满了对话、箴言和警句，而教科书的陈述显得平淡无奇、直截了当、涵盖面广"[①]。在教材的形式结构方面，出现了与以往教材截然不同的样态。抄本媒介时代的教材既没有页码，也没有目录和索引，缺乏标准规范的信息检索结构。印刷媒介时代的教材的形式结构逐步规范化和标准化，页码、目录、索引、注释、标点符号、段落标题、分段、书名页和页首标题等书籍形式相继产生。

4. 电子与数字媒介时期的教材图景

20世纪以后，随着媒介技术的迅猛发展及其与教育领域的深度融合，教材在各个方面呈现出与众不同的景象。将电子媒介与数字媒介放在一起讨论，一是因为二者在媒介特征上具有许多共同之处，如都有两套符号系统，以文字、图片、视频、音频为代表的表意符号和以电信号为代表的存储与传递符号，在传播的广度、速度与信息复制的效率和精度方面大致相当。二是基于数字教科书发展演变的客观现实。回顾已有的数字教材研究，数字教材发展演变阶段的观点主要有以下几种："两阶段说"，即教材数字化阶段与数字化教材阶段[②]；"三阶段说"，即静态媒体教材、多媒体教材、富媒体教材[③]或文本数字化、资源网络

---

① 郭文革. 教育的"技术"发展史［J］. 北京大学教育评论，2011，9（3）：137–157，192.
② 张增田，陈国秀. 论数字教科书开发的未来走向［J］. 课程·教材·教法，2021，41（2）：37–42.
③ 胡畔，王冬青，许骏，等. 数字教材的形态特征与功能模型［J］. 现代远程教育研究，2014（128）：93–98，106.

化、教材平台化①；"四阶段说"②则在"三阶段说"的基础上再加上电教教材阶段。尽管其表述各不相同，但仔细分析就会发现，上述各种观点中的静态媒体数字教材与电教教材，究其实质都是纸质教材的电子化再现和镜像式反映，具有生动形象、便捷灵活等特点，缺乏交互性与使用的体验感、沉浸感，充分体现了电子媒介的传播特征。数字媒介教材则克服了电子媒介教科书单向、静态与封闭的特点，具有富媒体性、交互性、开放性、动态性等特点。电子媒介教材是数字媒介教材发展的初级阶段，基本奠定了数字教材的形态特征，与数字媒介教材具有内在的一致性，共同构成了一道独特的教科书图景。

首先，教材具有知识呈现的富媒体性、整合性、动态性；知识表达的关联性、开放性与定制性；知识更新的时效性与灵活性；教学方式的交互性与自主性；内容载体的便捷性与多样性。与纸质教材相比，数字教材由于其传播媒介的不同获得了全新的内涵与特征。正是由于印刷媒介到电子媒介阶段的巨大转变才赋予了数字教材以全新的内涵和特征，从而在信息时代彰显强大的生命力。总体而言，对于数字教材的内涵的界定大多不离电子书包、电子书、多媒体、数字资源等媒介概念；对其特征的揭示也不外乎富媒体性、交互性、开放性、关联性、定制性等电子与数字媒介的关键特征。这也提醒我们，对于数字教材的内涵及特征，数字教材的历史发展演变阶段性的认识与理解，需要紧紧围绕"媒介"这一关键词。

其次，逐渐打破学科壁垒和分科主义，趋向跨学科、跨领域教材，体现出鲜明的后现代性质。印刷媒介背景下的文化具有理性、线性、分类、稳定等现代性特征，在电子与数字媒介语境下的文化具有非线性、去中心、不确定性等后现代特征。与印刷媒介相比，"电子媒介的属性是非线性的、重复性的、非连续的、直觉的，是靠类比推理去展开的，而不是靠序列论辩展开的"③。社会文化语境的变化渗透至教育领域，对传统的分科主义造成一定的挑战。"在教育中，课程分科的传统划分法，和文艺复兴之后各级学校中的学科分化一样，已经过时了，

① 罗生全，陈子丽. 数字教科书的演进历程与未来路向［J］. 课程·教材·教法，2021，41（4）：34-41.
② 王润. 数字教材何以推动教学变革：逻辑与路径［J］. 湖南师范大学教育科学学报，2021，20（5）：44-51，68.
③ 麦克卢汉. 理解媒介：论人的延伸［M］. 何道宽，译. 北京：商务印书馆，2000：1.

任何课程一旦深入之后，立即就与别的课程发生关联。如果我们的课程设置继续沿袭目前肢解分割、互不相关的模式，它们培养出来的公民，必然无法理解自己生活其间的生动社会。"①

最后，教材在教学内容、教学方式、师生交往、学生学习、身心健康等方面存在一定程度的风险。陈文新、张增田指出，当前的数字教科书主要面临"教什么"的内容风险、"如何教"的教学风险以及"技之殇"的技术风险。这个警示振聋发聩、发人深省。综合来看，这种风险首先表现在以下两个方面：其一，师生交往时间、深度、效果等遭遇挑战与危机；其二，对学生认知能力、身心健康成长等方面存在负面影响。对待数字教科书，我们必须始终保持清醒，让媒介技术为我所用，而不能被异化为媒介与技术的"奴隶"。

二、教材观演进的媒介技术逻辑

媒介技术在教材演进的历史进程中，尤其是对教材观的形成与演变发挥着重要的塑造作用。具体而言，媒介技术对教材观的影响主要表现在教材教学、教材功能观以及教材知识观三个方面。

1. 教材教学的变化

口传媒介时期，人是教材最为直接的物质载体，教师既是学生学习的活教材，又是教学活动的组织者、主导者。教材的呈现方式与教师的教学方式合为一体。师生之间面对面的交谈、讨论和辩论，教师边讲，学生边听边记，口传心授与口耳相传构成这一时期的教学方式。鉴于口头教材的传播特性，教学方式多采用易于记诵、易于保存、易于传播的韵语、谚语或套语，教学语言短小灵活、节奏鲜明、抑扬顿挫、生动简洁。"口语文化是追加的而不是从属的（只说明而不加过多的解释），是聚合的而不是分析的，是冗余丰裕的，是保守传统的，是贴近人生世界的，是移情和参与式的而非疏离的，是情景式的而非抽象的。"②而中西方早期的各类教学方式都是建立在口语文化基础之上，并与之相适应而形成的。讲授法是教师单向的口语表达活动，讨论和辩论是师生围绕某一主题进行的激烈程度不同的双向口语交流活动。由于教学活动是师生之间面对面的交流，

① 麦克卢汉. 理解媒介：论人的延伸［M］. 何道宽，译. 北京：商务印书馆，2000：427.
② 林文刚. 媒介环境学：思想沿革与多维视野［M］. 北京：北京大学出版社，2007：156.

语音开口即逝，师生双方在教学时空上必须同时在场，不可分离，教学时空极为有限。按照麦克卢汉的说法，教学时空是一个典型的部落化社会，是一个严密的组织性社会。此外，教师即教材的传播图景，一方面，使得教学活动活泼生动、具体可感；另一方面，由于教材缺乏外在的物化形态，知识与信息的不对称性，无形之中确立了教师的权威地位，教学关系不可避免地染上专制权威的色彩。到了抄本媒介时代，知识和信息可以脱离人体而存在，教材获得了外在的物化形态，教材以一种相对独立的方式出现在教学活动之中。除了面对面的教学方式之外，有了自主阅读方式，教师和学生开始相互分离、自主阅读教材。教师讲授教材，学生抄写、背诵、理解教材成为一种新的教学方式。与此同时，抄本教材的相对独立性在一定程度上扩大了教学的时空范围，营造出全新的教学时空图景。但因抄本教材成本高昂，数量稀少，只有教师或少数学生才能拥有教材，所以信息不对称的情况依然存在。

印刷媒介时代的到来为教学观念的革新提供了新的契机。一方面，教学时空得到了全面的拓展，成本低廉的人造纸与准确高效的印刷机的完美结合，使得班级授课制成为可能，为大规模教学活动的开展提供了现实的技术基础；另一方面，其进一步强化了以教材为中心的传递灌输式教学。印刷教材产生之后的一段时间，夸美纽斯在其《大教学论》中将教学法形象地称之为"活字印刷术"。在他看来："知识可以印在心灵上面，和它的具体形式可以印在纸上是一样的。事实上，我们简直可以采用'印刷术'这个术语，把新的教学方法叫作'教学术'，教学过程和印刷过程有着诸多相似之处。"[1]学生有如纸张，其"心灵尚待印上知识符号"；教科书和便利教学的其他工具就像活字；教师的声音有如墨水，"是它把书上的知识送到听者的心灵"[2]。印刷教材作为承载人类间接经验的重要工具，是教师教学和学生学习的主要对象，教师的教学就是将印刷教材中的知识经验传递给学生，学生的学习就是将教材中的知识充分吸收，最终形成以教材为中心的传递教学。

印刷媒介造成了儿童与成人的对立，教学关系的两极分化。在印刷媒介产生之前，社会意义上的儿童概念并未产生，如波兹曼就认为，在印刷媒介之前的

---

① 夸美纽斯. 大教学论 [M]. 傅任敢，译.北京：教育科学出版社，1999：232.
② 夸美纽斯. 大教学论 [M]. 傅任敢，译.北京：教育科学出版社，1999：232-236.

传播环境中，儿童与成人并无区别，儿童被看作小大人。印刷媒介创造了一个全新的符号世界与传播环境，在这个世界中，社会意义上的儿童与成人概念开始诞生，成人指的是具有阅读能力的人；儿童则是指缺乏阅读能力的人。儿童要想成为成人必须接受教育获得读写能力。"自从有了印刷术，成年就变得需要努力才能挣来了。它变成了一个象征性的成就，但不是生物学意义上的成就。……未成年人必须通过学习识字、进入印刷排版的世界，才能变成成人。为了达到这个目的，他们必须接受教育。"①儿童与成人的对立进而引起教育领域中学生与教师的对立，教学关系两极分化，要么以儿童为中心，要么以教师和教材为中心。电子与数字教材的出现引发了教学全方位的嬗变。一是电子与数字教材的传播特性彻底打破了教学时空限制，其传播范围之广、速度之快、载体之便捷多样，使得远程与在线教学变得轻而易举。教学时空由同时在场的物理时空变为师生分离的虚拟时空，虚拟现实、人工智能、大数据赋予教学虚拟时空更强的体验感、参与感和沉浸感。二是从以文字和语言为主的教学方式，变为文字、音频、图片、视频等结合的多媒体教学方式，使具身认知（embodied cognition）成为可能。三是电子与数字媒介教材使得知识的获取更加便捷，在新的传播环境下，童年与成人的界限逐步消弭，教师作为知识权威的地位弱化，教学关系趋向民主平等。

2. 教材功能的转变

媒介技术对教材功能的影响主要通过阅读能力培养和思维塑造两条路径实现。

从媒介技术的角度出发，现代意义上的阅读能力，读写能力并非古已有之。口传媒介时期，教育活动限制在特定时空范围内的面对面交流之中，教材的主要功能是培养学生的听说能力。口传媒介的符号载体是人的语音，是面对面的交流建立的基础。阅读行为的实质是对双方语音的一种听读，阅读能力的本质就是听说能力。从传播学的角度来说，听就是对他人的口语进行解码，说就是对自己的口语进行编码。古希腊时期的雄辩术学校的主要目的就是培养学生的倾听与演讲表达能力。文字与书写材料的结合催生出抄本教材，抄本教材的产生使得教师与学生初步分离，打破了双方须同时在场的限制。面对面的交流方式被学生直接面

---

① 波兹曼. 娱乐至死：童年的消逝［M］. 章艳，吴艳莛，译. 桂林：广西师范大学出版社，2009：198.

对文本的方式所取代，阅读能力由语音转向文字，由听觉转向视觉。但抄本教材在数量以及传播范围上的有限性，使得只有极少数人能够直接面对文本阅读。因此，这一时期教材的功能主要是培养学生的诵读能力，兼具口传媒介时期诵与抄本媒介时期读的特点，在阅读能力的培养上具有一定的过渡性质。进入印刷教材阶段，情况就大不一样了。现代印刷文化彻底完成了从听读转向阅读的转变，文本媒介变成印刷在白纸上的黑字，人们不再使用听觉来接收信息，而是用眼睛扫视页面文字来把握信息[①]。培养读写能力成为这一时期教材的主要功能，读写能力即借助印刷媒介进行文字阅读与书写的能力。电子与数字阅读教材塑造出全新的阅读生态。借助超文本多媒体等构建的教材亟须一种新的阅读范式培养数字阅读能力。所谓数字阅读能力，一方面指的是充分发挥和利用电子与数字媒介在阅读的速度、广度、精度、灵活度等方面优势的能力，另一方面是指有效规避其在阅读方向感、价值感、内容碎片化、浅表化等方面劣势的能力。培育数字阅读能力是当前数字教材研究面对的重要课题。

口传媒介时期，教学活动的师生双方同时在场，言语互动及时迅速，具有强烈的互动性、参与性和即时性，并能借助感性思维进行思想表达，但缺乏深度思考。口头教材借助谚语、套语、韵语等传递人类生产生活中的感性经验，使学生形成的思维具有很强的感性特征。"基于'口语形成的思维'是积累的、冗余的、丰饶的、有人情味的和参与性的；基于'文本形成的思维'是分析、精确、抽象、视觉、静止的思维。后者体现了柏拉图哲学'理念'世界的特点。"[②]

在思维培育上，抄本教材与印刷教材并无区别。前者在一定程度上和一定范围内瓦解了面对面、双方同时在场的传播方式，后者则彻底打破了这种传播方式。几乎所有的读者都可以直接面对和阅读文本，阅读从一种公众行为变成私人行为，有利于培育静默专注、批判内省、理性自律的主体。印刷教材遵循线性的叙事逻辑，分门别类地组织和安排教材内容，形成封闭自足、稳定有序的逻辑体系。读者的阅读逻辑与教材的叙事逻辑相适应，逐字逐句、逐行逐段、逐章逐节

① 周宪. 从"沉浸式"到"浏览式"阅读的转向［J］. 中国社会科学，2016（11）：143-163，208.
② 翁. 口语文化与书面文化：语词的技术化［M］. 何道宽，译. 北京：北京大学出版社，2008：129-139.

地细嚼慢咽、深思熟虑，从而有利于建构严谨流畅、理性内省的主体。波斯特从比较媒介的角度这样说道："印刷文字则把主体构建为理性的自主的自我，构建成文化可靠的阐释者。他们在彼此隔绝的情形下能在线性象征符号之中找到合乎逻辑的联系。"①印刷教材建立在传统的文本观念之上，其逻辑严密、结构完整、内容连贯、系统封闭自足的特点，使其在逻辑与理性思维培育方面有着与生俱来的优势。但其理性严谨有余而发散性、开放性不足，极易导致思维流于僵化静止，缺乏灵活性与跳跃性。区别于印刷教材线性有序的组织逻辑，数字教科书借助全新的文本形态——超文本，营造出全新的阅读生态。"用户不再用一种线性的、一页页、一行行、一本本的方式，而是以直觉的、联想的方式将信息链接起来，超文本培育了一种由直觉和联想的跳跃所激励的学问。"②超文本的链接性、选择性、非线性、富媒体性特征赋予读者自主选择阅读对象的权利，学生可以借助链接，在文字、图片、视频、音频、动画等构筑的超文本世界中跳跃式、"冲浪"式地游走，实现视觉、听觉、触觉等多种感官的有效整合，为学生发散式思维、非线性思维、开放式思维与直觉想象思维的培育提供有力的技术支持。

3. 教材知识表达与传播的转换

口传媒介时代，一方面，作为知识符号载体的语音稍纵即逝、零散随意；另一方面，作为知识呈现方式的面对面交流要求教师任意讲授，学生随听随记，使得知识结构零散随意，顺序重复颠倒，学科混沌不分，缺乏严谨系统的知识组织方式。手抄媒介时代，出现了初步的分科教材，但手工抄写易失误，教材内容顺序杂乱无章，版本众多。印刷教材由静态、封闭、稳定、线性排列的纸质文本构成，寄居其上的知识受制于印刷媒介物理属性，不得不以线性有序、静态稳定、互相封闭、层级分明的文字或者图片形式出现。在印刷媒介时代，文字一旦被固定在书本上，在形式上就具备一定的独立性，并产生了对抗思维的能力。诚如保罗·莱文森所言，"这是外在于书写的技术困难，其根源是：表达持久的过程

---

① 波斯特. 信息方式：后结构主义与社会语境［M］. 范静哗，译. 北京：商务印书馆，2000：66.
② 海姆. 从界面到网络空间：虚拟实在的形而上学［M］. 金吾伦，刘钢，译. 上海：上海科技教育出版社，2000：29.

会立即使表达固定，使之成为一成不变的东西。墙上镌刻也好，用鹅毛笔写字也好，用打字机也好。……无论人创造的文本是什么，书写的结果总是立即成为一个令人望而生畏的客体，总是拥有它自己的生命"[1]。与印刷文本只能记录文字符号和图形符号等静态知识、只能传递符号信息而不能加工处理符号信息不同，网络化的数字教材，具备了符号加工和通信传播两大功能[2]。知识已然由原子化身为"开放流动的'比特'，不再寄居于书籍之中，不再内隐于人的头脑之中，而是存在于弥散的网络本身，知识的形态及其传播方式已打上'网络化'烙印。回顾纸本社会，状如书籍的知识是'长形式'的，置身数字时代，知识的样态是'网形式'的"[3]。

纸本教材通过设置章节、目录、页码、注释等方式线性地组织知识，数字教材则借助超文本来建构和呈现知识。可以这样说，纸本教材向数字教材转换的本质，就是知识结构由静态层级转变为网络编织。超文本概念的提出者纳尔逊这样描述道："就像人们通常所想象的那样，超文本是一个通过链接而关联起来的系列文本块体，那些链接为读者提供了不同的路径。"[4]超文本的链接特征使得知识结构的网络化与动态化成为可能，充分彰显了知识的关联性、互文性、开放性与生产性特征。数字教材具备超文本的链接特征，其以网络编织知识，突破孤立静止封闭的体系，使同一教材的知识之间，不同教材的知识之间，甚至不同年级的同一知识点之间相互连接、阐释。数字教材的知识表达与传播方式由抽象向具象扩展，由单纯的文字或图片符号扩大到视频、音频、动画等多媒体。此外，人工智能、虚拟现实、增强现实等新兴媒介技术使得知识呈现更为生动形象，具体可感。

纸本教材的知识表达传播图景，知识以原子形态广泛存在纸本媒介之中，知识表达与传播抽象概括，脱离具体情境。数字教材的知识以比特形式表达和传

---

① 莱文森. 莱文森精粹［M］. 何道宽，译.北京：中国人民大学出版社，2007：230.
② 赵涛. 论网络时代知识生产方式的变迁与演替［J］. 自然辩证法研究，2014，30（12）：62-68.
③ 余宏亮. 数字时代的知识变革与课程更新［J］. 课程·教材·教法，2017，37（2）：16-23，60.
④ 周宪. 从"沉浸式"到"浏览式"阅读的转向［J］. 中国社会科学，2016（11）：143-163，208.

播，并借助知识可视化技术赋予知识以鲜活的数字生命力。"凭借视觉表征手段，有效实现群体知识的传播和创新，将人类的个体知识（认知知识制品）以图解的方式表现出来，形成能够直接作用于人的感官的知识外在表现形式（物理知识制品），从而促进知识的传播和创新。"[①]具体来说，数字教材通过运用概念图、思维导图、认知地图、思维地图等可视化工具，"将黑白静态的、符号性的、剥夺感官的知识世界，改造成为一个丰富多彩的感官表象世界，从而导致教师传授和学生理解、思考知识方式的根本变化"[②]，实现知识表达与传播方式由抽象概括到具体生动、直观具象的有效转换。

三、教材媒介观演进的历史启示

教材演进的媒介技术图景及其媒介技术逻辑，为我们正确认识和处理媒介技术与教科书的关系提供一定的启示。

1. 重视媒介技术对教材观的塑造作用

早在20世纪，麦克卢汉就提出"媒介即讯息"的理论，此后，在麦克卢汉影响下的媒介环境学派逐渐发展壮大，形成了独特的理论研究范式，赋予媒介形式本身以独立的地位和价值，从不同方面深刻阐释了这一伟大论断。首先，从最通俗的媒介功能角度来说，"媒介即讯息"是指某一媒介总是构成另一媒介的内容（讯息）。回顾教材发展史，其实践样态是口头教材构成抄本教材的内容，抄本教材构成印刷教材的内容，印刷教材则构成电子与数字教材的内容。在这个意义上，媒介只是作为一种单纯的工具、手段与载体而依附性存在，媒介形式本身缺乏独立自主的作用与价值，媒介的功能还停留在新瓶装旧酒的阶段，媒介变化也并未对教材及其观念造成实质上的影响。但在麦克卢汉及其后学看来，应该从媒介形式本身而非媒介内容出发才能驱除长期以来内容对形式的遮蔽，将人们的注意力从媒介传播内容那鲜美的"肉片"上转移出来。因为"任何传播媒介的使用所产生的冲击力，远远超过它传播的特定内容"[③]。这样看来，麦克卢汉主要

---

① 赵国庆，黄荣怀，陆志坚. 知识可视化的理论与方法［J］. 开放教育研究，2005（1）：23–27.
② 石碚. 互联网超文本链接的知识论后果［J］. 兰州大学学报，2001（3）：14–19.
③ 莱文森. 数字麦克卢汉：信息化新纪元指南［M］. 何道宽，译. 北京：社会科学文献出版社，2001：50.

从媒介影响和认识论的角度来阐释其观点。在宏观上，媒介表现出"在人类事务中引入的规模或速率或型［形］式的变化"[①]；在微观上，媒介影响"不是发生在意见和观念的层面上，而是要坚定不移、不可抗拒地改变人的感觉比率和感知模式"[②]。特定的媒介形式总是与特定的感官比率和感知方式相联系，不同时代的媒介形式通过塑造特定的感官比率和感知方式来影响人们感知、认识、理解和判断世界的方式，最终决定人的思维方式、生活方式与行为方式。从这个意义来说，媒介技术对教材及其观念的影响就不仅仅是新瓶装旧酒，而是其"新瓶装新酒"的价值。

口传媒介时代，人们的眼耳口鼻共同协作，不分主次，视觉、听觉、触觉、嗅觉等感官处于平衡状态。在这个面对面交流、口耳相传的部落化社会，人们以整体、综合、直观的方式感知、认识、理解和把握外部世界，教材的功能是培养初步的听说能力与感性思维能力，教材具有教学时空有限、教育方式原始朴素、教学关系紧密、教材知识零散综合等特点。进入印刷媒介时代，眼睛取代耳朵，听觉让位于视觉，感官之间的平衡被打破，语音的时间流逝转化为文字的线性空间排列。这种全新的感知比率和感知方式让学生形成线性、逻辑、分析、专门化的思维方式；教科书知识结构分门别类、系统专门、稳定封闭，教学方式以教师讲授与学生自主阅读为主，功能是为了培养读写与理性思维能力。电子与数字媒介时代的到来，使人类重返感官平衡时代，以直观、整体、综合等方式认识和把握世界。数字教材的知识结构网络化、知识呈现可视化，充分调动了学生的多种感官的参与和介入，使他们能够更加完整、具体地认识和理解客观的世界。

总之，回顾整个教材发展史，媒介形式通过创造隐微的感知环境、符号环境与社会环境，全面系统、潜移默化地影响了我们感知、认识、理解、思考教材和知识的方式，进而塑造我们的教材观、知识观、世界观。

2. 认识并规避媒介技术的负面作用

媒介技术的发展在推动教材形态演变的历史进程中发挥了重要的积极作用，但也存在一定的负面作用。新旧媒介交替的媒介转型与变革时期，对于媒介价值的批判就显得尤为突出。这些批判的意见有助于我们更好地认识和规避媒介对教

---

① 麦克卢汉. 理解媒介：论人的延伸［M］. 何道宽，译.北京：商务印书馆，2007：33.
② 麦克卢汉. 理解媒介：论人的延伸［M］. 何道宽，译.北京：商务印书馆，2007：46.

科书的负面作用。

作为口传媒介时代的最后一位伟人，苏格拉底也身处口传媒介向文字媒介转型的历史进程中。面对新旧媒介的激烈交锋，苏格拉底对新兴的文字媒介进行质疑和批判，传播学史上称之为"苏格拉底之疑"。在斐德罗篇中，苏格拉底认为，相较于口语，首先，"文字有碍于人的记忆活动，如果有人学了这种技艺，就会在他们的灵魂中播下遗忘，因为他们这样一来就会依赖写下来的东西，不再去努力记忆。他们不再用心回忆，而是借助外在的符号来回想"[①]。口传媒介时代，知识和信息的直接载体就是身体，唯有口语才能更好地调动与激发人身体内部的记忆力，文字则将知识储存于外在的物质载体从而降低了努力记忆的必要性。其次，文字难以传播真正的智慧。学生虽然可以借助文字不断拓展自己的知识面，"但在大部分情况下，他们实际上一无所知。他们的心是装满了，但装的不是智慧，而是智慧的赝品"[②]。可见，苏格拉底的思想植根于深厚的古希腊口语文化传统，在他看来，文字是静态和固定的，缺乏变通和灵活性。"不知该如何对好人说话，也不知该如何对坏人说话。"文字拉大了师生之间的距离，教师无法像口语一样及时为学生答疑解惑，照顾学生的个体差异。因此，最理想的教育方式就是师生之间鲜活生动的面对面交流。真正的智慧产生于师生双方的讨论、对话、追问与辩驳活动之中。最后，文字无法唤醒灵魂。苏格拉底认为，教育的本质和终极依归就是唤醒人的灵魂，唯有聪明的说话才"可以开花结果，可以在别的灵魂中生出许多新的话语来，生生不息，直至永远"[③]。灵魂与灵魂，心灵与心灵之间的碰撞才有可能，灵魂的转向才能实现。

的确，在口传媒介时代结束后的教材发展史上，确实出现了苏格拉底所预示的情景，如教材内容脱离学生与社会生活，知识表述抽象枯燥，不利于记忆，教材功能单一等问题。稍后出现的"书本怀疑论"也被视为"苏格拉底之疑"在印刷媒介时代的历史延续。"书本怀疑论"认为机印书本构造的线性、专门化、分析、逻辑的文字符号世界严重脱离了现实生活和学生的生活经验，由此导致教师照本宣科、学生死记硬背的唯书本论。因此，"以字母表和印刷机为主体的西方

---

① 柏拉图. 柏拉图全集 [M]. 王晓朝, 译. 北京: 人民出版社, 2006: 197.
② 柏拉图. 柏拉图全集 [M]. 王晓朝, 译. 北京: 人民出版社, 2006: 197.
③ 柏拉图. 柏拉图全集 [M]. 王晓朝, 译. 北京: 人民出版社, 2006: 200.

拼音文字和机械媒介是分裂切割、线性思维、偏重视觉、强调专门化的媒介，感官经过这类媒介塑造的人是分割肢解、残缺不全的人"[1]。为此，蒙田和卢梭曾相继大声疾呼："我希望世界是我学生的教科书。""用实际的事物! 用实际的事物，我要不厌其烦地再三指出。"进入20世纪，以波兹曼为代表的媒介环境学者发起了对电视这一电子教学媒介的猛烈批判。在波兹曼的理论视域中，作为一种教学媒介的电视，其本质就是娱乐。为此，这种电子教材对受众不能提太高的智力要求。波兹曼在具体分析《芝麻街》等电子教材的基础上，提出了电视教材的三条戒律："其一，不能有前提，即无须知识准备或循序渐进的学习；其二，不能有困惑，只强调易懂和满意的感受；其三，不能有讨论、辩驳或其他任何传统的教育方法，取而代之的是生动的故事、动感的画面以及悦耳的音乐。"[2]因为"电视不是一本书，它既不能表达排版所能表达的概念性内容，也不能做到排版所能做到的深入阐述态度和社会组织的问题"[3]。可以这样说，"娱乐是电视上所有话语的超意识形态"[4]。相比于印刷教材，"电视在培养深层次的、具有推论性的思维方面明显不如铅字"[5]。波兹曼的观点为我们认识电子媒介的娱乐化，以及其缺乏交流与互动的负面作用提供了很好的参考。

3. 实现媒介与教科书的深度融合

对媒介之于教科书的积极与负面作用的学理分析，并非本书的最终目的，而是在充分发挥媒介之于教科书的积极作用，尽量规避其对教科书的负面作用的基础上，探索媒介与教科书融合的最佳路径。从媒介本身的角度来说，就是要遵循媒介进化的自然规律，顺应媒介的人性化趋势，坚守教科书的人性化立场。

实现媒介与教科书的深度融合，首先，要考虑教科书是否有利于人类视觉、听觉、触觉等感官的协调与平衡，是否合理安排教科书中文字、图片、视频、音频、动画、虚拟现实、增强现实等的比例，尽量平衡了人的感官需求，避免过于注重某人体某一方面感官的状况。其次，教科书要有助于师生、生生之间交流

---

① 李曦珍. 麦克卢汉"媒介即讯息"的认识论原理［J］. 国外社会科学，2013，297（3）: 54-63.
② 波兹曼. 娱乐至死［M］. 章艳，译.北京: 中信出版社，2015: 175-177.
③ 波兹曼. 娱乐至死［M］. 章艳，译.北京: 中信出版社，2015: 151.
④ 波兹曼. 娱乐至死［M］. 章艳，译.北京: 中信出版社，2015: 106.
⑤ 波兹曼. 娱乐至死［M］. 章艳，译.北京: 中信出版社，2015: 180-182.

活动的开展。教科书设计要体现师生、生生双向互动的需求，不仅便于教师传播教科书知识与信息，又利于学生接受教科书的知识与信息，同时有助于师生互动交流活动的开展。最后，要构建媒介功能整合的立体化教科书，实现媒介功能的有效整合。从媒介形式本身出发，数字教科书还不能完全取代纸质教科书，二者并非相互替代、相互对立的关系。一方面，数字教科书在内容呈现、教学交互方面有着得天独厚的媒介优势；另一方面，纸质教科书在学科逻辑结构、阅读的静观特性方面有着不可替代的价值。不同媒介的教科书之间是相互补充、相得益彰的关系，因此，应该深入研究各种媒介的独特性与不可替代性，根据不同学科，以及教科书形式结构的要求构建包含多种媒介的立体化教科书体系，以达到优势互补、整体协调的效果。当前的教科书体系是媒介之间的联合，是媒介与媒介的简单相加，主要表现为在纸质教科书里加上二维码、光盘、网站链接等数字媒介的简单移植形式，或在纸质教科书之外再单独建立视频网站、讨论社区、电子教案、习题库、案例库、资料库、在线测试系统等，缺乏媒介与媒介、媒介与教科书之间的深度融合。人性化、立体化的教科书体系需要实现从媒介联合到媒介融合的转变。美国学者Andrew Nachison将媒介融合定义为"印刷的、音频的、视频的、互动性数字媒体组织之间的战略的、操作的、文化的联盟"[1]，指出媒介不仅要实现工具器物层面的融合，更重要的是要在制度观念与文化层面融合共生，要在深入研究不同媒介传播特性的基础上，进行观念思想层面的变革，进而指导工具器物层面的运行。不得不说，这种观点对当下如火如荼的数字教科书的理论与实践工作颇具参考意义。

---

① 蔡雯. 新闻传播的变化融合了什么：从美国新闻传播的变化谈起［J］. 中国记者，2005（9）：74–76.

第六章

教科书的传播话语

自斯宾塞提出著名的问题"什么知识最有价值"后，就衍生出另一个更具争议性的问题，即"谁的知识最有价值"，在确定"用谁的文化去教育孩子"这个问题上，教科书起了很重要的作用①。由此看来，教科书本身不是价值中立的，它传递的是特定的文化价值系统，其中的政治、文化、观念、情感等价值系统都通过各种方式深入教科书的字里行间、影响教科书的篇章结构。这种观点现在已基本成为教育者和研究者的共识或常识。教科书的政治功能决定了教科书只能维护统治阶级的统治，传递统治阶级文化，因此，作为统治阶级的观念和价值，必然充斥并影响教科书的内容与编写，其中以观念集合的意识形态对教科书的影响最为显著。

第一节 从意识形态转向话语的教科书

毋庸置疑，历史上的教科书受意识形态的影响和制约极大。本节讨论的其实也是历史上一小段教科书受意识形态影响的历史。

一、意识形态影响教科书

在了解意识形态对教科书的影响之前先有必要认识清楚教科书。世间对教科书的定义很多，也不完全统一。《中国大百科全书》认为"教科书亦称课本，根

---

① 阿普尔，克丽斯蒂安-史密斯. 教科书政治学［M］. 侯定凯，译. 上海：华东师范大学出版社，2005：1.

据教学大纲（或课程标准）编定的系统地反映学科内容的教学用书"①。教科书是教学内容的主要依据，是实现一定教育目的的重要工具，是师生教与学的主要材料，同时也是考核教学成绩的主要标准。近年来沉浸于我国百年中小学教科书研究的石鸥教授，对教科书起源及其现代化的发展进程进行深入考证后，做出了一个严谨的必要条件式的定义："第一，产生了现代学制，根据学制，依学年学期而编写出版；第二，有与之配套的教授书（教授法、教学法）或教学参考书，教授书内容要包括分课教学建议，每课有教学时间建议等；第三，依据教学计划规定的学科分门别类地编写和出版。"②这是一个教育学式的定义，并没有涉及影响教科书编写的因素，但他在其《教学别论》中认为教科书不能完全表达它意欲承载的学科意义，它至少受制于三个方面：第一，人们认识能力的局限；第二，意识形态的影响；第三，文化背景的制约。③对于意识形态的影响，他说："历史是很难客观的，但我们都不希望看见过分的历史实用主义。历史虽然也是一个'求用'的工具手段，但历史更是'求是'的知识追求。然而人们总是处于两难中。我们实在无法甩掉笼罩于我们的意识形态，于是，我们总是让教学内容随我们的意愿而异变。"石教授这里所说的意识形态虽未指明，但书中的举例则更多的是认为意识形态即是一种政治的观念体系。笔者不揣浅陋地认为，三个影响因素可以合成一个更大系统，即观念体系，也是意识形态的原初意义。石教授则从观念体系（意识形态）对教学内容（实则是对人）的"异化"的角度，勾勒出教科书的"变异"。这种意识形态具有超强的无意识特征，通过文化遗传、话语，对人的灵魂和行为再生产或重塑，并把它转化为人的无意识，并对人的行动发挥十分隐蔽的作用。

意识形态对教科书的影响④，通常以政治意识形态影响最为显著。《为了中华民族的复兴 为了每位学生的发展 基础教育课程改革纲要（试行）解读》把教科书直接定义为："教科书是在学科课程的范畴之中系统编制的教学用书，它

---

① 中国大百科全书总编辑委员会《教育》编辑委员会，中国大百科全书出版社编辑部.中国大百科全书：教育［M］.北京：中国大百科全书出版社，1985：144.
② 石鸥.最不该忽视的研究：关于教科书研究的几点思考［J］.湖南师范大学教育科学学报，2007（5）：5-9.
③ 石鸥.教学别论［M］.长沙：湖南教育出版社，1998：164-166.
④ 意识形态有很多不同的种类，有政治的、社会的、知识论的、伦理的等。

集中反映了国家的意识形态和教育理念。在近代学校的发展过程中，教科书，尤其是义务教育范畴的教科书，完全由国家权力机构控制，体现出鲜明的政治性格和阶级性格。"①美国教育学者阿普尔（M.Apple）在《意识形态与教科书》一书中指出，教科书是一种文化资本分配和使用的过程与记录，也同时受到政治意识形态的影响。②阿普尔认为教科书中"什么样的知识和谁的知识应当被采用"不断受变化的意识形态的影响。教科书的政治学，不仅暗含着教科书是如何被谁使用的问题，也意味着关于教科书的内在质量、内容和组织方面的政治学含义。还有一个重要的意义，就是教科书还在很大程度上影响人们解读课文的方式③。政治意识形态对教科书的影响最为显著、直接和迅速。

二、话语影响教科书

受巴赫金的意识形态符号论的影响，意识形态主要作用于人和现实，最终要通过语言，并落到语言上。意识形态与语言的结合，使语言成为"意识形态的充盈物"（巴赫金语），并表现出语言在特定社会历史条件限定下的群体表现形式，即discourse（话语）；discourse不存在单个作者，向来都是一种隐匿在人的意识下却又暗中支配人的不同言语、思想和行为方式的潜在逻辑。④意识形态通过话语影响人与世界。教科书作为阿尔都塞所说的"意识形态的国家机器"，意识形态对它的影响所使用的工具正是语言、文本，发挥作用的形式是话语实践，因而也有必要转入教科书的话语研究，才能挖掘教科书中知识、真理形成的机制。事实上过去对教科书的意识形态研究基本上也是通过语言展开，只不过它仅停留在语言的政治性上，而没有深入话语及其背后的逻辑。

---

① 钟启泉，崔允漷，张华. 为了中华民族的复兴 为了每位学生的发展：基础教育课程改革纲要（试行）解读［M］. 上海：华东师范大学出版社，2001：220.
② 石计生. 意识形态与台湾教科书［M］. 台北：前卫出版社，1993：21.
③ 阿普尔，克丽斯蒂安-史密斯. 教科书政治学［M］. 侯定凯，译. 上海：华东师范大学出版社，2005：11.
④ 赵一凡. 阿尔都塞与话语理论［J］. 读书，1994（2）：92-101.

第二节　话语与教科书

相对于意识形态的抽象化，话语对教科书的影响，深入微观的、语言的、逻辑定式的具体层面。

一、话语

谈到话语，有必要详细说明。自阿尔都塞后，20世纪70年代话语理论有三个走向：一是米歇尔·拜肖（Michel Pheux）的意识形态话语；二是福柯的权力和知识研究；三是布迪厄的语言行为实践论。阿尔都塞的学生米歇尔·拜肖对话语进行了简要概括，即话语是人们在特定的历史条件与社会环境下，决定自己该说什么、怎样说的潜在制约机制。[①]谈到话语不可能回避福柯，正是他使得话语理论世人皆知。福柯不赞成索绪尔关于"语言"和"言语"的区分，认为这种区分忽视了一个第三者的存在，即"话语"。但福柯一开始在《词与物——人文科学考古学》中不是使用"话语"，而是使用"认识型（epistem，又译'知识型'）"，它"指的是在某个时期存在于不同科学领域之间的所有关系"，"知识型就是西方文化特定时期的思想框架，是'词'与'物'借以被组织起来并能决定'词'如何存在和'物'为何物的知识空间，是一种先天必然的无意识的思想范型"[②]。这个"范型"类同于库恩的范式（paradigm），不同之处在于范式是在科学理论层面讨论范式的转换，而知识型则是在经验层面或者说社会生活过程中发生了何种话语方式和思维方式变化而做出的社会学或历史社会学概括[③]。在《知识考古学》中福柯使用"discourse（话语）"代替"epistem（认识型）"，但福柯所指称的discourse（话语）不等同于语言学的符号语言，不是分析语言的结构和规则，而是要揭示语言是如何构造事物之间的关系及其在语言的控制下存在及断裂的。正是这在这个意义上，福柯的discourse（话语）获得了本

① 赵一凡. 阿尔都塞与话语理论［J］. 读书，1994（2）：92-101.
② 译者引语：人文科学的考古学［M］//福柯. 词与物：人文科学考古学. 莫伟民，译. 上海：上海三联书店，2001：译者引语4.
③ 刘少杰. 后现代西方社会学理论［M］. 北京：社会科学文献出版社，2002：142.

体论上的意义或地位①，人类的一切知识都是通过话语而获得的，任何脱离话语的东西都是不存在的，我们与世界的关系只是一种话语关系。话语不仅反映和描述社会实体的关系，还建造或"构成"社会实体与社会关系；不同的话语以不同方式构建各种至关重要的实体，并以不同的方式将人们置于社会主体的地位②。福柯的话语含义非常具有扩展性、多元性，因此，人们对它的理解也是异彩纷呈，也从未给它下过一个完整的定义，但可以肯定的是，话语就是隶属于同一的形成系统的陈述整体③，就是一些陈述群。话语被看作某种类似"框架"性的东西，被框在其中的是"陈述"④。这种框架实际就是米歇尔·拜肖指出的"话语"规定了应该说什么、如何说的制约机制。

当代中国学者对discourse又有了进一步的阐释，章国锋、敬文东认为discourse应译为"话语定式"，更符合discourse的本义⑤。章国锋在考察该词在西方学者的各种说法后认为，discourse归纳起来就是："由社会规定的、特定历史条件下形成的、为公众普遍认可的，具有某种必然性的话语方式。"⑥赵一凡指出，米歇尔·拜肖的discourse是指语言在特定社会历史条件限定之下的群体表现形式，因而discourse没有单个作者，它是一种隐匿在人们意识之下，却又暗中支配各个群体不同的言语、思想、行为方式的潜在逻辑⑦。敬文东给出了三层含义，其中第三层含义是最上位且最具概括性，discourse是在各种可能的权力支撑之下的、具有某方面权力合法性的言之有物的论述，即话语定式⑧。这个权力几乎就等同于意识形态，换句话说，话语定式无不浸透意识形态的熏染和陶冶。discourse是话语定式，但我们在习惯上通常仍翻译为"话语"，本节所论及的话

---

① 有人曾批评这种地位是一种"话语拜物教"，见敬文东《随"贝格乐号"出游》（河南大学出版社，2010）。
② 费尔克拉夫. 话语与社会变迁［M］. 殷晓蓉，译.北京：华夏出版社，2003：3.
③ 福柯. 知识考古学［M］. 谢强，马月，译.北京：生活·读书·新知三联书店，1998：136.
④ 王治河. 福柯［M］. 长沙：湖南教育出版社，1999：160.
⑤ 敬文东. 随"贝格乐号"出游［M］. 洛阳：河南大学出版社，2010：4.
⑥ 章国锋. 话语定式：名词解释［C］//赫尔曼·海塞，等. 陀思妥耶夫斯基的上帝. 斯人，等，译.北京：社会科学文献出版社，1999：206.
⑦ 赵一凡. 阿尔都塞与话语理论［J］. 读书，1994（2）：92–101.
⑧ 敬文东. 随"贝格乐号"出游［M］. 洛阳：河南大学出版社，2010：13.

语既指语言陈述，也有话语定式的意思。

二、话语建构教科书

话语如何建构教科书的呢？教科书不同于学术专业书籍，有自己的特性，除了需要按学术逻辑编排外，还要考虑受众的心理特征，除了有直线式编排还应有螺旋式编排，简单地说，教科书不仅分科，还是分课、分单元、分学期编排的，因此它是有教学特性的。这就是人们常说的"教科书体"，它是在一定话语秩序下所形成的教科书的文本体式，折射出教科书所反映出的社会所独特的精神结构、体验方式、思维方式。从编辑学的角度，它包括内容体系与编排体例两部分，不仅指涉教科书的内容体系结构，也指涉教科书编写的规范、标准，包括从内容的选择、内容组织到形式编排的标准化要求，如内容的选择和组织、语言表达、教学时间、课后练习等。实际上，教科书体的最清晰表述，常见于教学大纲和课程标准中对教科书编写的规范和要求。从各种教学大纲和课程标准中不难发现，各教科书体有相似之处，即因教科书本质特性要求的共性之处，如分课、课后练习等，但不同时期的教科书体是不一样的，从外在的封面特性到内部的内容选择和组织编排、语言的述说方式、编写方法等都是不一样的。何以会产生不同的教科书体？根据前面所述，正是社会、政治或教育的观念体系左右着教科书的变化和发展，从微观的机制来说是话语的力量建构、改变了教科书体和教科书。话语总是与权力交织在一起，并成为意识形态争夺的场所，因而话语具有强烈的价值倾向性，对教科书也正是从内容体系（包括知识、人物、语言）和编排体例两个方面建构其价值系统。

1. 选择"最有价值"的教科书知识体系

从知识发展的历史来看，知识呈现出进化的过程，在不同的时期存在不同的知识体系。教科书的知识也是一样，清末的"中体西用"知识与民初以后的启蒙知识，20世纪30年代的国民化知识，抗战时期的抗战知识，新中国的苏化知识，是有所不同的。什么样的知识可以进入教科书，在于该知识的科学性以及是否符合那个时代的群体共识，即那个时代的"知识型"，或者说是那个时代的话语体系。如清末时期，1906年清帝下谕正式确定以"忠君，尊孔，尚公，尚武，尚实"为教育宗旨，"尚公""尚武""尚实"的目的是强调国家利益和公民道德、强兵、富国，但"忠君""尊孔"仍不失为国体。在此"中体西用"话语下，教科书的编写跳不出这种特有的"体用"思维逻辑或定式，一方面编写实用之学的新式教科书，另一方面仍部分保留传统的经学内容，设置读经讲经作为主课，编写如《蒙学经训修身教科书》（陆基编纂，文明书局，1903）、《经学教科书》（国学保存会编辑，1905）等教科书，传递"忠君、尊孔"的传统价值。《经学教科书》第一册序例写道："夫六经浩博，虽不合于教科，然观于嘉言懿行，有助于修身，考究政治典章，有资于读史，治文学者可以审文体之变迁，治地理者可以识方舆之沿革。是经学所该甚广，岂可废乎？……其可供参考之资者亦颇不乏，是在择而用之耳。"①在该书编辑者看来经学仍是当时最重要的"中体"。新编的新学教科书虽然少了很多"四书""五经"的内容，增加了编译的西学内容，但在"中体西用"话语下推翻清王朝的"中体"统治、反对孔孟之道的内容和话语却是鲜见的，1904年根据《奏定学堂章程》编写的商务印书馆版最新教科书颇能解释"中体西用"话语对教科书编写的构建，该系列教科书就是立足于传统的伦理道德，"其有为吾国之特色，则极力表章［彰］之；吾国之弊俗，则极力矫正之，以期社会之进步改良。……务使人人皆有普通之道德知识，然后进求古圣贤之要道、世界万国之学术艺能"②。其求"古贤之要道""世界万国之学术艺能"的编写宗旨始终是教科书编写"中体西用"的话语实践，也是教科书编写的潜在逻辑。再如新中国成立初期"以苏为师"③话语体系下的教科书，其知识内容不仅区别于西方的知识体系，也不同于新中国成立前的教科书。"以苏为师"话语下引起的教科书内容体系变化，最具案例性的是"全面苏化"时期的生物教科书，其高中只讲人体解剖学和达尔文主义，而取消原高中生物学

---

① 国学保存会. 经学教科书：第1册［M］.国学保存会，1905：序例.

② 编辑初等高等小学堂国文教科书缘起［M］//蒋维乔，庄俞. 初等小学最新国文教科书：第1册.高凤谦，张元济，校订.上海：商务印书馆，1905：1.

③ 1949年12月，新成立的中央人民教育部召开第一次全国教育工作会议，首次向全国教育工作者明确提出了"以老解放区新教育经验为基础，吸收旧教育某些有用的经验，特别是借助苏联教育建设的先进经验"的指导思想。1951年3月，教育部召开的第一次中等教育会议中讨论了中学政治、语文、历史、地理以及数理化等学科的课程标准（草案），认为各科教材必须保证完整的科学性和贯彻爱国主义精神，必须研究中国参考苏联，以苏联的教科书为蓝本，重编完全适合于中国需要的新教科书。参见何东昌主编《中华人民共和国重要教育文献（1949—1975）》（海南人民出版社，1989）第7、88页。

的主要原因是其在哲学方法论上只承认"实践—认识"模式，并把"假设—检验"归入唯心主义方法论进行批判。由于旧的生物学是在宣传孟德尔、魏斯曼、摩尔根的"唯心理论和反动学说"①，结果把孟德尔—摩尔根遗传理论定为反动唯心主义理论②。

在美国，进步的话语一直支配着美国的19世纪以来的文化，这就是大多数教科书的作者从小到大所经历的美国，也是他们今天依然试图向学生兜售的美国。或许对于"最大就是最好的"这类观念，教科书并不质疑，因为进步的观念促成美国人所喜爱的思考教育的方式：正确引导，使每个人一步一步得到机遇，使全社会一步步进步，也形成了千篇一律的美国历史教科书结尾的"进步模式"的知识体系，就像布尔斯廷与凯利在《合众国的历史》教科书中最后部分所说："美国人——白手起家——为世界各个遥远的角落的人开辟了一条新的生活道路。"③

2. 塑造和解读理想的社会人

教科书无法避免价值判断，质言之，教科书本质上是一个价值判断的体系。话语除了通过建构知识来建立价值体系外，人物塑造也是很重要的一个途径。在教科书中的人物塑造，不同时期话语支配下的教科书会呈现不同的榜样人物群体，如在20世纪20年代由中华书局出版编撰的《新中学教科书初级公民课本》（舒新城编）和《新小学教科书公民课本》（朱文叔编），就在五四运动的民主、科学话语下对于守法、参政、地方自治与全民自治、社会进步和个人人格等方面的公民形象尤为强调；在"党化教育"后，1936年的"建国教科书"《高级中学公民》（叶楚伧和陈立夫主编）则是一套"恪遵党义"的教科书：以"总理遗嘱"为第一课，三民主义、建国大纲等成为课文的主要内容，更强调政治化的"公民"。

3. 使用"合法"语言

教科书离不开语言，套用伽达默尔的语式说："人只有通过语言才能理解或

① 中央人民政府教育部. 中学生物教学大纲：草案［J］. 生物学通报，1952（3）：146-152.
② 余自强. 关于生物学课程科学哲学问题的讨论［J］. 生物学通报，2005（3）：25-28.
③ 洛温. 老师的谎言：美国历史教科书中的错误［M］. 马万利，译.北京：中央编译出版社，2009：312.

拥有教科书。"既然教科书的知识传递和意义表达上以"语言"为介质和范式，那么"语言"就不应该被"遗忘"，因为教科书文本的意义不是自洽或自维的，而是以"语言"为条件的，是在"语言"中被构造、生产和再生产。而根据剑桥学派的观点，教科书中的语言可分为两种，一种是自然语言，即是纯粹描述性的、价值无涉的自然语言，其功能是描述性和认知性，是客观的，其目的在于传播或交流知识，基本以数理科教科书的语言为主；另一种是在描述的同时也在进行着价值判断的道德和政治的语言，其功能是高度的政治性，或意识形态的①，基本以文、史、艺类教科书为主。其实就是教科书的描述性的自然语言也是要受到观点和理论的影响，例如小学算术教科书中受重归纳、重实用的古代中国的数学教育传统模式内容，语言都是具体的现象，多为数词、物质名词，语言基本上恪守传统的哲学思想"未敢离事而言理""未敢离器而言道"（章学诚语）；而中学数学多是重视演绎、重视基础知识、基本技能的近代西方数学模式，语言多为抽象性，较多概念、公理、定理、法则、公式等②。教科书中的语言无论是自然还是道德抑或政治的语言，其功能虽各不相同，但它们除了遵循语言学的规范和要求外，还各自恪守一套逻辑，来支配和判定语言的"合法性"，这个逻辑就是话语。

4. 采用不同的教科书体例

教科书体例③即是教科书的编排形式，受教育思想较大，通常处在较稳定的形态，并在较长时期保持一种形态，只有在教育话语发生剧烈变化时才会有所突破和改进。通观中国教科书发展的百年历史，统治中国近一个世纪的科学主义教

---

① 参见周保巍《"罗生门"与剑桥学派的"修辞"——剑桥学派思想史研究方法札记之四》[载于张立升主编《社会学家茶座》（第20辑）（山东人民出版社，2007）第84页]。其实也不存在一种纯粹自然的语言，从广义的意识形态即观念体系来说，自然语言也是一种人工语言，可能不是受制政治、道德理念，却肯定接受科学理论、观念常识的影响，所以，如逻辑实用者汉森提出了"观察负载论"：观察是受理论污染的，同一观察在不同理论的指导下可以得到不同的结果，在这种理论指导下的观察证实了这个理论，在另一种理论指导下的观察却证伪了该理论，如此等等。参见夏基松《现代西方哲学教程新编》上（高等教育出版社，1998）第3页。

② 孔凡哲. 中国数学教育的传统与发展初探：教科书视角［J］. 数学通报，2008（4）：15-19.

③ "体例"，是指著作编写的规格形式。参见《新华词典》（商务印书馆，2001）第968页。

育观，在类似"知识就是力量"的口号下，让教科书编写基本形成了围绕学科知识逻辑编排的知识体系和体例，学科体系严密的学科如物理、化学、历史、地理等教科书通常以章节体例为主，而学科知识体系不严密的语言类教科书如语文、英语等教科书，通常以课与单元的体例结构为主。无论是章节体还是单元体都是从一个单元（章）的角度组织知识，通过一个阶段的学习让学生完成相对完整的知识单元的学习，并一般附有作业系统，且功能单一，以巩固学生所学知识技能为主。这是一种主要着眼于教师讲授的教本式的教科书体例，它的缺点是盲目追求完整的"学科体系"，不考虑学生的兴趣及其现有认知水平，采取"囊括"知识写法，而不是"少而精"；灌输现成的结论，忽视学生的"体验"；课文编排结构单一，在培养学生思维能力特别是动手、动口等实践能力方面存在欠缺。

进入21世纪，在"为了每位学生的发展"理念指导下的基础教育改革中，教科书编写的体例发生变化并转向了学本体例。其以多样性引发学生兴趣，如，课文导语以故事、歌词、照片等开头，形式活泼，巧妙新颖；正文中的"动脑筋""活动与探究"等栏目，思考性强，迎合学生需要，表现出较大的开放性、参与性、探究性特点。其以实行弹性设计促使学生个性特长的发展，如，教科书中编入了不少"小资料""技术·社会"和"拓展性课题"等栏目，以供学习兴趣爱好不同、学习水平不同以及学校特点不同的学生选用。其以探究性引导学生主动学习，如，设置综合实践活动，注重培养学生的自主学习能力和实践精神，改被动地接受为主动地探求，帮助他们发展学习策略。其突出对学生学习方法的指导，设计了相应的学习指导语，如"请你探究""试一试""阅读以下内容，并回答问题""请将观察到的现象和测得的数据记入表中的空格内""在下列实验中某一步骤是必须做的""请与你的同桌就这个问题开展讨论，提出肯定或否定的理由""根据以上事实，请你小结"等。总之，学本体例打破以知识结构为主线的编排方式，多以素养的结构和主动学习作为主线编排教科书。

三、话语争夺教科书

教科书的功能颇多，如提供知识内容、进行思想品德教育、发展智力等等，但从工具论角度可分成两个基本的功能：一是文化传承功能，二是政治服务功能。文化传承通常以知识、技能、文化作为教科书的主要要素，而政治服务功能则以政治、道德等作为教科书的主要内容。前者是以知识为主的教育，后者是以政治为主的教育。因此两种功能也形成了教科书的两种话语体系，分别是学术的、政治的话语体系。两种话语走向各自的极端，即会形成"文化为本"和"社会为本"的话语体系，对这两种话语做简单理解，则学术话语是学科知识体系内知识论述的规则与定式，政治话语是受意识形态控制的政治叙述的定式。前者对教科书的影响，即是说教科书的知识体系要遵照学科知识体系的规则和逻辑进行编排，使学生学到规范系统的学科知识体系；而政治话语对教科书的影响则是教科书要按政治意识形态的要求编排知识体系，进行政治宣导，促成意识形态的延续。这两种话语之间并不是截然分离或界限分明的，如米歇尔·拜肖所述，话语是意识形态争夺的场所，政治的话语具有弥散性，通常侵入社会的各个领域，如在学术话语中总存在一些政治倾向，而政治话语作为意识形态争夺的主战场，通常会拓展至社会各领域，对学术有政治的要求和价值的诉求，两者经常是交织在一起，难以分离和完全区分。如"中体西用"，既包括西用的"学术"性话语，也包含中体的"政治"性话语。当然两者不一定处在平衡状态，当政治话语强势时，学术话语的堡垒只能拱手相让；当政治话语相对平和、宽容时，学术话语则更彰显自身。虽然两种话语纠缠在一起，但有必要认识到政治话语与学术话语有各自的擅长和营地，各守本分、各为其主，因此，它们对教科书的影响，主要也是受到它们纠缠状态的影响，有时是相互融洽，有时是此消彼长，显示出两种话语对教科书的激烈争夺。

第七章

教科书的舆论传播

教科书不仅关系到国家的未来，也牵涉每一个家庭、家长的利益，更影响每一个学生的成长。自19、20世纪之交我国教科书初创以来，它不仅被国家、学校关心，也是社会大众普遍关注和争论的对象，因而在社会中常常掀起关于教科书的公共舆论热潮。这些舆论又会反作用于教科书的编写与改革，使编写者、出版者备感压力，抑或欢欣鼓舞。正所谓"得人者兴，失人者崩"，迄今为止笔者还没有发现，有任何一次的教科书改革未得到社会舆论的支持却获得成功的。因此，了解和做好我国教科书的舆论支持对教科书建设来说就异常重要。当前正处在传统媒体向新媒体转型的关键时期，随着新媒体的发展，教科书传统舆论的控制模式是否还能实现对教科书改革的支持？在新的网络舆情下怎样才能做好教科书网络舆论的引导工作？这些都是迫切需要回答的问题。

第一节　教科书舆论支持的理据

在认识教科书传统舆论的支持模式前，有必要先知道舆论到底有什么功能，教科书的改编与变革为什么需要舆论支持？

一、舆论是公众认识和控制教科书的"社会皮肤"

美国政治学 V.O.基（Key V.O.）曾不无调侃地说，想准确地说清舆论就像要抓住圣灵（Holy Ghost）一样地不可能。[①]虽然世人对舆论理解也是五花八门，

---

① 潘忠党. 舆论研究的新起点：从陈力丹著《舆论学——舆论导向研究》谈起［J］. 新闻与传播评论，2001：87-99，266，272-273.

但笔者以为一个宽泛的定义更能准确把握舆论的各种形态[①]：舆论是公众关于现实社会以及社会中的各种现象、问题所表达的信念、态度、意见和情绪表现的总和，具有相对的一致性、强烈程度和持续性，对社会发展及有关事态的进程产生影响。其中混杂着理智和非理智的成分。[②]

这个舆论定义以较强的逻辑性涵盖了舆论的七大要素：公众，现实社会以及各种社会现象、问题，舆论自身信念、态度和情绪表现总和，舆论的数量，舆论的强烈程度，舆论的持续性，舆论的功能表现——影响舆论客体，舆论的质量——理智与非理智成分。任何一种意见形式，只要同时具备了这七种要素，便可视为一种舆论。关于舆论的发生和形成，韩运荣、喻国民把它分成六个阶段：问题的发生、舆论领袖的发现、意见的发生、事实与意见信息的传播、意见的互动与整合、舆论的形成。[③]陈力丹认为舆论形成的一般过程包括：①社会变动、较大事件的发生、刺激意见的出现；②意见在社会群体的互动中趋同；③权力组织及其领导人、大众传播媒介。

陈力丹的舆论概念较宽泛，对舆论功能也描述得较抽象。德国社会学者诺尔-诺依曼在《沉默的螺旋：舆论——我们的社会皮肤》中对此说得很形象：公共舆论"也就是人们的敏感的社会皮肤，即为他们的社会性本质"[④]。在她看来，舆论在双重意义上是我们的"社会皮肤"："它是个人感知社会'意见气候'变化、调节自己的环境适应行动的'皮肤'；不仅如此，它又在维持社会的整合方面起着重要作用，就像作为'容器'的皮肤一样，防止由于意见过度分裂

---

① 美国学者哈伍德（Harwood. C）搜集到50多个舆论的定义。我国学者所表达的舆论的定义有多种，学者陈力丹将其概括为三种：a. 舆论是显示社会整体知觉和集合意识、具有权威性的多数人共同意见（刘建明）。b. 舆论是社会或社会群体中对近期发生的，为人们普遍关心的某一争议的社会问题的共同意见（喻国明）。c. 舆论是公众对其关心的人物、事件、现象、问题和观念的信念、态度和意见的总和，具有一定的一致性、强烈强度和持续性，并对有关事态的发展产生影响（孟小平）。引自陈力丹《舆论学——舆论导向研究》（上海交通大学出版社，2012）第32页。

② 陈力丹. 舆论学：舆论导向研究［M］. 上海：上海交通大学出版社，2012：33.

③ 韩运荣，喻国民. 舆论学原理、方法与应用［M］. 北京：中国传媒大学出版社，2013：68.

④ 诺尔-诺依曼. 沉默的螺旋：舆论：我们的社会皮肤［M］. 董璐，译. 北京：北京大学出版社，2013：63.

而引起社会解体。"①

由此看来，一方面，舆论是公众认识世界的一种方式，是通往外部世界之路。舆论就是我们公众感知到的需要遵从的由大众传媒所创造的"意见气候"，它是一种信息的环境，由特定含义的语言、文字、图画、影像、声音等讯息符号组成，并按照一定结构相互组合构成具有完成意义的信息，传达的不仅是知识，而且包含着特定的观念与价值②。大众媒介创造的"意见气候"，在李普曼看来，"就是一个人与其所处环境之间存在的那个拟态环境（pseudo-environment）。人的所有行为都是针对这一拟态环境做出的"③。媒介不可避免地要"构造"世界，最终是通过制造舆论，让我们头脑遵从舆论来认识世界、改造世界。另一方面，舆论具有社会控制的功能。美国学者乔治·格布纳将这种控制称为"主流化（mainstreaming）"效果，即通过信息的选择和加工，按照统治阶级的意识形态和价值体系形成信息环境的主流、潜移默化地提供关于现存制度的"共识"④。被大众媒介传播的主流意见被当成大多数的意见，这种认识形成了压力，会引起人际接触中"劣势意见沉默""优势意见大声疾呼"的螺旋扩展现象，从而形成维护社会体制和价值观稳定的具有压倒性优势意见的舆论。同理，对社会生活的一部分——教科书而言，舆论也是公众认识和控制教科书的"社会皮肤"，一方面公众通过舆论感知教科书的"主流意见"，另一方面舆论通过信息的选择和加工，用主流价值观和意识形态控制教科书的编写和改革，以期达到整合社会的目的。

无序的个人意见和非主流思想演化成统一的、有序的舆论的客观过程也说明教科书舆论具有社会价值整合功能。统一、有序的舆论形成有两个基本特征：一是结构性的漏斗型。教科书的各种意见相互碰撞、融合，经过一定时间，意见逐

① 董璐. 传播学核心理论与概念：第2版［M］. 北京：北京大学出版社，2016：310.
② 郭庆光. 大众传播信息环境与社会控制：从"沉默的螺旋"假说谈起［J］. 新闻与传播研究，1995（3）：33-38.
③ 李普曼. 舆论［M］. 常江，肖寒，译. 北京：北京大学出版社，2018：14.
④ 郭庆光. 大众传播信息环境与社会控制：从"沉默的螺旋"假说谈起［J］. 新闻与传播研究，1995（3）：33-38.

渐聚合，形成种数有限的舆论。二是有序性的"贝纳特花样"①，即无序的、混沌状态的意见，经过能量的引导（舆论的控制或引导），会产生有序的结构性。普利高津把这种因为供给了一定能量，并不断与外界进行能量与物质交换，才得以形成和维持的有序结构，称为"耗散结构"②。这一自然现象用到解释教科书的舆论领域，也足以解释和说明教科书需要通过舆论来整合和引导社会价值的事实。

二、教科书建设需要舆论支持

我国的每一次教科书改革，都有时代的背景，都适应时代的潮流，在一定程度上满足民众的需要。换句话说，每次教科书改革在一定程度上得到了舆论的支持。很难想象，没有舆论支持的一种逆潮流的教科书改革，能被民众接受，能受到教科书使用者的热烈欢迎和拥护。

1. 教科书的变革离不开舆论支持

回顾我国教科书的百年史，我们发现，课文替换，有着不同寻常的时代因素，特别是有广泛的舆论支持。以语文教科书为例，20世纪20年代的小学国语教育用白话文全面替换文言文，就是在新文化运动的影响和普及教育呼声的直接推动下进行的。20世纪50年代初期，朱自清的《背影》被逐出教科书，思想政治教育成为语文教学的第一要务。1951年，有中学语文教师在《人民教育》上刊文批评《背影》没法教："这课书，在今日青少年学生面前，抽象而颓弱地渲染着一个父子之爱，是与当前三大政治任务——抗美援朝（参加军干校），土地改革，镇压反革命——相矛盾的……"③《人民教育》在"编者按"里高度赞誉该文，号召全国语文教师一起来检举教科书里其他"不适当的文章"，引发了语文教育界对《背影》的集中批判。1952年，《背影》被逐出语文教科书。《背影》的境遇，虽与政治背景有关，但也是社会舆论使然。1953年，我国向苏联学习趋向高潮，苏联的普通教育理论和方法也深刻地影响我国中小学教育的发展。为了学习苏联，人民教育出版社制定的《关于本社当前任务、编辑方针、组织机构及组织

① 韩运荣，喻国明. 舆论学原理、方法与应用［M］. 北京：中国传媒大学出版社，2013：67.
② 沈小峰，胡岗，姜璐. 耗散结构论［M］. 上海：上海人民出版社，1987：43-44.
③ 黄庆生. 一篇很不好教的课文：《背影》［J］. 人民教育，1951（7）：53-54.

领导的决定》明确规定，"语文、历史、地理等教科书必须自编，苏联在这方面的编辑原则、方法和经验，应尽量吸收"①。1953年，苏联专家曾批评中国的语文教育"语言和文学的因素过分的少"，语言与文学分科很大程度上是受苏联模式的影响。叶圣陶当时描述了人们对分科教学的热情很高，其在《关于语言文学分科的问题》中说："几年以来学习苏联的热情越来越高涨，介绍到我国来的苏联先进教育理论非常多，苏联的语言分科教学的经验足够我们参考，这是我们语文教学改革的一个极为有利的条件。"②从1954年起，经中央政治局批准，我国开始学习苏联经验，将中学阶段的语文，重新划分为"汉语"和"文学"两个科目，分科进行教授。人民教育出版社为此分别编写了初、高中文学、汉语教科书。文学教科书中所选文章，以名家名作居多，古诗文比例达到四成，政治色彩较之前大大削弱。改革开放后，传统经典文章逐渐回归；21世纪语文教科书中古诗文比例大增，等等。每次教科书改革虽然发生在不同的时代背景下，但是都获得了社会舆论的大力支持。

2. 教科书的建设需要舆论的社会价值整合功能

在我国教科书的变革历史中舆论发挥了重要作用，被媒体制造的舆论在一定程度上能以自在的方式，或直接地或间接地，或明显地或隐蔽地影响舆论客体——教科书，使其完全服务于主流意识形态。因此，教科书要实现为主流意识形态服务的功能，除了依靠国家权力机构的强大意志外，还必须通过舆论——一种保守性的控制机制——来监督和要求教科书符合主流意识形态的要求、规范和价值。

虽然舆论受意识形态的强烈影响，但是两者并不是完全等同。多数学者认为"舆论诉诸的是人民的声音，来自平民的明确而直率的意见"③，是一种社会自在的精神形态。特别是随着网络媒介的发展，公众参与社会经济、政治的机会越来越多，公众参与教科书讨论的能力越来越强，较大范围的公共利益得以形成。于是，现代舆论开始显示出它的独特作用和能量，同时唤起了公众自身的自主意识和非统一的意见。其中被唤出的许多非主流的思想观念，常以舆论的形式表现

---

① 课程教材研究所. 教材制度沿革篇：上［M］. 北京：人民教育出版社，2004：11.
② 叶圣陶. 关于语言文学分科的问题［J］. 人民教育，1955（8）：27-33.
③ 陈力丹. 舆论学：舆论导向研究［M］. 上海：上海交通大学出版社，2012：43.

出来。即便是主流思想观念，也可能产生多种分支形式，如教科书要重视文化教育，但是以人文性还是思想性为重点，在舆论上就存在分歧。当然，教科书舆论控制的目的，就是"希望各种非主流的思想观念，以及其他一些属于主流思想的形式不一的思想观念，能够同现实的意识形态协调，趋向于它，至少不要影响现实意识形态对全局的控制，以保持社会的稳定"[1]。可以说，社会价值的整合是教科书舆论支持的主要功能，使教科书达成服务于国家意识形态的核心目的，从而塑造民族心理与社会文化的面貌和特征。

第二节 教科书舆论的形态

我国教科书的舆论到底是一个什么存在，表现出什么样的形态，是了解教科书舆论的基础问题。

一、潜舆论与显舆论

根据前述舆论的定义"公众关于现实社会以及社会中的各种现象、问题所表达的信念、态度、意见和情绪表现的总和"，我国教科书舆论有两种形式：潜舆论与显舆论。潜舆论，是指人们对教科书的预设立场，不管是否觉察到，这种立场决定着个人对教科书的意见和态度。"预设立场相近的公众，其信念则构成舆论的深层次内容，需要通过对具体的舆论客体的接触才会显露。"[2]预设立场是公众对教科书最深层的价值观，包括人生观、善恶观、审美观、知识观等社会心理。例如，知识应当是真的、准确的、权威的，情感应是崇善尚美的，人生应是积极向上的，编排应是科学、符合学生年龄特征的。具体到课文，如鲁迅的作品，在我国公众的心里是经典的，表达了一种符合公众心理期待的揭丑反恶的人生观、世界观。它在语文教科书中成了经典，符合社会期待，成为公众的潜意识、潜舆论。

教科书的显舆论是在一定范围内，相当数量的公众以各种公开的形式，表达

---

① 陈力丹. 舆论学：舆论导向研究［M］. 上海：上海交通大学出版社，2012：43.
② 陈力丹. 舆论学：舆论导向研究［M］. 上海：上海交通大学出版社，2012：86.

对教科书的态度。它是由外部刺激引起，经由潜舆论酝酿转化成显舆论。例如，语文教科书改版或改编，原来的潜舆论经由此突然性的刺激事件而演变成显舆论，公众开始大量在社交平台、报纸、期刊等大众媒介公开发表反对或质疑的声音。显舆论发声显然是受潜舆论中个人的内在信念、态度和情感等的重要影响，但因为显舆论需要公开表达，所以在一定程度上外在社会心理因素影响也会影响显舆论。公开表达的意见，多少要顺从教科书的主流观念和政治意识形态，公开的个人意见也会受舆论领袖的意见影响，所以显舆论有从众性质。在舆论学中就有"沉默的螺旋"理论说明这一现象，在现实中对教科书的舆论会因社会压力而逐渐趋同。

潜舆论变成显舆论，显舆论也会转化成潜舆论。各种各样教科书的显舆论在社会中形成了共同的社会认识，逐渐就不再是需要经常公开发表和情绪表达的显舆论。21世纪的基础教育课程改革之初，在教科书中实施素质教育的改革呼声铺天盖地，10年后素质教育要求的显舆论，在强度上减弱，数量上稀少，由外在的呼声变成内在的心理逻辑、潜在的舆论。

二、讯息舆论与观念舆论

在信息网络时代，教科书的话题也经常成为家长、教师谈话的话题，哪怕只是教科书的细微变动，都会在社交圈中广泛流传。这些教科书讯息就是通过传播间接表达了意见的舆论形态。当有教科书的外部刺激引发人们相互告知某些教科书讯息，并形成一定的规模的时候，就可以说某些教科书讯息引起了公众的关注与兴趣，让其结成了一定的利益关系，并因而形成了讯息舆论。如教科书的循环使用的讯息发布后，在倡导节约型社会、绿色环保的理念下，教师、家长在网络空间相互告知，表达了对循环使用教科书支持的讯息舆论。

在信息时代，每个人每天都要面对大量的各种各样的信息"轰炸"，但只有一部分信息得到了关注和传播，引起了公众的兴趣，间接表达了公众的特殊意见。教科书的讯息舆论有两个特征。一是表明公众对传播某一个教科书讯息表达了高度兴趣。当公众认真地对待教科书的讯息时，关注与传播中就含有了意见倾向，形成了讯息舆论。二是某一位公众传播教科书讯息时，并不知道他人的意见，而当他人也在传播同样的讯息，便形成"英雄所见略同"的感觉，"即使是不相识的人之间，会感到距离接近了，有了共同的话题，造成了一种特殊的'舆论效应'"①。

公众对教科书的讯息，不只是传播与关注，他们也有态度。换言之，公众是活在"意义"的世界，对教科书的讯息一定会有自己的价值判断，以赞同、否定，或不置可否，公开表达了公众对讯息的意见倾向。反对语文教科书的西化、去革命化、去思想化的意见，被大众接受后，就会内化为大众舆论的深层结构信念，这就是舆论的观念形态。观念舆论一旦形成，就比讯息舆论有更大强度和持续性的影响力，从而对语文教科书的内容编选和编写体制产生巨大的影响。

教科书的舆论还有一种畸变的形式——流言。流言是没有确切来源的、在公众中流传的消息。"在舆论学来看，无论流言是否是个别人的故意造谣［谣］，重要的是它得到了公众的广泛传布，一旦形成这种态势，流言就成为一种特殊的信息形态的舆论。"②学者陈力丹认为，"应当把流言视为公众在特殊的社会状况下表达的意见或情绪倾向。当事的公众也许是无意识的，但是研究者可以依据流言的内容和传布情况，较为准确地把握舆论"③。关于教科书的流言也颇多，例如，2013年，"鲁迅文章彻底退出义务教育教材"这样一则消息在互联网上迅速传播，引起了公众的关注。有记者向人民教育出版社核实，人民教育出版社相关负责人对此否认，称网传不实。

第三节　传统媒体的教科书舆论支持：宣传

在传统媒体时代，舆论是一种媒体媒论。为服务于国家意识形态，以报刊为代表的传统媒体通常选择以话语垄断的方式引导舆论。

一、传统媒体的宣传

在特定的历史时期，这种单向的舆论宣传模式有其现实性和必要性。在新旧

---

① 陈力丹. 舆论学：舆论导向研究［M］. 上海：上海交通大学出版社，2012：92.
② 陈力丹. 舆论学：舆论导向研究［M］. 上海：上海交通大学出版社，2012：95.
③ 陈力丹. 舆论学：舆论导向研究［M］. 上海：上海交通大学出版社，2012：95.

社会过渡时期，新中国建设什么样的教科书、如何建设教科书，众说纷纭，需要统一舆论和思想。在教科书建设上就存在三种基本经验：一种是共产党解放区的经验（以延安为代表）；另一种是原国民党统治区的经验；还有一种是刚从苏联引进的经验，集中体现在东北解放区。[1]经验意见并不完全统一，以至对教科书内容的影响也出现不一致的现象。教科书的多种多样使早期新政权在意识形态方面的宣传陷入被动[2]。因此，为了创造有利于统编教科书的舆论环境，报刊开始选择用"统一说""正面说""单向说"，即用宣传的方式维护社会主义意识形态的核心地位，以减少不必要的舆论聚集带来的纷扰。用马克思在《〈新莱茵报〉创办发起书》中的话说："报刊最适当的使命就是向公众介绍当前形势、研究变革的条件、讨论改良的方法、形成舆论、给共同的意志指出一个正确的方向。"[3]

二、舆论控制的合理性

教科书舆论的控制模式，在现实中确实发挥了重要作用：一是因为舆论具有整合功能，使社会团队走向联合、一致和完善[4]。在社会转型期意见纷扰、观念不一，新中国传统主流媒体正是借助社会主义意识形态的象征符号，统一教科书舆论、建设新中国的教科书。二是因为舆论控制有一定的心理学依据。总之，传统媒体时代的教科书舆论，是传统媒体控制或主导的舆论，是典型的媒体舆论。

第四节　网络时代教科书舆论支持的新特点

在社会环境发生变化的情况下，特别是在网络时代，用控制舆论模式的"统一说""正面说""单向说"，是否还能得到我们所需要的教科书舆论？

---

① 石鸥，吴小鸥. 简明中国教科书史［M］. 北京：知识产权出版社，2015：175.
② 石鸥，吴小鸥. 简明中国教科书史［M］. 北京：知识产权出版社，2015：177.
③ 中共中央马克思恩格斯列宁斯大林著作编译局.《马克思恩格斯全集》：第43卷［M］.
　　人民出版社，1982：489.
④ 陈卫星. 传播的观念［M］. 北京：人民出版社，2004：57.

中央网络安全和信息化委员会办公室主任庄荣文在2019中国网络媒体论坛上提出了一个媒介变革与舆论生态重构的网络社会："新一轮科技革命和产业变革方兴未艾，网络新技术新应用快速迭代，推动媒体格局和舆论生态加速重构。"① 麦克卢汉认为，传播媒介最重要的效果在于，影响了我们对自身和社会的经验、理解与思考方式②。随着信息工业化的发展，特别是21世纪网络传播媒介的普及，博客、网络论坛社区、社交平台等网络传播平台的兴起，越来越多的人可以随时在互联网上发布观点、表达诉求、传播信息、展开讨论。对教科书每一次变动的讨论、某一篇课文的质疑都有可能迅速形成广泛网络舆情③，再发展成为网络舆论。在网络时代，公众可以创造传播内容、深度参与传播过程，每一个人都拥有发言权，要形成契合新时代的教科书网络舆论，就应当先关切当前教科书网络舆情的新特点。

一、全民"围观"，人人皆"媒体"

自网络时代新物种——自媒体出现后，社会完全进入一个以个人传播为主、人人都有"麦克风"、人人都是"媒体"、人人都是"新闻工作者"的新媒体时代。由于根植于互联网，自媒体天生就具有自由的基因。利用自媒体平台——微信公众号、微博、微视频等交流工具——公众有了充分的自由表达机会和空间，可以发布对教科书的意见或制造关于教科书的流言，借助自媒体平台，快速、持续、有效地放大自己的声音，进而影响他人和群体，形成教科书的网络舆情。自此，公众有了所谓的"第五种权力"，能够直接制约或抗衡传统意义上的权力④，一种强力挑战公众以前对教科书编写与改革不容置喙也无从置喙的权力。

① 2019中国网络媒体论坛：媒体融合的三个关键与天津实践［EB/OL］.（2019-07-07）. https://news.ifeng.com/c/7ojCmKR1kXY.

② 巴兰，戴维斯. 大众传播理论：基础、争鸣与未来：第3版［M］.曹书乐，译. 北京：清华大学出版社，2004.

③ 舆情是一种散在的、情绪化的、公开或隐匿的意见倾向，这在网络媒体中有突出的表现，而舆论则是相对集中的、公开的、理性化的意见表达。舆情汇聚到一定程度，就会转化为群体性意见（即舆论——笔者加）。参见毕一鸣、骆正林《社会舆论与媒介传播》（中国广播电视出版社，2012）第144页。

④ "第五种权力"，是相对立法权、司法权、行政权、媒体的监督权之外的权力。"第五种权力"的运用主体是民众，"第四种权力"（新闻媒体）的运用主体是传统意义上的媒体。参见杨明刚《大数据时代的网络舆情》（海天出版社，2017）第42页。

此外，自媒体的出现，也使自由表达的空间更大，使传播变得更加个性化和个人化，使对教科书热点事件（如课文真假、删除某些作品等）的网络舆情推波助澜更加容易。面对新媒体的挑战，传统主流媒体有被边缘化的趋势：因主流媒体的覆盖率低、该发表意见时"失声"、该及时发布权威信息时缺席或迟滞等原因，导致主流媒体原有的话语权逐渐流失，其舆论控制的主导地位遭到了颠覆。近年来在媒体融合的时代潮流中，主流媒体开始主动"触网"升级为融媒体，不仅在第一时间能发布权威信息和意见，而且让公众参与教科书的议题讨论，形成具有互动性的教科书网络舆情。

二、话语多元，去中心化

传媒时代媒体因为对教科书讯息、传播渠道的垄断性，拥有了教科书的"话语霸权"和解释的权威。互联网和自媒体时代，"新媒体形态和新的传播方式的涌现，使媒介的话语结构发生了显著性的变化。以主流媒介的'大音量'来统一舆论的整合效应已经明显弱化，主流话语日渐被边缘话语解构。如今，几乎在所有社会话语的场域中，凡在涉及人们的社会利益、社会关系和社会观念的公共事务上，众声喧哗的舆论场已经成为一道基本的社会景观"[1]。其中，公众对教科书的评头论足、各抒己见俨然成为当前网络社会的一道教育景观，用巴赫金的话说，我们所处的是一个"多音齐鸣、众声喧哗"的世界[2]：

一方面，对教科书"众声喧哗"的舆情场域，意味着话语多元，每人都可根据自己的预设立场讲出自己的道理。传媒的所谓权威和中心话语，只是其中的一种"声音"，淹没在舆情场的汪洋大海中。例如，在"语文课本替换作品"的网络舆情中，不仅有"因文章难懂要删"的主张，也有"作者代表一种精神不能删"的意见，还有应适当调整课文顺序、对课文微调的声音；等等。立场不同，话语就多元，去中心化就很明显，舆情就会很复杂，舆论也很难统一。另一方面，网络媒介让公众参与教科书评论的程度和意愿明显提高，对教科书的热点事件的报道与评论抢占先机，使公众既可以成为教科书新闻的发布者，也可能是热

① 韩运荣，喻国明. 舆论学原理、方法与应用［M］. 北京：中国传媒大学出版社，2013：104.
② 李特约翰，福斯. 人类传播理论：第9版［M］. 史安斌，译. 北京：清华大学出版社，2009：256.

点事件的制造者。公众使用的话语虽然多元，却主导着越来越多关于教科书的议题。

三、情绪强烈，反传统权威

网络舆情具有高度的敏感性，以至教科书中某篇课文的异动就会掀起惊涛骇浪，把教科书的编写者和出版者送上风口浪尖。2016年5月23日，网传语文出版社修订的语文教科书撤掉了《南京大屠杀》一文，消息一出，网友顿时在社交平台、各大新闻客户端对"忘记历史"的"行径"口诛笔伐，引发舆情震荡。义愤填膺的舆情虽有其合理、理性的成分，但也难免表达的非理性、情绪化。在没有全面认识事实的情况下，公众凭借个人的民族情感快速做出情绪上的反应。当情绪支配着公众的时候，他们所感受到的外部世界有一半带有想象性质，"忘记历史"就成为情绪引起的"教科书想象"。情绪舆情制造的"教科书想象"还会引起对官方传播和权威言论的质疑和不信任，甚至做出相反的解读。

四、网络红人主导，传统媒体边缘化

网络中的"众声喧哗"、反传统权威、去中心化，并不代表网络空间中教科书话语力量是平等、均衡的。网络中高链接和高点击的网络信源枢纽节点的存在，颠覆了人们"平等网络空间"的乌托邦幻想。它让我们意识到，网络能量的不均衡分布是个已经存在的事实。拥有众多关注者的网络红人有能力在网络中掀起网络舆论的巨浪。[1]在教科书话语空间中的网络红人凭借其身份和流量、关注度在网络上主导网络舆情的走向。某些博主对语文教科书修订后内容提出质疑，文章经网络媒体传播迅速激起公众对语文教科书的批评声浪。网络舆情迅速升级为网络舆论，这也引起教科书编写者的注意，在后续修订中他们更加关注社会主义核心价值观教育，把语文教育的价值观教育属性和工具性教育属性两手抓。

传统媒体天然形成的时间的延迟性、版块空间的有限性、视野的限定性等因素，使它无法及时、全面反映民意与舆情。与之相反，网络传播的快速性、网络化空间的无限性、网络舆情的全员性等因素使传统媒体对教科书舆情的影响力迅速被边缘化，而网络媒体和媒介取代传统媒体发挥了媒介传播和舆情扩散的

① 杨明刚. 大数据时代的网络舆情［M］. 深圳：海天出版社，2017：232.

效果。

　　基于教科书网络舆情的上述特点，在网络舆情向网络舆论转化之前，一方面要建立舆情监控平台，像人民网舆情大数据监控平台，对互联网信息（网站、论坛、纸媒、境外重点媒体，重点博客，知名自媒体、活跃网民、网络红人的社交平台等）进行实时监测、采集、内容提取，梳理与之相关动态信息、预警信息、热点事件，分析信息来源、热度走势、地域分布等；另一方面，要根据教科书网络舆情的特点做好传统媒体的转型，引导网络舆论，否则，根本无法实现用舆论支持教科书改革的目标。

第五节　教科书舆论支持的基本原则

　　探寻舆论支持教科书需要遵循的基本原则，要从教科书舆论的产生、传播和引导三个维度来进行分析。产生于新媒体时代的教科书舆论具备了新的特点：公众关于教科书意见的影响力与日俱增、教科书舆论领袖平民化、与教科书相关的舆论争议层出不穷，舆论需要结合新媒体时代教科书舆情的三大特点对教科书进行支持。在教科书舆论传播的过程中对其施加影响和控制，可以避免舆论对教科书产生消极影响。通过这种途径保持舆论对教科书的支持状态，需要遵循教科书舆论的传播规律，把握好教科书舆论传播的互动性与即时性、动态性和惯性，并在此基础上对教科书舆论的传播施加影响。这样能够提高舆论支持教科书的效率。在新的教科书舆论产生并得到广泛传播之后，需要对现有的教科书舆论进行分析和引导，以避免因教科书舆论走向极端化导致教科书舆论风波。在分析和引导教科书舆论时要坚持辩证的原则，不能简单地全盘肯定或否定，要辩证分析教科书舆论观点以及辩证引导教科书舆论的方向。

一、新媒体时代教科书舆论的特点

　　网络的出现更新了人与人之间沟通和交流的方式，新媒体时代的到来极大地拓宽了舆论的传播范围。在这一时代背景下，教科书舆论的领袖不再局限于教育部门领导、教科书出版机构领导、教育专家之类的在某一领域内德高望重的人士，而逐渐向平民化发展；由于新媒体时代的网络社交平台解构了传统媒体在表达意见和观点时的标准和规范，使得所有教科书舆论参与者都能够在网上自由表达自身的意见和观点，公众意见的交流范围更加广泛、内容更加丰富，公众对教科书意见的影响力也与日俱增；随着公众话语力量的不断增强，有关教科书的争议也频频出现。结合新媒体时代教科书舆论的特点来研究舆论支持教科书的具体实施策略是在信息化社会促进教科书发展的基本遵循。

1. 公众关于教科书意见的影响力与日俱增

新媒体兴起之后，公众可以通过各种网络平台随时随地发表自己对教科书争议和教科书问题的看法和观点，在媒体的传播下，公众的这些观点产生了互动，这种互动使得相近或相似的教科书观点、意见得以重叠，并迅速达到统一，形成一定范围的教科书舆论洪流，并对教科书产生影响。尤其是各种社交媒体盛行的情况下，人人都像有了一个传播的"大喇叭"，发出的声音随时可能引发公众的关注。例如教科书中夹带广告的争议引起公众和媒体的关注，起因只是一位网友在论坛上发的一篇帖子，争议发酵之后引起了广泛讨论。语文教科书内容科学性的争议产生于一位学生家长发的博文，称关于"蚂蚁搬家"的表述有误，对此出版社一位工作人员回应，会把这位家长的质疑发给编辑室同事进行研判。西安一名小学生因为对数学教科书存在疑问给教科书编辑写信，并提出来自己的建议，仅在十天之内就收到了回复，表示教科书中的问题在下一版教科书修订之时进行讨论，这也凸显了普通公众关于教科书意见的影响力。

公众的教科书观点和意见在新媒体时代具有相当的影响力。因此，利用舆论对教科书进行支持要充分考虑公众话语的力量，公众意见形成的相关舆论既可以是促进教科书发展的有效方式，也可以成为教科书舆论风波的来源。

2. 教科书舆论领袖平民化

舆论领袖在教科书舆论形成过程中承担着重要的角色，教科书的舆论领袖可以运用自身的信息获取、知识能力和影响力优势对教科书争议和教科书问题进行评价和分析，把公众对教科书争议和问题不同的、分散的意见和观点集中起来，推动教科书舆论的形成。[①]

---

① 刘建明. 社会舆论原理 [M]. 北京：华夏出版社，2002：48.

在近代的教科书建设时期，由于公众的受教育水平低下、思想观点较为保守以及传播媒介的局限性，教科书的舆论领袖大多为当时在政治、教育以及教科书编纂和发行等教科书相关领域具有很大的发言权及扎实的教科书相关知识，并且能够针对教科书问题发表观点的人，例如教育部门领导、教科书出版机构领导、教育专家等。但是在现代信息化社会，教科书舆论领袖所拥有的教育学及教科书相关的知识比较优势有所下降，公众的知识储备不断丰富，主体性意识和自我表达意识显著增强，原本教科书舆论领袖在教科书争议和问题上发言的绝对优势和影响力受到一定程度的弱化。在教科书领域，教科书舆论领袖的稳定性和绝对性地位遭到动摇，而随机的、临时的教科书舆论领袖逐渐增多。例如在教科书争议或问题引起的舆论领域中，如果某个人的教科书观点得到大家的认同，他就可能成为一部分公众群体的暂时的舆论领袖，而一旦教科书舆论产生的条件和原因发生变化，其原本的舆论领袖位置就可能被其他人所替代。①而且，随着我国公众受教育水平的不断提升、思想文化的多元化发展，尤其是网络时代的到来和网络社交平台的出现，催生出了一批又一批活跃在网络上的教科书舆论领袖。他们不一定在某一领域拥有很高的地位，他们甚至来自普通公众，但由于他们具有一定的教科书相关知识，与公众保持着频繁且稳定的互动，且能够将公众的各种教科书观点进行整合归纳并表达出来，因此他们的发言对普通大众来说具有很大的引导性。例如微博中的教育类网络红人博主，他们具有一定数量的稳定粉丝群体，每发一条博文都会有极大的阅读量，他们分享教科书相关的新闻，提供教科书相关的信息资源，他们有选择地进行发布、转发或者删除教科书的相关信息，可以说他们很大程度上决定了受众看到的教科书相关内容，影响着公众对待教科书争议和问题所持的立场。

新媒体时代的教科书舆论领袖逐渐向平民化发展，说明了舆论领袖不能忽视广大公众对教科书的言论，只有深入普通群众，了解他们对教科书问题的疑虑以及对教科书发展的期许与需求，才能真正表达出公众对教科书的情感和意见，深刻地反映出公众对教科书的要求，并获得公众的响应。②同时，教科书舆论领袖的平民化发展也意味着舆论领袖在各方面的素养上参差不齐，因此培养教科书舆

① 骆正林. 当代社会舆论的传播规律与社会价值[J]. 阅江学刊, 2015, 7(3): 110-119.
② 刘建明. 社会舆论原理[M]. 北京: 华夏出版社, 2002: 47.

论领袖各方面的素养，以提升舆论领袖发表教科书观点和意见的科学合理性，是在新媒体时代利用舆论支持教科书的迫切需求。

3. 教科书舆论争议层出不穷

在媒体时代，公众获取教科书信息的来源更广泛、方式更便捷，教科书的改革和建设都是在公众的监督之下进行的，教科书发生的任何微小变化都可能会引起公众的关注，并且公众发表的教科书观点和看法通过网络媒介得到了充分的表达和传播，随之而来的就是关于教科书问题的舆论争议层出不穷。

由于语文教科书地位的特殊性，以及时代的发展和文化多元性，对于什么文章应该进入语文教科书，什么文章需要退出语文教科书以及进入教科书的方式，经常引起广泛的争议。有关语文教科书课文几次比较大的争议包括"语文课本中古诗词的增删""周杰伦歌词进入语文教材""莫言作品进入语文教材"等。以古诗词进出语文教科书为例，围绕着增加古诗词还是删除古诗词，关于小学语文一年级教科书的争论曾进入白热化。一些人认为，不能删除古诗词，因为里面有着中华优秀文化的传统；另一些反对者认为，必须删除古诗词，因为它们已经远远超越了一年级学生的理解能力；还有一些人认为，教科书的稳定最重要，不应该频繁增删内容。

教科书舆论争议的频繁出现，一方面是因为网络媒介对教科书争议和公众对教科书争议表达的情绪、意见的传播，另一方面是由于公众思想的多元化和对教科书认知的局限性，在利用舆论支持教科书时，基于网络时代这一特点，教育部门和教科书出版者需要及时回应公众对教科书相关问题的疑虑，疏解公众对教科书争议的不良情绪，避免教科书舆情风险和舆论风波的产生。

二、遵循教科书舆论的传播规律

教科书舆论的传播是有一定规律可循的。首先，教科书舆论的传播过程伴随着舆论的互动，而且网络媒体的发展，使得教科书舆论的传播具备即时性的特点，这种即时性又增强了教科书舆论原有的互动性。注意教科书舆论传播的互动性和即时性，及时对教科书舆论进行适当的调控，可以避免教科书舆论风波的产生。其次，教科书舆论在传播过程中的空间位置、时间长短、舆论的主体及其教科书观点以及教科书舆论的具体内容都是动态变化着的。把握教科书舆论在传播过程中的动态性，利于对不同类型、不同阶段的教科书舆论进行针对性地引导。最后，教科书舆论的传播具有一定的惯性，是旧舆论在新的历史条件下的延续，要警惕教科书舆论传播的惯性，避免旧观念冲击教科书的革新。

1. 注意教科书舆论传播的互动性与即时性

在纸媒时代，舆论信息的传播是通过报刊进行的，因此传播的速度较慢，但仍然具有互动性。公众对于教科书相关的意见可以通过给出版社或者报刊社写信的方式进行传达，利用传播媒介与教科书的出版者形成互动。新媒体的出现，尤其是网络社交平台的开发，使得教科书舆论传播具有即时性以及更强的互动性。公众可以通过公共网络社交平台随时随地对教科书争议和问题发表看法和观点，并且可以与他人针对教科书话题进行实时互动，交流教科书意见，短时间内即可实现教科书舆论在网络社交平台的传播。当教科书争议发生或者教科书问题暴露时，公众在第一时间就可以在网络上看到相关的信息，并且就这些争议和问题随时发表自己的观点和看法，当发现与自己的意见相同或者相悖的观点时，还会进行个别互动，在网络媒体的传播下，让教科书观点和意见的互动范围不断扩大，使得相同的教科书观点和意见得以重叠，不同的教科书观点和意见形成对峙，从而把教科书舆论推向高潮。[①]

新媒体时代教科书舆论互动性与即时性的凸显，提醒教育相关部门在利用舆论支持教科书时，要及时捕捉公众对教科书争议和问题表达的情绪态度以及倾向性意见，同时注意引导公众与教科书出版者之间、公众与教科书舆论领袖之间以及公众之间关于教科书观点和意见的良好互动，并利用大众传播媒介对已经形成的教科书舆论进行适当调控，避免公众对教科书争议和问题的讨论演变为教科书舆论纷争，造成教科书舆论风波。

2. 把握教科书舆论传播的动态性

教科书舆论传播的动态性一方面是指教科书舆论在传播的过程中的空间位置和时间长短是不断变化的，另一方面是指参与教科书舆论的主体及其教科书观点，还有教科书舆论的具体内容在传播的过程中都是动态变化着的。

教科书舆论传播的空间动态性体现在舆论产生、爆发和流动的过程中。不同

---

① 井一龙，倪晓丰，高向辉. 全媒体视域下教育舆情的特征、治理困境与对策［J］. 现代教育管理，2021（11）：43-50.

类型的教科书争议引发的教科书舆论传播的空间变化是不同的。教育部门发布的教科书相关信息引发的舆论是由官方主流媒体报道宣传之后形成全国范围内的舆论热潮；而具体的、地方性的教科书问题或改革引发的舆论先是在舆论的发源地掀起公众的讨论热潮，然后再通过媒体的报道引起其他地区的关注和讨论。

教科书舆论传播时间的动态性表现为不同性质的教科书舆论存在的时长是有区别的，一般的教科书突发争议引发的舆论存在的时间是较为短暂的，例如教科书中出现的印刷错误或者内容错误导致的教科书舆论，在得到教科书出版者的合理解决之后，舆论就会逐渐消退，从教科书错误被发现到教科书错误被纠正，相应的舆论存在时间一般只有几个月。而触及教科书所蕴含的思想观念、文化传承、道德传统等问题时，产生的教科书舆论会延续很长的时间。如国民政府以《白话本国史》这本教科书中的内容不合时宜，违背了当时国民党推行的"党化教育"为由，查禁了此书，而由此引发的教科书舆论纷争持续了20年左右。①历史教科书内容的争议性或者语文教科书的选材等诸如此类的敏感性教科书问题所引发的教科书舆论，虽然中间可能会有舆论的平缓期，但当同类型的教科书问题出现时，相应的教科书舆论会再次爆发。

教科书舆论传播主体的变化首先体现在主体的数量上，教科书舆论处于酝酿阶段时，涉及的主体是有限的，一旦进入发酵阶段，参与的主体就会迅速增多。舆论主体的变化不仅体现在数量上，教科书舆论主体所持的观点也是不断变化着的。由于引起舆论的教科书争议受传播媒介的影响，其全貌是一点一点逐渐呈现在公众面前的，并且舆论具有感染性，公众很容易受到其他人尤其是舆论领袖的教科书观点的影响，因此在教科书舆论传播的过程中，公众的教科书观点会随着其对教科书争议的了解以及他人的看法产生变化。

教科书舆论传播内容的动态性，一方面表现在公众所关注和议论的教科书争议或问题是不断转移的，新的教科书热点争议和问题的出现会替代旧的教科书争议和问题；影响较大的教科书争议和问题会替代影响较小的教科书争议和问题，并转移公众对教科书的关注点，相应的教科书舆论内容也会随之变化。另一方面体现在同一教科书舆论在传播的过程中的舆论导向是处于变动之中的。受教科书

① 王萌. 吕思勉《白话本国史》查禁风波探析［J］. 华东师范大学学报（哲学社会科学版），2015, 47（2）：31-38, 168.

舆论领袖和舆论感染性特点的影响，公众的教科书观点是不断变化的，不断变化着的教科书观点又会形成不同的舆论导向。

把握教科书舆论传播的动态性，需要分析不同类型教科书争议或问题引起的教科书舆论在传播时的特点，也就是把握教科书舆论在传播过程中的时空变换、教科书舆论的主体及其观点的变化以及具体教科书舆论内容的转移，并以此为依据采取相应的措施，对教科书舆论进行针对性地引导。

3. 警惕教科书舆论传播的惯性

舆论的传播具有一定的惯性，指的是旧舆论在新的历史条件下的延续性。[①]任何教科书舆论观点都是在一定历史背景和社会环境下产生的，当时代不断发展、环境发生变化之后仍然用过去的经验和观念来评价当下教科书的建设，是教科书舆论传播具有惯性的表现。任何与教科书相关的舆论，不论造成的影响有多大，都不能适用于任何时期教科书的建设与发展。

教科书舆论传播的惯性会导致旧观念冲击教科书的革新。在近代教科书发展变革的过程中，落后的统治势力往往会把有利于其政权稳定的旧的教科书舆论推向高潮，甚至把这种舆论绝对化，希望通过对教科书的控制来控制教育，并最终实现对民众思想的控制来巩固其统治。但是这种教科书舆论的传播带有明显的政治集团的保守性，并与教育的进步性产生矛盾。在不适宜的社会条件下推崇旧的教科书舆论只会阻碍教科书的发展和教育的进步。

教科书舆论传播的惯性警示我们，在利用舆论支持教科书时，要以动态发展的眼光来看待现有的教科书争议和问题，以时代背景为基础并超越时代的局限，防止旧的教科书观念和经验阻碍教科书的发展变革。

三、辩证分析和引导教科书舆论

1. 教科书舆论观点的辩证分析

黑格尔在描述舆论时指出："公共舆论中真理和无穷错误直接混杂在一起，所以绝不能把他们任何一个看做的确认真的东西。"[②]作为教科书舆论主体的公众虽然有自我表达的意识和能力，但是对于教科书问题的观点表达仅仅基于自身

---

① 刘建明. 社会舆论原理［M］. 北京：华夏出版社，2002：20.
② 黑格尔. 法哲学原理［M］. 范扬，张企泰，译.北京：商务印书馆，1961：333.

的认知范围，可能较为简单片面，而且其合理性有待考究。即使是在教育或教科书相关领域具有发言权的舆论领袖所发表的教科书观点，也不能直接将其奉为圭臬。例如之前受到热议的关于禁止传播西方价值观念的教科书进入我国课堂的观点，在受到许多媒体支持的同时，也遭到一些专家学者的反对和质疑，在全球化不断深入、文化多元化发展的今天，在对西方的知识文化取其精华的基础上，强化我国教科书的意识形态建设，实现我国优秀传统文化和价值观念的传承和发展，需要我们辩证地看待西方教科书的准入问题。如今公众的知识、思想、价值观、态度、情绪等构成十分复杂，对于同一教科书问题会形成不同或者截然相反的观点，有些观点还可能比较偏激甚至是错误的，但并不意味着它们毫无意义，即使是看起来非常理性有逻辑的观点也不一定是完全正确的，因此面对丰富多元的教科书舆论，舆论工作者、教科书编纂者和教育部门工作者要给予充分的重视，用辩证的眼光看待每一种教科书舆论观点，了解教科书舆论产生的宏观社会环境和具体舆论环境，主动以利于教育发展和社会进步的标准来衡量教科书舆论环境中的思想文化、价值观念和道德传统等较为稳定的成分，树立教科书舆论环境的整体意识，避免不自觉地受到社会舆论大环境的制约，①以便教育部门和舆论工作者可以正确地分析教科书舆论，评估教科书舆论的发展形势，采用适当的方法对教科书舆论进行引导。

2. 教科书舆论方向的辩证引导

根据参与具体教科书舆论的主体、引发舆论的教科书争议性质和教科书舆论传播媒介的不同，教科书舆论的类型也有所区分，利用舆论来支持我国教科书的建设与发展时，需要依据不同舆论的类型特点对错综复杂的教科书舆论进行合适地引导。当教科书争议引发舆论时，首先需要对舆论进行解析，区分以舆论领袖与普通群众为主体的教科书公众舆论和以教育部门与教科书出版者为主体的教科书新闻舆论。教科书公众舆论是教科书舆论领袖和普通群众对教科书争议和教科书问题公开表露的观点和意见，是公众对教科书争议和问题的态度和情绪的集中表达。而教科书新闻舆论则是以一种比较成熟、稳定、明确的形态呈现出来的，是教科书公众舆论理性升华后的归纳，大部分表现为为了推动教科书的建设和促

---

① 陈力丹. 舆论学：舆论导向研究［M］. 北京：中国广播电视出版社，1999：47.

进教科书的发展，在官方报纸和杂志等主流媒体上发布集中公众正确的意见和建议所提出的教科书决策、意见或规定。[1]利用新闻媒体有效地引导教科书舆论的前提，是了解公众对教科书问题的观点和态度，需要敏锐察觉公众对教科书争议的情绪，知晓公众关注的教科书热点和焦点，并准确把握公众对教科书问题的倾向性意见，以明确公众对教科书的需求。因此，新闻媒体想要有效地引导教科书舆论，首先要正确地反映教科书公众舆论。坚持正确的教科书舆论导向，需要辩证把握教科书公众舆论与教科书新闻舆论之间的关系，以及坚持反映与引导教科书舆论的辩证统一。所以通过引导教科书舆论来支持教科书发展时，需要先正确地将人民群众对于教科书的意见和观点反映出来，清楚地了解公众对教科书的需求，再对这些教科书的公众舆论进行汇总，总结出公众关于教科书的正确、理性、建设性的意见，并以此为基础进行教科书的革新与发展。辩证引导教科书的舆论方向，应该避免采取一边倒的做法，不能过分地将教科书舆论向某一个既定的方向进行引导，造成一言堂的局面，使公众的教科书观点不能得到充分的表达。只有关于教科书的各种理性舆论有了争鸣的空间，才能为教科书的改革发展提供动力来源。推动教科书舆论平稳有序地发展，使各种理性的教科书观点得到充分地表达是辩证引导教科书舆论方向的必然要求。[2]

第六节　教科书舆论支持的阶段性策略

在遵循舆论支持教科书基本原则的情况下，进一步明确舆论支持教科书的实施策略成为应有之义。舆论支持教科书的具体实施可以依据教科书舆论的发展分阶段进行，在舆论的酝酿阶段，教科书舆论还没有正式形成，此时是以潜舆论的形态出现的，是一种没有公开表达的教科书观点和意见，是能够被察觉到却又不容易捕捉到的公众对教科书争议和问题产生的情绪。在这一阶段，需要对教科书的潜舆论进行分析和疏解，首先要在网络信息技术对教科书舆情搜集和分析的过程中，敏锐察觉公众对教科书争议的情绪，准确把握公众对教科书问题的倾向

① 沈世纬. 舆论引导要正确把握辩证思维 [J]. 新闻战线, 2002（6）: 8-10.
② 廖永亮. 舆论调控学: 引导舆论与舆论引导的艺术 [M]. 北京: 新华出版社, 2003: 148.

性意见，并在此基础上及时疏解非理性的教科书舆情，预防教科书舆情风险的形成。在舆论的发酵阶段，教科书潜舆论已经发展为显舆论，是以各种公开的形式表达出来的对教科书争议和问题明确的态度、观点和意见，并通过大众媒介迅速传播。对这一阶段不同类型的教科书舆论进行合适的引导，可以避免教科书舆论走向极端化而造成舆论风波，并利于理性教科书舆论导向的形成，为教科书的建设、革新和发展提供建设性的意见和建议。在舆论的消退阶段，教育工作者、舆论工作者和政府相关部门的工作者要及时总结经验，建设教科书舆论环境，为舆论支持教科书提供绿色健康、开放包容、合理有序的环境基础。

一、舆论酝酿阶段——分析与疏解教科书潜舆论

在酝酿阶段，教科书舆论主要是以公众对教科书争议和问题最初显现的情绪态度以及零散的教科书意见构成的潜舆论形态出现的，并没有形成非常明确清晰的教科书观点。如果对这一阶段的教科书潜舆论及时进行分析和疏解，对形成利于教科书建设发展的显舆论是十分有益的。因此，在教科书舆论还在酝酿时，舆论工作者需要利用大众传播媒介和网络信息技术敏锐察觉公众对教科书争议的情绪，在此基础上把握公众对教科书的倾向性意见，并对非理性的教科书舆情进行疏解。

1. 敏锐察觉公众对教科书争议的情绪

大部分教科书争议的出现，最初引发的不是直接且清晰的教科书意见或观点，而是公众对这些教科书争议所表现的情绪、态度。教科书潜舆论指的就是一定范围内较为一致的公众对教科书争议的情绪表现，这种情绪是能够被察觉到的，如果将公众良好的关于教科书的情绪升华为明确的教科书观点和意见，或者对较为偏激的公众情绪进行适当地疏导，可以避免不利于教科书建设发展的教科书显舆论的形成。因此，敏锐察觉公众对教科书争议的情绪是分析疏解教科书潜舆论的重要前提。利用网络信息技术采集公众对教科书争议的态度是察觉公众情绪的重要手段。态度情绪是主观的感觉，对其进行采集分析需要将公众的情绪、态度转化为具体的、客观的、能够量化的指标。目前有一些网站就采用了投票的方式来采集数据分析教科书争议引发的公众情绪，例如2014年9月一网站发起"怎么看'八股文'入选杭州高中语文教材"的调查，就是运用投票的方式，设

置了"支持""中立"和"反对"三个选项供网友选择，结果超七成网友不支持这一做法。这种类型的调查可以大致了解网友的基本态度，察觉公众对于此次教科书争议的情绪基调。

在察觉公众对具体教科书争议的情绪态度时，可以根据不同类型的教科书争议选取适合的态度指标来对公众的情绪态度进行调查统计，同一教科书争议也可以选取多种类型的态度指标进行不同维度的调查。现行的态度指标主要有满意度指标、期望指标、评价性指标和价值指标。① 例如，当突发的教科书争议引发舆情时，可以选取评价性指标来调查统计公众对该教科书争议的基本情绪态度；在对教科书进行革新之前，可以先选用期望指标来了解公众对教科书存在哪些方面的期待情绪，在教科书革新之后，还可以利用满意度指标测量公众对教科书革新的满意程度，再选取评价性指标统计公众对教科书革新的整体评价。对这些态度指标的采集与统计是大数据背景下察觉公众对教科书争议情绪、态度的基本手段。

2. 准确把握公众对教科书问题的倾向性意见

察觉公众对教科书争议情绪是分析与疏解教科书潜舆论的第一步，在此基础上还需要进一步把握公众对相应教科书问题的倾向性意见。在教科书舆论客体即教科书问题出现之前，每一位公众都会以之前积累的与教科书相关的认知经验和知识储备以及个人特点来设置自己对于教科书争议和问题的预存立场，甚至公众自身都没有意识到这种立场的存在，但是它们却有意无意地决定着个人意见的基本倾向。②

情绪型的教科书潜舆论的表达，由于难以直接受到各种社会规范的干预，会比显舆论更能够说明教科书舆论的真正倾向。情绪型的教科书潜舆论是公众关于教科书意见倾向的征兆，虽然其对教科书发展的影响力不如显舆论强烈，但如果任由其发展而不予以分析和疏导，可能会形成不利于教科书发展的显舆论。

对公众意见的把握可以采用舆情梳理的方式，对公众发表的教科书评论进行采集梳理。捕捉当前公众关注的教科书热点和焦点，通过对各个平台公众发表的教科书意见进行系统而全面的分析，为相应教科书政策的制定和完善打下基础；

---

① 刘建明. 社会舆论原理［M］. 北京：华夏出版社，2002：336.
② 陈力丹. 舆论学：舆论导向研究［M］. 上海：上海交通大学出版社，2012：90.

并利用网络信息技术实时监测公众对教育部门出台的教科书政策规定、进行教科书改革以及教科书出版者修订教科书或出版新教科书的反响，结合公众对这些教科书信息倾向性意见的分析，再对教科书的规定、改革、修订和出版重新进行考量，使教科书相关的方针政策、修订出版更合理有效，教科书内容更加科学适用。在人民网人民数据库的《舆情半周刊》栏目中有专门的舆情分析师会对舆情进行整理和分析，其中包括对教科书问题引发舆情的梳理，主要分为以下几步：舆情回顾、舆情反馈、网民观点选摘和舆情观察。首先对教科书引发的舆情问题进行整理回顾，然后采集各大传播媒体对教科书问题的意见反馈，再对网民发表的代表性观点进行选摘，最后由舆情分析师对公众的观点意见进行归纳总结，概括出公众对教科书问题所持有的倾向性意见。但《舆情半周刊》中对教科书舆情的分析内容较少且并不固定，若对此栏目加以完善，那么设立专门的教科书舆情分析体系，将会是准确把握公众对教科书问题的倾向性意见的有效路径。

3. 及时疏导非理性的教科书舆情

在面对敏感的教科书争议时，公众的情绪波动会比较大，通过网络传递的公众对于教科书争议的情绪，如果和社会上其他公众的情绪产生共鸣，就会成为诱发教科书舆情风险的内在动力。而在网络上非理性的教科书情绪非常容易传染和蔓延，如果没有得到及时的疏解，很可能会引起教科书舆论风波。[①]因此在教科书舆论的酝酿阶段，需要对非理性的教科书舆情进行疏解。面对负面教科书信息或者突发教科书争议引起的非理性教科书舆情，首先需要及时对触碰公众敏感神经的教科书问题进行回应，为公众解疑释惑以达到疏导公众非理性情绪的目的。要在对非理性教科书舆情进行分析的过程中了解公众的诉求，并第一时间针对这些诉求采取相应的措施，同时采取正面宣传来疏解公众的情绪，随时跟进教科书舆情的动态。

随着新媒体时代的到来，建设一个全面开放的教科书网络舆情搜集监测与分析疏解的平台成为可能。可通过对网络大数据搜集的教科书舆情进行统计和识别，筛选出非理性教科书舆情的态度倾向和主要观点，同时分析和预测非理性教科书舆情的发展态势，形成详细的舆情分析报告，作为疏导非理性教科书舆情的

---

① 朱国圣. 突发事件网络舆情的应对策略 [M]. 北京：新华出版社，2015：199.

基本依据。政府部门工作者、舆论工作者、教育部门工作者以及其他教科书舆论领袖要积极利用大众传播媒介达成合作，以形成合力共同疏解公众关于教科书争议的不良情绪、引导公众对教科书问题的偏激、片面的倾向性意见。另外，还需要对网络教科书舆情进行实时监测，一旦发现非理性舆情的出现，就可以及时对其进行疏解。此外，疏导非理性教科书舆情时要注意方法策略，不能过于极端，只利用传播媒介片面放大公众对教科书争议和问题的正面情绪，对负面的情绪缄口不言，对非理性的教科书舆情进行全面压制，这样不利于教科书舆情的健康发展。

二、舆论发酵阶段——分类型引导教科书显舆论

对教科书舆论进行引导首先要明确引导的目的，从普遍意义来讲，对舆论进行引导和调控的目的主要是使正确合理的舆论占据主流、舆论发展的方向明确且平稳有序以及维护思想和社会的稳定。[①] 因此在引导教科书舆论时，需要以上三点为基本目的，但在摈弃错误舆论，实现正确舆论处于主导地位的同时也要保证意见处于少数或劣势公众的表达机会，让公众关于教科书问题的不同观点、意见得到充分表达，并且用辩证的眼光看待这些观点，才有利于教科书的进步。当教科书舆论开始发酵并迅速传播时，对这些舆论进行适当的引导利于其朝向合理健康的方向发展，防止舆论的畸变和一边倒。根据教科书舆论形成原因和存在形态的不同可以将其分为讯息形态的教科书舆论、观念形态的教科书舆论以及情绪形态的教科书舆论。针对不同形态的教科书舆论需要采取不同的方式进行引导。

1. 对讯息形态教科书舆论的引导要基于客观事实

"讯息"是指具体的、可接触和把握的信息。讯息形态的教科书舆论指的是被大众媒介传播的与教科书相关的一些具体信息形成的舆论，包括与教科书出台的政策规定、新编写教科书的出版等教科书信息相关的舆论。讯息形态教科书舆论的一大特点就是可以较快地引起公众对某一教科书讯息的关注。处于讯息形态的教科书舆论强度不大，但是相应的教科书讯息得到广泛的传播之后，就会形成公众的共同话题，当公众对这些教科书讯息进行交流议论的时候，讯息形态的教科书舆论就有可能发展为观念形态或者情绪形态的教科书舆论。因此在教科书舆

---

① 廖永亮. 舆论调控学：引导舆论与舆论引导的艺术 [M]. 北京：新华出版社，2003：67.

论处于讯息形态时对其进行适当的引导，利于教科书舆论向健康的方向发展。大众传播媒介在引导讯息形态的教科书舆论中扮演着重要角色。首先，当教育部门出台了教科书规定或者对教科书进行革新以及出版者发布最新的教科书信息时，大众传播媒介需要及时为公众提供他们目前不太清楚，但又被公众认为比较重要的教科书讯息；其次，各类媒介要及时为公众提供准确明晰的教科书相关信息，以应对他们正在进行热议和传播得比较模糊的教科书信息；最后，当不利于教科书建设发展的讯息形态舆论开始传播时，教育部门和教科书出版者要利用传播媒介对相关的教科书争议和问题进行澄清，并提供认识该教科书问题的教育学方法原理，帮助公众对教科书问题进行判断。

例如2017年9月，国家统编义务教育新教科书，即一年级和七年级的语文、历史、道德与法治这三门科目的教科书在全国范围内投入使用。对这一教科书讯息引起的教科书舆论进行引导，需要提供充分的与这次新的统编教科书相关的事实性信息。2017年9月28日，一篇以《140余位编者耗时5年，国家统编义务教育教材改了什么？》为题的博文就为公众全方位了解新的统编教科书提供了参考信息。该文从教科书的国家认知、语文课文内容选取、历史教科书的遴选依据等方面进行了分析，并且引用了教科书编写者的观点、一线教师的发言、教育部教材局对相关问题的回复等内容，为公众的理解提供依据。①

基于客观事实引导讯息形态的教科书舆论，首先需要为公众提供全方位的教科书信息。因为给公众提供的教科书信息越全面、越科学、越合理，越能够将公众更多的注意力控制在想要进行引导的范围内。其次要优化所提供的教科书信息的结构，可以将相关的教育理论、原则等渗透其中，为公众提供教科书信息的同时也为其提供解读这些信息的思路，引导公众以科学合理的标准来看待教科书争议和教科书问题。②

2. 对观念形态教科书舆论的引导要提供合适的参照系

观念形态的教科书舆论通常是公众公开表达的关于教科书争议和问题的观

---

① 140多位编者耗时5年，国家统编义务教育教材到底改了什么？［EB/OL］.（2017–09–27）. https://www.sohu.com/a/195052815_100014130.

② 韩运荣，喻国明. 舆论学原理、方法与应用［M］. 北京：中国传媒大学出版社，2005：118–119.

点、意见构成的显舆论，是最常见的教科书舆论形态。观念形态的教科书舆论通常蕴藏着某种倾向性意见，表现为不同程度的赞同、反对或者中立。大多公众通常根据自己的认知和经验来表达这种对教科书争议和问题的倾向性意见，一般由这种意见构成的教科书舆论是相对简单和情绪化的，当涉及一些与教科书理论性知识相关的舆论，只有少部分拥有相关知识储备的公众才能够发表出比较清晰合理的教科书观点。所以，面对教科书争议和问题，大部分普通公众仅依据自己的知识和经验得出深刻且合理的见解是比较困难的，即使是已经发表出来的教科书观念，也很可能是参照了一些他们所熟知的舆论领袖的意见。因此公众在表达关于教科书争议和问题的具体观念时需要一个合适的参照系。如果在公众需要对教科书争议和问题做出判断，却又不能够将相应的观点确切表达出来的时候，大众媒体及时为其提供简单明确、科学合理又能够被公众所接受的教科书观点作为参照，对观念形态的教科书舆论发展方向的引导是非常有利的。①

大众媒体在为公众提供参照时，必须把握现有不同舆论态度观念的大体分布。尤其是当一个教科书争议和问题引起舆论风波甚至冲突时，公众所持有的意见很容易受到比较强势甚至是偏激舆论观点的影响，因此，此时在把握舆论态度的基础上，将公众的舆论观点向利于教科书发展的方向引导，可以有效缓解教科书舆论的争议和冲突。例如在语文教科书替换课文引发的舆论上，有很多公众发出了反对的声音，中小学语文教科书主编温儒敏先生反复回应着舆论——并没有所谓的"鲁迅文章大撤退"，并且公开表示教科书需要照顾到各方面需求的同时也要遵循教育教学的规律性，为公众理解语文教科书替换课文的事件提供了观点参考。需要注意的是，为了使参照系中的教科书观点能够相对容易地被广大公众所接受和理解，其提供的观点应当从公众的角度出发、可以体现公众的诉求，而且提出者最好是在教科书建设方面具有发言权的权威人物或者是与公众利益息息相关的教科书舆论领袖。

3. 对情绪形态教科书舆论的引导要保持理性的态度

情绪形态的教科书舆论是指当一些比较敏感的教科书争议发生和教科书问题出现后，公众对这些教科书争议和问题的情绪形态的表达形成的舆论。这类教科

---

① 龙卫东. 教育科研引导舆论的多维思考［J］. 当代教育论坛，2015（6）：47–52.

书舆论的产生与大众传播媒体的渲染有着很大的关系，因为情绪的感染性很强，一旦大众媒体传播了与不良情绪形态教科书舆论趋近的信息，就会对公众的情绪造成刺激，导致不良情绪的传播范围更广泛、程度更强烈，甚至会形成一场教科书舆论风波，因此在引导情绪形态教科书舆论时要始终保持理性的态度。

情绪形态教科书舆论的传播过程也就是公众对于教科书争议和问题的情绪态度蔓延的过程。公众的情绪是复杂的，但最基本的情绪态度可以分为正面支持的情绪态度和负面反对的情绪态度这两大类。为了避免公众的情绪向极端化发展而对教科书的建设产生负面影响，在引导任意一种情绪形态的教科书舆论时都要秉持理性的态度，即使是正面支持的情绪态度也不宜过度地放大。例如，在对教科书进行革新或者新的教科书政策规定发布时，需要公众正面情绪形态的舆论对其进行支持，但如果这种正面的情绪过于高昂，就会覆盖其他声音，使部分公众有建设性的意见得不到表达，会不利于教科书革新或教科书政策规定的进一步发展。而当情绪形态的教科书舆论发酵时，公众对教科书负面情绪态度的传播是无法避免的，因为大众媒体有义务把已经存在的公众的情绪态度客观反映出来。但是，大众媒体可以在传播的过程中适当放大正面的情绪；还可以在对一些关于教科书争议和问题的负面情绪进行传播的同时，采取合适的方式对其予以解释和疏导。[1]大众媒体对负面情绪形态的教科书舆论引导的及时性非常重要，当负面情绪形态的教科书舆论出现时，立刻对其做出反应，针对公众对教科书争议和问题的疑虑，提供全方位相关的教科书信息，并给予理性指导，可以有效缓解公众的负面情绪。

三、舆论消退阶段——总结经验建设教科书舆论环境

舆论的引导是针对已经形成的教科书舆论采取的措施，在旧的教科书舆论消退之后，为了使新的舆论保持对教科书的支持状态，需要在消退阶段总结经验建设良好的教科书舆论环境，舆论支持教科书的实施策略便从舆论引导走向舆论建设。良好的教科书舆论环境建设，需要教育工作者发挥带头作用，提升教科书舆论领袖的素养以建设教科书舆论环境；需要舆论工作者在引导教科书舆论时，树立教科书舆论环境的整体意识；需要政府相关部门积极打造开放包容的教科书舆

---

① 蒋建华. 教育舆论分析的价值与思路 [J]. 教育研究, 2011, 32 (4)：20—23.

论场，保证教科书舆论环境的健康发展。

1. 教育工作者发挥教科书舆论领袖的带头作用

教育工作者包括教育理论工作者和教育实践工作者，前者是教科书编纂相关教育理论的研究者，后者是教科书在教学中进行运用的实践者，二者作为重要的教科书舆论领袖类型以及支撑我国教育事业的中坚力量，必须发挥好带头作用，努力提升新媒体时代教科书舆论领袖的素养，以建设良好的教科书舆论环境。

在新媒体时代教科书舆论领袖平民化发展的同时，教科书舆论领袖的数量也在不断增多，这也导致了现有教科书舆论领袖所具备的素养参差不齐。作为在教科书舆论领袖中具有特殊地位的教育工作者，在加强网络时代教科书舆论领袖的素养培养方面有义不容辞的责任。教育工作者要注重提升自身的媒介素养。在信息爆炸的现代社会，能够正确解读、判断、评估各种媒介传播的教科书信息，并且可以有效地利用和传播这些信息，是新时代教科书舆论领袖的必备素养。①教育工作者要积极利用各种大众传播媒介向公众解读教科书相关政策规定、普及相应的教育学知识，以提升其他领域教科书舆论领袖的教育学素养，使其可以用更加全面合理的角度来看待教科书争议和问题。当教科书争议发生或者教科书问题出现时，教育工作者可以从专业角度对这些正在传播的教科书信息进行评判和观点的发表，为其他公众提供参照系。教育理论工作者可以基于自身具备的教育学相关知识对教科书争议和问题进行理论上的分析；教育实践工作者可以根据实际的教育教学经验对教科书争议和问题进行实践上的解读。这些分析和解读为公众教科书观点的表达奠定了基础。②

教育工作者发挥教科书舆论领袖的带头作用，提升新媒体时代教科书舆论领袖的素养，塑造出一批既了解教科书政策规定和教育学知识又具有一定媒介素养的教科书舆论领袖，对于建设良好的教科书舆论环境，以充分发挥舆论对教科书的支持作用具有重要的战略意义。

---

① 廖永亮. 舆论调控学：引导舆论与舆论引导的艺术［M］. 北京：新华出版社，2003：214–217.

② 徐长玲. 走向公共领域：教育舆论中教育理论工作者的角色转型［J］. 当代教育科学，2014（7）：11–13，17.

2. 舆论工作者树立教科书舆论环境的整体意识

舆论工作者指的是可以利用各种类型大众传播媒介采集与发布舆论信息，并对舆论进行引导调控的专业人员。他们是舆论客体与公众之间的重要连接，也是影响具体舆论的发展导向的基本因素。舆论工作者引导舆论要树立教科书舆论环境的整体意识，因为当他们采用各种方法对教科书舆论进行引导时，自己也处于教科书舆论形成的环境当中，会自觉不自觉地受到社会舆论环境和具体舆论环境的制约。只有树立起教科书舆论环境的整体意识，既对教科书舆论产生的微观的、局部的、具体的环境有清晰的认知，又立足于教科书舆论形成的宏观社会环境，时刻以推动教科书的发展为标准来对舆论进行引导，才能避免用滞后的观念来指导行动，导致教科书的发展停滞不前。[①]

舆论工作者在教科书舆论环境整体意识的指导下合理利用大众传播媒介是建设良好的教科书舆论环境的重要保障。舆论作为公众建构教科书的"社会皮肤"，其内容的真实性至关重要，承载舆论的大众传播媒介在保障这种真实性中具有关键作用。根据陈力丹对媒介营造的"拷贝世界"的描述，公众对教科书的认知不只局限于与教科书的直接接触产生的直接经验，舆论作为公众建构教科书认知的"社会器官"，公众还可以根据大众媒介传播的教科书舆论间接地认知教科书。[②]因此，舆论工作者需要保证大众传播媒介对教科书舆论信息客观真实的反映，除此之外，在利用大众媒介传播教科书舆论信息时，还要提高舆论信息的服务质量，不仅要对教科书舆论进行采集和呈现，还要富于洞见地捕捉教科书舆论之间以及教科书舆论与其他舆论之间的关联性。[③]舆论工作者树立教科书舆论环境的整体意识，从整体上把握大众媒介对教科书舆论的反映与传播，是建设良好教科书舆论环境的必然选择。

3. 相关部门合力打造开放包容的教科书舆论场

教科书舆论最终是在一定的舆论场中产生的，产生教科书舆论的这一舆论场，是在一定的时间和空间范围内，存在的若干因素可以刺激公众对教科书争议

① 洪瑾，常昊然. 网络舆论环境建设研究［J］. 北京理工大学学报（社会科学版），2011，13（1）：111–114，120.
② 陈力丹. 舆论学：舆论导向研究［M］. 北京：中国广播电视出版社，1999：65.
③ 韩运荣，喻国明. 舆论学原理、方法与应用［M］. 北京：中国传媒大学出版社，2005：119.

和问题产生影响，使部分公众形成共同的教科书观点和意见。①当一个教科书问题引起了一定范围内公众的思想共鸣时，就说明该问题需要引起重视并给予公众合理的解释或者解决方案。教科书舆论场的开放度关系着教科书舆论的形成与发展，并影响着教科书舆论的导向。这就需要社会大环境的包容性和局部社会环境的开放性，使得各种教科书信息能够顺畅流通，公众关于教科书意见可以交流无阻，这样就能够使教科书舆论健康发展以推动教科书的建设。

在教科书舆论的消退阶段，要及时分析总结教科书舆论从酝酿到发酵阶段的环境状况，正确评估教科书舆论产生的具体环境，发现环境中影响舆论导向的不利因素，并采取措施对这些因素进行控制，为形成开放包容的教科书舆论场奠定基础。为了成功打造这一开放包容的教科书舆论场，需要教育部门与大众传播媒体达成通力合作。首先，教育部门要做到教科书有关政策规定公开透明，保障人民群众获取教科书有关政策规定的渠道畅通，并且要引导大众媒体在概括这些教科书相关政策规定并将其以各种形式转变为讯息形态的教科书舆论的时候，必须表达准确，避免对公众造成误导，使讯息形态的教科书舆论转变为非理性的观念形态教科书舆论或者负面情绪形态的教科书舆论，进而引发教科书舆论的震荡。其次，多数人所持的教科书意见不一定是正确的意见，也可能是教科书意见趋同、少数人意见屈服的结果，因此相关舆论部门要注意保障公众的表达机会，打造安全开放包容的教科书舆论场，避免"沉默的螺旋"现象，还可以建立正面教科书舆情案例库，打造正能量的教科书网络舆论生态。最后，舆论监督部门可以通过一定的手段筛选剔除恶意的、不正当的教科书舆论，以保障教科书舆论环境的健康发展。

第七节　如何引导教科书的网络舆论

在新媒体与民意交织的时代，的确不能也无法像传统媒体掌控舆论那样控制教科书的网络舆情。对教科书的网络舆情存在两种截然不同的两种观点：一种是

---

① 喻国明，刘夏阳. 中国民意研究［M］. 北京：中国人民大学出版社，1993：283.

"怀疑—否定"舆情，认为舆情是一个情绪的垃圾箱、意见大杂烩，公众不能理解出版机构的运作，其发表的意见是可疑的，价值是有限的；另一种是"肯定"舆情，从民主政治角度，给予更多的肯定①。显然，第一种不顾网络舆情的处理方式，最终会被民意、舆情反噬，教科书也可能会被网络舆情所伤。教科书需要理性的批评声与舆论，但如何从网络舆情中引导出更加理性的网络舆论呢？其中的关键是认识舆论的主体从魔弹论应声而倒的"物"，变成具有社会关系背景的能动的"人"。舆情场中"人的发现"②使我们认识到，公众自身的创造性联想、想象、意象、视野等是接受过程中形成舆论的最重要力量③。从"人"的角度考虑，对教科书网络舆论只能用间接的方式疏导和引导，而非使用强硬的手段控制。与传统舆论控制选择有利信息、回避问题不同，网络舆论的引导应通过建立教科书的网络公共领域、培养舆论领袖、改变言说方式、改变主流媒体的传播方式等，用核心价值、主流意见、理性观点，引导舆论的走向。

一、建设教科书的网络公共领域，用核心价值引导

在网络时空中飘荡的各式各样"网言网语"，如何让它们凝聚成教科书的网络舆论，换一句话说，如何在浩瀚如星空的网络时空中去引导教科书的舆论，应成为当前教科书网络舆论引导的首要问题。

1. 建设网络舆论的专门化公共平台

"网络舆情向网络舆论转化的重要环节是对议题的讨论。"④网络时代有关

---

① 韩运荣，喻国明. 舆论学原理、方法与应用［M］. 北京：中国传媒大学出版社，2013：30.
② 麦格雷. 传播理论史：一种社会学的视角［M］. 刘芳，译. 北京：中国传媒大学出版社，2009：48.
③ 受文学接受理论启发，舆论研究的发展，经历过从传播者中心到传播内容中心，再到公众中心的转换。虽然传播者、内容文本都是形成舆论的重要因素，但舆论中的活跃角色——公众才是实现舆论的最后一个环节。舆论的形成并不能想象为主流意见注入公众的空白意识，事实上是主流意见与公众前理解结构（或称视野）相互角力的过程，通过公众不同"视野"相互接触、对话、交汇、互相拓展和互相限制，最终形成"视野融合"，即舆论形成。参考南帆、刘小新、练暑生《文学理论》（北京大学出版社，2008）第318~321页.
④ 李超民，李礼，何宛怿. 网络舆情与网络舆论：概念厘定及其思想政治教育价值［J］. 思想理论教育，2017（11）：82-86.

教科书"网言网语"的媒介平台五花八门,既有点对面的微博、博客、短视频平台,也是面对面的论坛、新闻跟帖等,它们都成为民众自由发声和辩论的平台和空间,形成了多中心多平台的教科书信息场域。在这些场域中虽然有互动、有相互交锋和讨论,但舆情与意见大多分散于各平台上,呈现出碎片化的特征。教科书网络舆情空间的分散化,必然造成舆论引导的难度和传播效果的低效。因此,最便捷也是最有效的舆论引导,首先是建设一个集中讨论教科书的舆论空间,即一个具有权威性、专业性的,有较高的信誉的公共领域——既可是一个网站,也可是论坛或是一个APP平台。其一方面使教科书公共领域参与者及时获得一个正确、全面信息的渠道,或发布信息以获得更快、更广的传播效果;另一方面也有利于公共领域的管理者从平台中迅速获得舆情,通过在平台上及时发布权威信息、消除流言,从而发挥好舆论引导的作用。一句话,谁掌握了平台,谁就掌握了传播等影响力。只有管理者全力打造好评论教科书的专业化平台,不断升级平台、拓展终端、优化体验、扩大影响,才有可能引导舆论的走向。

2. 由点到面引导网络舆论

如果说,在传播环境较简单,公众的自主意识还较弱的情况下,目标控制的舆论是可行的,那么在信息几乎畅通的互联网上,信息复杂开放、意见分歧严重的舆论已经使得舆论的目标控制几无可能。诚如控制论所讲的那样,形状越复杂,控制的范围设定就越大[①],就越来越难控制舆论。

在教科书评论的公共领域,有多元表达,就有异质思维、"异端"、不同意见。引导网络舆论,当然不是要消灭"禁忌",而是要"以包容心对待'异质思维',在对话中协调立场,在交流中化解矛盾,才能最大限度地达成共识,推动思想观念的进步"[②]。包容和对话只是达成共识的手段,形成共识还需有一定的前提,否则可能会各说各话、各讲各理。哈贝马斯认为可理解性、真理性、真诚性、正确性是达成共识的基础[③]。其中真理性与正确性,是双方都能接受的基础,但在对教科书的具体意见上很难说是否是真理的或正确的,例如很难以中外

---

① 韩运荣,喻国明. 舆论学原理、方法与应用 [M]. 北京:中国传媒大学出版社,2013:116.
② 毕一鸣,骆正林. 社会舆论与媒介传播 [M]. 北京:中国广播电视出版社,2012:266.
③ 夏基松. 现代西方哲学教程新编:上 [M]. 北京:高等教育出版社,1998:583.

课文比例作为标准判断语文教科书是否有西化倾向。那如何能达成共识呢？既然在增加多少篇课文等细节上分歧严重，那么完全有可能在编写更好的教科书这个共同的愿望、在更大的方向上达成正确性的共识，从而引导舆论。例如，坚持社会主义方向编写教科书、选择课文的标准之一是要传播社会主义核心价值观等相对没有争议的方向，则更容易达成共识，从而形成教科书改革的舆论支持。概言之，舆论调控目标是进行有指向的方向引导，而不是唯一状态的目标控制，在此情况下，舆论控制从点的控制，转向面的引导。舆论引导就像是建立爱德华·L.伯内斯所言的"大处思考"[①]的框架，引导舆论在直面争论的焦点问题"语文教科书课文替换"时，应采取教科书评价的意识形态框架——是否有利于社会主义核心价值观宣传，不管公众对单篇文章退出教科书是否赞同，只要通过"大处思考"引导公众对教科书改革的理念不持反对意见，就算舆论的引导达成了目的。

3. 发挥主流媒体的定盘星作用，用核心价值引导网络舆论

刘建明等认为："媒体不断延伸一致性意见的影响力，使舆论合力分布在言论的广阔空间。"[②]在网络时代如何发挥好主流媒体一致性意见和方向性舆论的引导的影响力呢？在全媒体时代媒体融合的趋势下，仍然需要发挥好主流媒体"定盘星"作用。以核心价值引导网络舆论，其关键实现方式是主流媒体要善用传播之技艺。

一方面，主流媒体要善用说服的艺术。"现代大众传播的说服是一种交往工艺学，借助说服，可以构成一种公众社会，交往行动可以通过专门化的影响，通过媒体如专业上的声望和价值联系……受到控制。"[③]根据美国心理学者霍夫兰研究[④]，为了进行有效的说服、提高传播效果，首先，主流媒体需要重视传播

---

① 即是一种跳出对具体产品、项目和事务的纠缠，而采取一种高远朗阔、激扬勇猛的"大处思考"的框架。参见爱德华·L.伯内斯《宣传》（胡百精、董晨宇译，中国传媒大学出版社，2014）第14页。
② 刘建明，纪忠慧，王莉丽. 舆论学概论［M］. 北京：中国传媒大学，2009：163.
③ 陈力丹. 舆论学：舆论导向研究［M］. 上海：上海交通大学出版社，2012：159.
④ 从一般的说服性沟通来看，其过程主要包括四个基本要素：说服者、说服对象、说服信息、说服情境。这四个基本要素的许多方面共同决定着说服和态度转变的效果。

来源的可信度，尽量挑选可信度高、高权威性的传播者①，比如教科书研究的专家、教科书的编写者和著名的教师等讲教科书的改革。其次，主流媒体需要重视内容本身的逻辑性、合价值性。心理学的睡眠者效应告诉我们，在信息时代面对庞杂的信息，随着时间的推移，传播来源的可信性作用由于接收者的遗忘会发生变化②，所以从这个角度来说，"劝导不仅要看是什么人说的，而且要看他说的是什么"③。教科书的网络舆论引导最终还是要回到说服内容本身，使它更符合逻辑，更易得到公众的价值认同。广而言之，主流媒体应当采用"充足的证据+合理的论证=有说服力的证明"④的逻辑模式，说服公众；同时又要用社会的核心价值获得或增加与公众的"同体性"⑤，使公众获得价值认同，从而引导教科书的网络舆论。

另一方面，主流媒体要发挥好引导教科书舆论的功能，即议程设置和框架建构。美国学者科恩在解释议程设置时认为："很多时候，新闻媒体可能并不能成功地告诉人们怎么想，但是在成功地告诉它的读者想什么方面，极为出色。"⑥马克斯韦尔·麦库姆斯和唐纳德·肖（1976）认为"受众通过媒介不仅了解公众问题及其他事情，而且根据大众媒介对一个问题或论题的强调，学会应该对它予以怎样的重视"⑦。根据媒体的议程设置功能，主流媒体对教科书议题的设置，应尽量集中在教科书改革的理念和方向上，让公众更加重视核心价值引导的教科书改革主题，而避免纠缠在像增删课文的具体问题和细节上。

---

① 社会心理学家阿龙森（E.Aronson）等人于1963年通过实验研究发现，传播者的高权威性，可以显著增加人们信服的程度。参见金盛华、张杰《当代社会心理学导论》（北京师范大学出版社，1995）第16页。

② KELMAN H, HOMLAND C. "Reinstatement" of the communicator in delayed measurement of opinion change [J]. Journal of Abnormal and Social Psychology, 1953（48）：327–335.

③ 周晓虹. 现代社会心理学：多维视野中的社会行为研究 [M]. 上海：上海人民出版社，1997：260.

④ 龚文庠. 说服学攻心的学问 [M]. 北京：东方出版社，1994：130.

⑤ 肯尼斯·伯克认为正是共享了语言的意义和价值，才使得人们之间增加了理解，获得了认同。

⑥ 桑翔. 新闻评论在融媒体时代的舆论引导探究 [J]. 今传媒，2018（3）.

⑦ 麦奎尔斯，温德尔. 大众传播模式论 [M]. 祝建华，武伟，译. 上海：上海译文出版社，1987：84.

二、培养教科书的舆论领袖，用主流意见引导

当前传播已进化到融媒体①时代。传统媒体与新媒体（如网络社交媒介②）的融合，使单一媒体的宣传变为多媒体共同的舆论引导力，大大提高了人类的传播效率，降低了传播成本，增强了传播者与接收者之间的互动。融媒体一方面继续发挥着传统媒体的核心价值宣传劝导功能，另一方面借助网络社交媒介参与者众多和自发性传播的优势，使舆论形成的速度、广度和深度已经超越传统媒体或其他传播形式。传统媒体"独白"和"统一说"的"舆论主场"已发展成了参与者的"多音齐鸣""众声喧哗"的"舆论广场"。在传统媒体中发挥教科书舆论控制的把关人角色在网络社交媒介中面临着前所未有的信任危机，公众不相信把关人经过新闻采集和新闻加工的"成品"。没有了把关人的网络舆论控制，并非要放任有关教科书的流言四起，而是需要另辟蹊径，创造和培养新的角色替代把关人。

1. 确立网络舆论的"引路人"——舆论领袖

在群雄逐鹿的网络时代，必生登高一呼、众声响应的舆论领袖，他们"是人际传播网络中经常为他人提供信息，同时对他人施加影响的'活跃分子'，他们在大众传播效果的形成过程中起着重要的中介或过滤作用，他们把信息扩散给受众，形成信息传递的两级传播"③。舆论领袖对教科书的事态比较关心、了解，能向身边的公众提供教科书的有关信息，并做出相应解释。一句话，舆论领袖就是积极主动地向人们提供教科书的客观事实并加以评断的人。人际传播理论认为他们的影响大于媒介传播的影响④。正是因为这些舆论领袖在公众心中有一定的地位和影响力，通过他们对信息做出解释、评价能够保持教科书评论群体中的内部意见和行动一致，他们所说的话会得到普遍的认同和关注，所以教科书网络舆

---

① 媒介融合是单一功能媒体向综合功能媒体发展的趋势，是以数字化的媒体技术为基础的，即多媒体化趋势，从而使传统媒介之间的界线变得模糊了。参见董璐《传播学核心理论与概念（第二版）》（北京大学出版社，2016）第128页。

② 网络社交媒介，是指允许人们撰写文章、分享意见、展开评价、进行讨论和交流的网站和技术。参见董璐《传播学核心理论与概念（第二版）》（北京大学出版社，2016）第139页。

③ 杨明刚. 大数据时代的网络舆情[M]. 深圳：海天出版社，2017：90.

④ 麦格雷. 传播理论史：一种社会学的视角[M]. 刘芳，译. 北京：中国传媒大学出版社，2009：50.

论的引导需要关注和重视这些舆论领袖的言论，以确定社交化空间的风向标，进而对教科书的网络舆论进行有效的疏导和管理。"沉默的螺旋"理论从参照群众的角度也证明了舆论领袖的领导地位，当他们的主流意见取得优势时，观点不同的人会保持沉默，甚至会转向主流意见，以避免被孤立。

古人云："欲流之远者，必浚其泉源。"为使教科书舆论领袖的言论能自动实现用正能量引导舆论的目的，发挥引导舆论的长效作用，就需要从源头上培养正能量的舆论领袖。那么什么样的人会成为这样的舆论领袖呢？传播学者郭庆光概括出舆论领袖的四特征[①]，传播学者李彬将其简略地提炼为三个特征："首先，他们人数不多，只是公众中的一部分成员；其次，舆论领袖只是某一个方面的专家，并非所有方面都能担当领导舆论之任；最后，舆论必须上通媒介，下连公众。"[②]按照这三个特征，教科书舆论领袖应是作为网络公众一员的教育专家、教科书专家，不仅同关注教科书的公众保持广泛联系、进行频繁交往，以便把信息、意见及解读扩散开来，而且又与媒介保持密切接触，善用自媒体等各种媒介手段传播教科书的信息。那么，正能量的教科书舆论领袖，还应具有第四个特征：他们是用社会主义核心价值观武装起来的人。

2. 管理和培养舆论领袖，培育主流意见

厘清教科书舆论领袖的地位、定义及特征，是为了进一步通过甄别、对待和塑造来培养舆论领袖，发挥好舆论领袖的舆论引导作用。

首先，要甄别和管理好教科书的舆论领袖，引导其发挥表率示范作用。在网络化的社交媒介空间中，舆论领袖肯定是活跃分子，但反过来却未必成立。在网络空间能一呼百应的活跃分子才是真正的舆论领袖。所以，仅从主观感觉上并

---

① 首先，他与被影响者一般处于平等关系而非上下级关系，意即舆论领袖并不一定是大人物，而可能是我们生活中熟悉的普通人；其次，舆论领袖并非集中在社会的某一个阶层，而是均匀地分布在任何阶层与团体之中；再次，舆论领袖并非在各个领域都精通，他们只在自己有专长的领域充当领袖角色，而在其他领域扮演被领导者的角色；最后，舆论领袖必须是知识丰富、社交广泛、公信力强、对大众传播媒介接触较多的人。参见郭庆光《传播学教程（第二版）》（中国人民大学出版社，2011）第189页。

② 李彬. 传播学引论：第3版 [M]. 北京：高等教育出版社，2013：129.

不能甄选出舆论领袖，但可以借助研究工具"影响力扩散模型"①，根据ID影响力、帖子影响力、声望（跟帖数）、认同值、响应值、辩论力等，进行综合衡量，准确把握教科书舆论领袖的影响力指数。甄别舆论领袖是为了发挥其示范引领作用，所以在管理上需要规范其言行、提高其媒介素养。如，规范舆论领袖的言语，禁止使用暴力性、情绪化、侮辱性语言；提高其信息传播的自我把关意识，不传谣不信谣；提高其社会责任感，尊重社会主流意见和传统社会文化，不传播有违公序良德的信息和观念。

然后，要理性对待和扶持好网络红人，为其提供参与教科书编写和改革的政治途径。网络高链接和高点击率的网络信源枢纽节点的存在，……让我们意识到，网络能量的不均衡分布是个已经存在的事实。拥有众多关注者的网络红人有能力在网络中掀起网络舆论的巨浪。②具有相当舆论影响力网络红人自媒体有着广泛的认同度，他们关于教科书的价值和观点倾向有着较大的民意基础，其主流价值也是为了推动教科书进步、维护社会主义核心价值观。对待网络红人群体中出现的问题，切忌简单粗暴、一叶障目。对于他们关于教科书批评的言论，我们需要更多一些宽容与平和，做到"闻过则喜"③。此外，还要为舆论领袖提供参与教科书改革的政治途径，建立线上线下的互动座谈机制，让他们及时了解、支持和拥护教科书改革的主流意见，通过上传下达引导舆论，发挥其桥梁纽带作用。

最后，要塑造好教科书的舆论领袖，用主流意见引导舆论。甄选、管理、对待、扶持舆论领袖属于被动的舆论管理。要获得舆论引导的主动权，关键是主动选择和培养一批舆论领袖，依据舆论领袖的特征培养舆论领袖。一方面，要培养一批优秀的教科书研究专家、编写者、使用者（教师），形成主流意见、引领舆论。通过帮助他们开设博客、微博等自媒体，参与网络论坛讨论，接受自媒体的访谈与对话，培养其媒介素养，发挥他们示范作用；鼓励他们利用专长，以撰写

① 日本学者Naohiro Matsumura、Yukio Ohsawa以及Mitsuru Ishizuka提出"影响力扩散模型"（Influence Diffusion Model），从讨论串内容和论坛用户交往网络两个方面来测量网络用户活跃程度，并假定影响力最高的用户为论坛意见领袖。参见余红《网络论坛舆论领袖筛选模型初探》（《新闻与传播研究》2008年第2期第66~75页）。
② 杨明刚. 大数据时代的网络舆情［M］. 深圳：海天出版社，2017：232.
③ 杨明刚. 大数据时代的网络舆情［M］. 深圳：海天出版社，2017：233.

网络日志、评论文章和解读政策等方式形成网络媒体传播主流意见，从而引导教科书舆论。另一方面，要构建教科书研究基地、研究派别或者出版机构的"知名ID"或自媒体，利用团队的研究和资源的优势和全面性，使用集体合力、发出统一的关于教科书的主流声音，用更加有气势的主旋律引领网络舆论的大合唱。

三、改变主流媒体的言说方式，用理性观点引导

在传统媒体时代，主流媒体调控舆论的功能为我国教科书的发展发挥了重要作用，其作为宣传的作用被不断放大。主流媒体常保持正面报导的表达方式，在网络时代接受公众的检视过程中，被认为不够全面。在主流媒体向融媒体转化的过程中，为了获得公众的认可和拥护，主流媒体在传播方式上进行创新的同时，更需改变其内容的表达方式。换句话说，主流媒体引导舆论需要改变姿态，"应当改变其长期以来有意无意呈现出的权威架势与说教面孔，更多地反映与审视公众关于教育改革的真实意愿，更多地反映与分析教育改革的日常实践过程，更多地体现通过平等探讨达到某种协商性共识的精神"①。媒体姿态的改变，可以从以下两方面入手。

1. 从"一面说"转至"两面说""多面说"

舆论的目标控制，控制者与公众是上下的控制关系，舆论控制是控制者的"一面说"，基本听不到"另一面或几面"甚至反面的声音。但在网络时代，特别是面对高文化水平的公众，主流媒体"对他们只讲一面之词，他们会觉得传播者轻视其理解力与辨别力，同时认为传播者怀有偏见，内心发虚，无力面对现实"②。随着公众参与教科书讨论的自主意识愈来愈强，掌握的信息越来越多，他们在网络中发出的声音越来越不同，从而开启了网络舆论的狂欢模式。教科书的出版者、专家、管理者，与公众一样是这场舆论狂欢的参与者、答疑者、引导者，却不是控制者。一切想利用"一面说"达到控制舆论目的的行为必定会适得其反。社会心理学已经证明："双方面论据的传播对态度改变有效，而单方

---

① 吴康宁. 反思我国教育改革的舆论支持［M］. 湖南师范大学教育科学学报，2012（2）：
5-9.

② 李彬. 传播学引论：第3版［M］. 北京：高等教育出版社，2013：129.

面论据的传播则对态度的维持更为有效。"①对"众声喧哗"的网络舆情进行舆论引导，重要的是凝聚共识，改变观念，"两面说"②"多面说"比"一面说"更有效。传播学者同时认为："'一面提示'对文化水平低者说服效果较佳，而'两面提示'对文化水平高者效果较佳。这一结果表明，无论是'一面提示'还是'两面提示'，效果的大小强弱在很大程度上取决于对象的性质。"③因此，由绝大多数文化水平较高的公众参与教科书评论的舆论场，主流媒体的引导与劝说需要基于"更加强调人们头脑中的世界的表象及表象的塑造，受众不再是被轻易塑造的被动客体，而是具有主动参与意识的认知主体"④的认识，由"一面说"，转向"两面说"或"多面说"。在教科书的网络舆论引导中，主流媒体不仅要说有利于教科书改革的理由，还要从质疑者的角度解答对教科书的改革的疑问，更要担负起正确地引导参与者去独立思考有关问题的职责，从而实现教科书的出版者、管理者、研究者与使用者的沟通，形成编辑者、研究者、公众等之间的共识。主流媒体在网络公共平台中发挥的作用，即是日本学者在《现代社会学入门》中提出的"论宇"：在舆论分布不断延伸的空间，主流媒体的作用应是为了有助于信息接收者的意见形成，准确地传递争论双方围绕争论点所列举的全部有关事实和主张⑤。无论教科书的争论者怎么自发地扩大讨论的范围和意见分歧，终究会被主流媒体的大量信息和主流意见所牵制，最终成为媒体的支持者。

2. 从对信息的控制转变成对信息的解释

由于信息渠道多元，主流媒体的纯信息控制显然不合时宜，因而只能退而求

---

① 周晓虹. 现代社会心理学：多维视野中的社会行为研究［M］. 上海：上海人民出版社，1997：262.

② 根据霍夫兰及其助手的研究，a.如果受众一开始就倾向反对传播者的观点，那么把正反两面的意见都提出来，就比只谈一面之词更为见效。因为这样做受众会觉得传播者是站在比较客观公正的立场看问题，因而容易认可传播者的意见。b.对受教育程度高的受众，应将正反两方面的意见一并陈述较好。假如对他们只讲一面之词，他们会觉得传播者轻视其理解力与辨别力，同时认为传播者怀有偏见，内心发虚，无力面对反面事实。参见李彬《传播学引论（第三版）》（高等教育出版社，2013）第216页。

③ 郭庆光. 传播学教程：第2版［M］. 北京：中国人民大学出版社，2011：185.

④ 韩运荣，喻国明. 舆论学原理、方法与应用［M］. 北京：中国传媒大学出版社，2013：97.

⑤ 日本社会学会编辑委员会.现代社会学入门［M］. 李银河，岳青凤，译. 北京：中国社会科学出版社，1987：109-111.

其次，尽量把控信息的解释权。主流媒体要用自己对信息解释的专业性、逻辑性、全面性来建立权威，发挥定盘星的作用，形成强大的解释权，从而引导公众消除对教科书的非理性意见和强烈情绪。

当公众从在传统媒体中"接受教育"转到新媒体时期的自由选择、自由表达时，"由于未经'自由'的训练，因而在适应新环境之初，自由变成了一种不能承受之'轻'，非理性占据上风"①. 公众对教科书的评论多有情绪、主张和意见，而缺少论据和逻辑，虽有理性、合理的成分，但也充斥着一些情绪化、非理性的表达，对主流传播和宣传的不信任和反权威心态，导致舆论中出现了夸张的成分，并极易演变成舆论的畸变形态——流言。公众缺少论据与逻辑，并非没有论据和逻辑，而是公众依据自己掌握的信息，用自己的知识视界来看待问题、发表意见。因此，主流媒体、教科书专家和出版机构，必须掌控教科书舆论问题的解释权，利用自己在教科书方面的专业优势和对信息掌握的情况，对教科书进行全面解读和因果逻辑推断。通过全面补充信息、严密修正逻辑、普及教科书知识，给公众提供一个更加合理和理性的教科书认识框架和逻辑思路，引导公众在全面增加信息和逻辑性的前提下形成对教科书的判断和意见。诚如美国传播学者伯内斯所言："'公众的信赖不能单靠交流的手段获得'，而必须仰仗行业自身的专业主义实践。"同理，教科书的网络舆论引导，需要依靠教科书的严密逻辑、完整框架以及对其的信息补充等专业主义的实践，来获得公众的认可，使舆论支持有利于教科书改革方向。

---

① 陈力丹. 舆论学：舆论导向研究［M］. 上海：上海交通大学出版社，2012：208.

附录

文献综述

　　教科书作为国家意志、民族文化、社会进步和科学发展的集中体现，是实现培养目标的最直接载体。一代又一代的青少年就是手捧着这小小的文本成长起来的。在一定意义上，有什么样的教科书，就有什么样的年轻人，也就有什么样的国家未来[①]。近年来，随着教科书研究逐渐趋向跨学科研究范式，不同学科开始基于自己的理论视角探讨教科书问题，促进了教科书与其他学科的深度融合，也产生了大量跨学科研究成果，进而丰富了教科书研究的理论体系。在此背景下，作为教科书学与传播学的交叉学科，教科书传播学应运而生，拉斯韦尔的"5W"传播模式对于教科书传播的研究，无疑具有重大的理论指导意义，为我们研究教科书传播提供了全面且系统的方法与视角。由此形成了教科书传播研究的五大领域，即教科书传播主体研究、传播内容研究、传播媒介研究、传播受众（对象）研究、传播效果研究，既有关于教科书的传播研究也基本囊括在这个框架之内。因此，本章主要从以下五个方面对教科书传播研究进行综述。通过对既有研究成果的系统回顾，有助于全景式地展现教科书传播研究的各种问题，为进一步的研究奠定坚实的基础。

第一节　教科书传播主体研究

　　传播学中把关人理论，为我们深入认识教科书的传播主体提供了独特的视角。"把关人"一词最早是由美国传播学奠基人之一的卢因提出。他认为，在群

---

① 石鸥，石玉. 论教科书的基本特征［J］. 教育研究，2012，33（4）：92–97.

体传播过程中存在着一些把关人，只有符合群体规范或把关人价值标准的信息才能进入传播的渠道。教科书建设是一个极为系统而复杂的工程，涉及教科书策划、编写、审定、出版、发行、供应、选用、使用等各个环节。教科书把关人相应地具有多元化、多层次的特点。具体来说，不仅有宏观层面的国家把关人，也有中观层面的编写者把关人，还有具体教学情境中的教师把关人。

一、国家把关人

国家作为教科书的第一传播者，参与且主导着教科书传播的各个环节与各个方面。从课程计划、课程标准的制订，到教科书的编制，国家的把关无处不在。国家把关主要有两种形式：一是宏观层面的制度把关，二是微观层面的知识把关。

1. 制度把关

就制度把关而言，既有研究主要通过对教科书发展史的客观描述从两个方面来揭示其中的制度把关现象。

一是对大跨度的教科书发展史的回顾与总结。例如，郭戈通过全面回顾新中国成立以来中小学统编教科书的历史进程，指出我国大部分时期实行的都是"一纲一本、统编通用"的全国集中统一制度。这一历史经验表明，党和国家的积极领导与介入，是教科书建设的根本保证。① 张振、刘学智在将这一历史进程划分为六个阶段的基础上，充分肯定了统编教科书在建立健全国家教材制度等方面的历史成就。② 柯政则通过对1978—2018年我国教科书管理制度改革的三个阶段的细致梳理，充分肯定了三科教科书统编制度的革新意义。③ 国外教科书制度史的研究也相当丰富，日本学者飞田良文通过回顾明治维新以来日本国语教科书的发展历程，指出教科书制度中的国家介入现象；④ 姜英敏则通过对韩国中小学教科

---

① 郭戈. 我国统编教材的历史沿革和基本经验［J］. 课程·教材·教法，2019，39（5）：4-14.
② 张振，刘学智. 继承与创新：70年来我国统编教材建设的回顾与展望［J］. 课程·教材·教法，2019，39（5）：15-22.
③ 柯政. 改革开放40年教材制度改革的成就与挑战［J］. 中国教育学刊，2018，302（6）：1-8.
④ 飞田良文. 日本现代国语教科书审定制度的确立与回顾［J］. 赵银平，译. 全球教育展望，2007，240（8）：74-75.

书制度理念变迁的研究，认为韩国教科书制度在由综合模式转向审定模式的过程中，其政府的教科书制度理念的变迁起到了重要作用；①刘常华在介绍俄罗斯教科书制度发展阶段及其特点的基础上，敏锐地指出俄罗斯教科书制度在各个阶段都有较强的国家介入。②

二是对特定历史时期教科书的研究。例如，吴科达在系统研究清末教科书审定制度的基础上，将其划分为四个阶段，但不论哪个阶段，如同近代以来中国模仿西方建立的大多数制度一样，清末建立的教科书审定制度被当时专制政府作为控制人们思想的工具，承担了思想审查的功能，国家始终承担着把关人的角色。③刁含勇则通过考察新中国成立初期对全国教科书制度的改造行为，认为中国共产党通过建设国家专门机构和改造教科书流通体系的方法，确立了国定制的教科书制度。④与之相类似，吴小鸥认为1949年的开国教科书以政治性、批判性为鲜明特征，表达新的国家认同和政治信仰，展现了"国家选择了控制教科书的方向，作为巩固政权的非常手段之一"这一客观现实。⑤综而观之，上述研究通过对一段或特定时期教科书历史的客观描述，一方面充分肯定了教科书传播过程中国家制度把关的历史成就及其进步意义；另一方面对这一现象进行了反思，指出应注意国家制度把关的限度，平衡好统编教科书与非统编教科书，国定制与审定制，教材建设统一性与多样化，国家、地方以及学校之间的关系，保持好刚性与弹性之间必要的张力。

还有一部分研究基于各种视角对国家层面的制度把关进行理论上的论证。罗生全认为，应将教材建设作为国家事权，在充分把握教材建设作为国家事权的权力特征、权力结构以及权力范围的基础上，进一步明晰其权力特征，优化其权力结构，创新其权力行使机制，进而确保国家事权在教材建设中有效行使。⑥郝志

① 姜英敏. 韩国中小学教科书制度理念变迁刍议 [J]. 比较教育研究，2009, 31 (8): 67-71.
② 刘常华. 俄罗斯教科书制度概观 [J]. 课程·教材·教法，2007, 288 (10): 93-96.
③ 吴科达. 清末教科书审定制度的建立 [J]. 教育评论，2008, 144 (6): 145-148.
④ 刁含勇. 浅析建国初期中共对全国教科书制度的改造 [J]. 兰州学刊，2011, 213 (5): 172-176.
⑤ 吴小鸥. 统编之先声：1949年开国教科书研究 [J]. 课程·教材·教法，2019, 39 (5): 23-29.
⑥ 罗生全. 论教材建设作为国家事权 [J]. 课程·教材·教法，2019, 39 (8): 4-11.

军则进一步阐明了教材建设作为国家事权的政策意蕴。^①张振、刘学智从国家治理的视角出发，认为教科书制度是国家治理的政治产物、是国家治理的权力媒介、是国家构建的基本方式。制度层面的国家介入，可以有效突破教科书制度建设面临的诸多困境。^②

2. 知识把关

国家对教科书的知识把关主要表现为对教科书知识选择与准入机制的控制。例如，刘丽群、刘景超认为，课程知识的准入并非完全客观中立、价值无涉的过程。教科书通过文化选择，承载并传播着统治阶级的身份文化，通过传播身份文化，进而间接、内在而隐性地实现再生产和社会分层。^③刘丽群在其博士论文中指出，国家会通过建构知识、确定课程知识的准入依据、挑选代言人和严格审定教科书的方式对知识进行把关。^④

在现实层面的探讨，有趣的是，关于教科书知识层面的国家介入，人们都会不约而同地转向对日本历史教科书问题的研究。对于这一问题的深入挖掘与探讨，有助于我们深入认识知识层面的国家把关问题。卞修跃认为，日本文部科学省审定"合格"获得通过的《新历史教科书》歪曲历史事实、美化侵略战争、宣扬错误史观、掩饰日本国家侵略罪恶，尤其是扶桑社版《新历史教科书》更是有过之而无不及。^⑤刘丽群认为，日本教科书事件中日本政府通过采取"趋利避害"的策略来选择加工教科书内容，甚至不惜以扭曲、篡改历史史实为代价，以谋求政权的合法化。^⑥陈景彦也认为，《新历史教科书》事件的发生绝非偶然，它既是日本右翼势力猖獗的表现，又有其"群众基础"和官方的默许。^⑦此外，

---

① 郝志军. 教材建设作为国家事权的政策意蕴[J]. 教育研究，2020，41（3）：22-25.
② 张振，刘学智. 教材制度建设的困境与超越：国家治理视角[J]. 中国教育学刊，2020，330（10）：53-57.
③ 刘丽群，刘景超. 课程知识准入、身份文化传播与社会再生产[J]. 南通大学学报（社会科学版），2014，30（1）：103-108.
④ 刘丽群. 论知识准入课程中的国家介入[D]. 长沙：湖南师范大学，2007.
⑤ 卞修跃.《新历史教科书》与战后日本国家的历史认识[J]. 抗日战争研究，2001（4）：184-207.
⑥ 刘丽群. 教科书与政权合法化：对"日本教科书事件"的深层解读[J]. 外国中小学教育，2007，172（4）：29-32，50.
⑦ 陈景彦. 也谈日本《新历史教科书》问题[J]. 东北亚论坛，2002（2）：52-56，97.

步平①、吴广义②等学者分别从不同视角来探求日本历史教科书的篡改动因。总而言之，上述研究分别从理论和现实两个角度对文化知识层面的国家介入现象做了较为生动的阐释与展现。

二、编写者把关人

通过对既有研究的梳理，我们发现对于教科书编写者的研究较少在理论层面展开，例如，牛瑞雪指出，作为一类特殊的出版物，教科书可以赋予教科书编写者多重身份，即教科书的编写者，同时也是著者和研究者；作为编写者，教科书编辑要执行更为严苛的出版时限和标准要求；作为著者，他们是"三结合"队伍中的一员；作为研究者，多种形式的研究为他们深入扎实地把握教科书的科学性、严谨性提供了根本保障，也是他们作为合格的编写者和著者的深度支撑。③石鸥、张美静首次对教科书的编写工作进行了专门细致的探讨，他们认为教科书的编写者就是教科书的研究者和创作者，从内容的选择确定、内容的结构化，到内容的精致化修饰、导读系统的引导，都表现出研制者的主体性和创新性，是不能被低估的创新。④李玉蛟、张茂聪则认为，教科书编写者的主体性不仅要体现在对教科书内容的选择、结构化、修饰等技术操作层面，还应处处承载和体现编写者的价值取向。⑤

更多的对编写者的研究集中在对专门教科书编写者作用的论述上，如集中论述历史教科书、乡土教科书的编写者，时间大多集中在清末民初、抗日战争等特殊历史时期。周慧梅指出，在以周建人为代表的编辑群体的努力下，科学中国化

---

① 步平. 日本教科书问题的历史考察与思考［J］. 课程·教材·教法，2016，36（11）：112-122.
② 吴广义. 日本中学历史教科书中的侵华战争记述评析［J］. 日本学刊，2003（3）：47-62.
③ 牛瑞雪. 编者，著者，研究者：从复合身份看教材编辑的专业性［J］. 中国编辑，2015，78（6）：24-26.
④ 石鸥，张美静. 被低估的创新：试论教科书研制的主体性特征［J］. 课程·教材·教法，2019，39（11）：59-66.
⑤ 李玉蛟，张茂聪.《品德与社会》教科书编写者的价值取向研究：以人民教育出版社《品德与社会》（3～6年级2016年版）为例［J］. 教育科学研究，2017，271（10）：54-60.

的理念开始融入自然教科书中。①张运君认为，在抗日战争时期，中国的民族主义知识分子在历史教科书中从不同角度来书写其对民族认同的认识，以便更好地教育和动员民众，宣传抗战，激发民族精神。②张国荣认为，民国历史教科书编纂者们，在民族主义思潮的启发下，把"四大发明"之说引入历史教科书知识谱系中，使得"四大发明"成为中华民族重要的历史记忆资源。③王世光通过对近百年中小学教科书中黄帝的形象的考察研究，认为尽管黄帝形象在不断发展变化，但是，这些叙事模式最终都指向国家认同，④其中教科书编写者的作用不容忽视。他和周耀慈在研究清末民初女子修身教科书的基础上，认为在内容选择过程中，教科书编写者周旋于影响教科书的不同力量之间，努力在"旧学""新知"间达成微妙的平衡。⑤程美宝认为，清末新政期间，作为乡土志和乡土教科书的编写者，在教科书编写过程中运用了一套新的话语，重新定位了地方与国家的关系。⑥

三、教师把关人

经过国家与编写者的重重把关后，教师也是教科书传播的关键把关人，教师是联结教科书与学生的重要纽带。正是通过教师的把关，教科书才得以生动地展现在学生面前，才与学生发生真正的联系，教科书的意义与价值才得以实现。

已有研究在对教科书本质问题进行探讨的同时兼及教师的论述，如叶波通过对教科书本质历史探寻的梳理及方法论反思，指出教科书是意在促成教育性教学展开的话语空间，其中编写者、教师和学生是教科书话语空间中的权力主体，对知识的剪裁、加工、组织、排列是教科书话语空间中权力主体的活动过程表

① 周慧梅. 周建人与科学中国化视角下的教科书编写：纪念周建人诞辰130周年 [J].课程·教材·教法，2018，38（12）：127–132.
② 张运君. 抗战时期中国历史教科书中的民族认同书写 [J]. 甘肃社会科学，2016，223（4）：141–146.
③ 张国荣. 民族主义与历史知识的重构：以民国中小学历史教科书中的"四大发明"表述为例 [J]. 清华大学学报（哲学社会科学版），2012，27（5）：94–100，160.
④ 王世光. 论近百年中小学教科书中的黄帝形象 [J]. 教育学报，2012，8（1）：106–112.
⑤ 王世光，周耀慈. "旧学""新知"之际：论清末民初女子修身教科书 [J]. 教育科学研究，2017，265（4）：87–92.
⑥ 程美宝. 由爱乡而爱国：清末广东乡土教材的国家话语 [J]. 历史研究，2003（4）：68–84，190.

征。教师对教科书的把关体现在教师需要将教科书这一客观静态的符号系统转变为能够促进学生发展的动态活动系统，即对教科书知识进行剪裁、扩充、替换和重组。①刘景超则认为，教学性与审美性均是教科书的本质属性，由此，教科书具有天然的审美化教学功能，而教科书审美化教学功能的实现则主要取决于教师。②

也有研究专门从传播学的视角出发，在不同的场域中对教师把关人的角色进行深入挖掘阐释，如李嘉莉、马学思认为，教师在信息传播的不同环节中都扮演着不同的把关角色。教师作为信息的生产者，要对教科书内容进行重新"解码""编码""输出"，自然充当着把关人的角色。③李兴保、李修奎认为，教师作为教育传播的把关人，合理选择教育信息是成功进行教育传播活动的首要因素。尤其是作为主干信息的教科书如何构成、以何种方式出现，均取决于教育传播的把关人——教师。④此外，还有部分学者从实践层面，运用调查研究的方法，对于具体教学情境中教师的把关人角色进行具体的研究。毕华林、万延岚等从教师、学生、教科书相互作用的框架出发，发现教科书功能的有效发挥很大程度上取决于教师对教科书的把关行为。⑤

第二节　教科书传播内容研究

教科书作为一种面向教师和学生的特殊文本，一方面，必须确保其内容易于教师讲授、便于学生接受的特性，即教科书具有教学性。从传播学的角度，可以

---

① 叶波. 教科书本质：历史谱系与重新思考［J］. 课程·教材·教法，2018，38（9）：75–79.
② 刘景超. 教科书的审美化教学功能及其实现［J］. 湖南师范大学教育科学学报，2019，18（5）：55–60，79.
③ 李嘉莉，马学思. 高校思政课教师的网络舆论"把关人"角色刍议［J］. 思想理论教育导刊，2019（2）：144–147.
④ 李兴保，李修奎. 影响教师选择教育信息的因素［J］. 电化教育研究，2000（2）：19–22.
⑤ 毕华林，万延岚. 学校需要什么样的教科书：基于教师和学生使用化学教科书的调查研究［J］. 教育学报，2013，9（2）：70–75.

认为教科书的教学性也可称为传播性。另一方面，必须确保其内容传播主流意识形态，体现国家意志。

一、教科书传播性（教学性）

对教科书传播性的研究具有鲜明的阶段性特征，相继经历了萌芽期、确立期与深化期。

关于教科书传播性的研究最早始于对电教教科书特性及设计的研究，这是我国教科书传播性研究的萌芽期（20世纪90年代中期）。这一时期，学者们都不约而同地把传播性作为电教教科书的重要特征并对其实现问题展开了详细论述。需要指出的是，尽管学者们对于教科书传播性的认识在不断地深入，但基本上还是将对传播性的研究和探讨局限在电教教科书这一特殊的文本中，还未将传播性从教育性的身影中分离出来赋予其以相对独立的地位。

20世纪90年代中期至21世纪初期是教科书传播性研究的确立期，至此，对传播性的探讨开始引入一般的教科书领域。对于教科书传播性的认识则基本导源于曾天山的观点：传播性是教科书的本质特征和第一要素，并将其用于指导中小学各科教科书的设计。[①]但仔细分析就会发现，本质属性说的观点一方面源于对教科书与其他文本的比较，另一方面是基于教学论的基本原理，基本上还是在操作层面上讨论"传播性"这一教科书的本质。此外，更多的研究是在中小学各科教科书中探讨传播性及其实现问题，综合来看，主要是集中在地理、语文、体育、历史等科目。

21世纪初至今是教科书传播性研究的深化期，随着教科书研究日益成为一门显学，对于传播性的研究也更加深入。这一阶段，学者们愈来愈重视对于教科书传播性的专门探讨与研究。一方面，学界在不同的视域和关系中对传播性加以审视和定位；另一方面，专门对传播性问题做理论和实践层面的分析论述，呈现出学术争鸣的气象。

1. 教科书传播性的属性

迄今为止，关于教科书传播性的已有观点归纳起来，主要有本质属性说、根本属性说、传播性即教诲性的等同说、生命属性说四种观点。

---

① 曾天山. 论教材的教学论基础［J］. 西北师大学报（社会科学版），1996（2）：63-68.

第一种是本质属性说。曾天山从教学论的基本理论出发，首次明确提出传播性应是教科书的本质属性和第一要素，能够决定和影响教科书其他特性和功能的发挥。①孙智昌则从活动与交往的理论视角出发，将传播性放在教学活动中去考察，认为教科书的本质是教学活动文本。其中，传播性是其本质的首要体现，也是其永恒的本质。②

第二种是根本属性说。这种观点认为，教科书的属性众多，有传播性、教育性、文化性、思想性等。在比较这些属性后，提出传播性是教科书的根本属性，认为使用"根本属性"而不用"本质属性"是希望引起对教科书这一属性的重视。李新、石鸥开宗明义地指出传播性是教科书的根本属性。教科书的传播性是指教科书作为教与学的特殊文本，具有其特有的便于教和便于学的特性，包括可教性、易学性、增效性、合宜性等基本特质。③不得不说，根本属性说虽然强化了教学性之于教科书属性的根本地位，但相对于本质属性说并无明显的区别。

第三种是传播性即教诲性的等同说。石鸥、石玉从教诲性与传播性的关系角度出发，认为教科书具有教诲性、阅读的特殊性等多种特征。其中教诲性是教科书的根本属性这一观点的提出，是以"任何教科书首先是用来教的"作为根本前提的。在这个意义上，传播性在一定程度上就等同于教诲性。

第四种是生命属性说。张增田在对上述关于传播性的理论进行系统分析的基础上加以批判性思考，指出之前的研究缺少对教科书何以具有传播性等一些本体论问题的深层揭示，由此导致人们对教科书教学性的认识停留在经验与常识层面，最后基于传播性是教科书的内在需要这一理论，旗帜鲜明地提出"传播性是教科书的生命属性，是教科书的存在之根"这一观点，对教科书的传播性做了本体论层面的严密论证，颇有说服力，④并将对教科书传播性的理论研究推上了一个新的高度。

① 曾天山. 论教材的教学论基础 [J]. 西北师大学报（社会科学版），1996（2）：63-68.
② 孙智昌. 教科书的本质：教学活动文本 [J]. 课程·教材·教法，2013，33（10）：16-21，28.
③ 李新，石鸥. 教学性作为教科书的根本属性及实践路径 [J]. 课程·教材·教法，2016，36（8）：25-29.
④ 张增田. 超越经验与常识：教科书的教学性再认识 [J]. 课程·教材·教法，2020，40：55-61.

2. 教科书传播性的实践表现

教科书的传播性体现为教科书在教学活动中便于传播、易于传播的特点，如果仅仅从理论上对教科书传播性进行学理性分析的话，教科书的传播性必然停留在空想的层面，脱离教科书实践工作。因此，对于教科书传播性的研究应当回归并深入教科书实践工作。

余锡凯、韩月敏从编导人员的身份出发，结合12年电视教科书制作实践经验，提出了在电视教科书中突出传播性的三大原则，使得电视教科书传播性的实现有章可循。① 李彦群、张文从教科书编写实践的角度出发，指出教科书的编写工作不仅受意识形态的影响，还存在着教学面向的考虑，重申了传播性之于教科书编写的重要性。② 张菁、刘佳悦则从传播性的角度比较了我国内地与香港地区语文教科书共选篇目《背影》作业系统的内容设计与呈现方式，指出作业系统作为语文教科书的重要组成部分，其传播性品质反映着教科书编写质量，并出于落实教科书传播性的需要，提出了一系列切实可行的建议。③

二、舆论与教科书

李彦群认为，社会舆论对于教科书的肆意批评，是教科书发展所面临的前所未有的困境之一。他认为，一方面应当接受来自社会各界人士的建议；另一方面应当坚守自己的立场，消除社会舆论的错误认知和庸俗化阐释。④ 李林荣在讨论文学经典与语文教科书的关系时指出，语文教科书中鲁迅作品及古诗词节目的处理问题始终处在舆论的风口浪尖上，从一个侧面证明了舆论对于教科书内容选择的巨大影响。⑤ 吴广义⑥则认为，20世纪90年代以来日本国民意识的日趋保守化

---

① 余锡凯，韩月敏. 编制电视教材突出教学性之要点 [J]. 电化教育研究，1994（1）：40–42.
② 李彦群，张文. 论教科书知识的教学面向 [J]. 基础教育，2020，17（1）：69–78.
③ 张菁，刘佳悦. 指向教学性的语文教科书作业系统比较研究：兼论统编本作业设计 [J]. 教育学报，2020，16：38–45.
④ 李彦群. 教科书发展的时代境遇与出路 [J]. 湖南师范大学教育科学学报，2018，17（2）：67–71.
⑤ 李林荣. 文学经典与语文教科书 [J]. 社会科学论坛（学术评论卷），2008，157（1）：85–88.
⑥ 吴广义. 日本中学历史教科书中的侵华战争记述评析 [J]. 日本学刊，2003（3）：47–62.

和新民主主义的诞生，在这种基础上所形成的社会舆论，使得日本中学的历史教科书在指导思想与基本史实方面存在严重的问题。石鸥、李彦群认为，黄晦闻编著的《广东乡土教科书》是"要人命"的教科书。该教科书争议表明，谁都无法轻视小小的教科书。教科书的每一次"出格"都会立即引来高度的社会关注甚至焦虑。[1]即便是乡土教科书，一旦它跨界乡土，触及敏感问题，就可能会惹出不小的麻烦。

第三节　教科书传播媒介研究

纵观人类的媒介发展史，为从口语媒介、文字媒介，到印刷媒介，再发展到电子与数字媒介。在电子与数字媒介时代，随着数字教科书蓬勃发展，对它的研究也日益繁荣。通过对教科书传播媒介文献的归纳、分析，笔者发现，这些研究主要集中在对数字教科书内涵与特征、数字教科书与纸质教科书的比较、数字教科书的风险三个方面。

一、数字教科书内涵及特征

与纸质教科书相比，数字教科书由于传播媒介的不同获得了全新的内涵与特征。吴永和等从电子书和教科书的角度出发，对数字教科书的概念、属性、特性和功能进行了分析，明确了数字教科书的内涵，并对数字教科书的特性与属性进行了区分，其中最能体现媒介特征的是富媒体性、开放性和交互性。[2]赵志明认为，数字教科书彻底颠覆了传统的教科书形态，是一种发展中的新型后现代教科书，具有教科书呈现的富媒体性与定制性、教科书内容的关联性与开放性、教科书教学的互动性与自主性、教科书载体的多样性与移动性的特征。[3]范文贵在分

---

① 石鸥，李彦群. "要人命"的教科书：小论黄晦闻的"广东乡土教科书"[J]. 四川师范大学学报（社会科学版），2016，43（2）：69-74.
② 吴永和，杨飞，熊莉莉. 电子课本的术语、特性和功能分析[J]. 现代教育技术，2013（4）：5-11.
③ 赵志明. 重新定义教科书：数字教科书的形态特点与发展[J]. 课程·教材·教法，2014，34（3）：38-42.

析梳理世界各国关于数字教科书定义的基础上，将数字教科书定义为一种供学生或教师学习和教学的综合体。[①]王天平、闫君子则从数字时代的大背景出发，认为数字教科书是一种学习材料系统，应该具有纸质资源与数字资源整合的一体化、存储方式的具身化、呈现方式的粒化等特点。[②]石娟认为，数字教科书是现代信息技术与教育结合的产物，其内涵表征为内容选择的目的性、知识呈现的立体性、学习场域的开放性。[③]

值得注意的是，上述关于数字教科书内涵及特征的研究，尽管其视角和出发点都不尽相同，但在充分肯定教科书传播媒介变化对于重塑教科书内涵及特征的作用方面，相当"默契"。正是由于从印刷媒介到电子与数字媒介阶段的巨大转变才赋予了数字教科书以全新的内涵和特征，从而在信息时代彰显其强大的生命力。总体而言，对于数字教科书的内涵的界定大多不离电子书包、电子书、多媒体、数字资源等媒介概念，对其特征的揭示也不外乎富媒体性、交互性、开放性、关联性、定制性等电子媒介的关键特征。这也提醒我们，对于教科书的内涵及特征的界定与揭示需要紧紧围绕"媒介"这一关键词。而媒介变化对于教科书影响的揭示还有待进一步深入下去。

二、数字教科书与纸质教科书的比较

关于数字教科书与纸质教科书之间的区别，学者们从不同角度、不同方面作了深入探讨。综合来看，由于二者在传播媒介上的显著差异，教科书与传统纸质教科书的区别主要集中在两个方面。

1. 教学方式与师生关系

范文贵从知识的权威性、媒体设计、使用方式等角度出发详细剖析了纸质教科书与电子教科书在教学上的不同，认为电子教科书拥有更多的弹性功能，可以

---

① 范文贵. 基于国际视野的电子教科书结构与功能设计［J］. 外国中小学教育，2018，307（7）：62，74–80.
② 王天平，闫君子. 数字时代的教材特征与开发新探［J］. 课程·教材·教法，2020，40（9）：11–18.
③ 石娟. 数字教科书的价值逻辑与教师主体回应［J］. 课程·教材·教法，2018，38（5）：56–61.

满足更多个人化的需求，可以提供更多的互动功能。^①朱彩兰、李艺则将电子教科书分别放在"数字世界""教学世界""现实世界"中进行观察，分析其作为物品、用品和产品的特征，揭示其与纸质教科书的差异。^②罗蓉、邵瑜从教材属性、再现方式、学习方式、师生关系、学习中的交流形式等方面详细比较了数字教科书与纸质教科书在提高教学效果方面的不同。^③张雅君、付强则从传播学的角度有针对性地比较了二者的区别，认为数字教科书的传播方式具有交互性、双向性的特点，师生不仅是被动的受众，更是数字学习环境下能动的传播者。^④白倩、沈书生则另辟蹊径，从角色扮演的角度比较了数字教科书与纸质教科书的不同，认为在纸质教科书中，师生扮演使用者的角色，传递方式是单向线性的，而在数字教科书中，师生主要扮演参与者的角色，传递方式是双向互动式的。^⑤

2. 知识形态及其呈现方式

赵志明、吕蕾主要从课程社会学的角度指出，数字教科书中存在两种迥然不同的知识形态，即国家定义知识与个人定义知识，数字教科书的知识选择过程是国家定义知识与个人定义知识的博弈过程。^⑥石娟则从知识呈现样态上看，认为数字教科书有静态知识、动态知识和动静态知识三种知识类型。^⑦王连照认为，数字教科书知识的选择是有限开放性与无限整全性的统一。有限的开放性，开放的是形态；无限的整全性，整全的是知识面。^⑧余宏亮指出，数字时代的知识开

① 范文贵. 基于国际视野的电子教科书结构与功能设计［J］. 外国中小学教育，2018，307（7）：62，74–80.
② 朱彩兰，李艺. 电子教材的本质辨识：来自三个世界的观察［J］. 电化教育研究，2017，38（11）：75–80.
③ 罗蓉，邵瑜.电子教材的应用与管理［J］. 中国电化教育，2005（9）：89–91.
④ 张雅君，付强. 我国数字教科书的发展现状及其对策［J］. 课程·教材·教法，2016，36（8）：30–35.
⑤ 白倩，沈书生. 韩国中小学"数字教科书计划"及其对我国的启示［J］. 外国中小学教育，2019，321（9）：53，64–70.
⑥ 赵志明，吕蕾.论数字教科书知识选择的"国家定义"与"个人定义"［J］. 湖南师范大学教育科学学报，2014，13（2）：63–67.
⑦ 石娟. 数字教科书知识的使用限度与理性追求［J］. 课程·教材·教法，2020，40（7）：26–31.
⑧ 王连照. 数字教科书知识的基本特征和认识向度［J］. 课程·教材·教法，2017，37（1）：42–47.

始从"原子赋型"向"比特传播"变革，知识的"网络化""可视化"与"具身化"全方位重构了人类的生存境遇，推动了学校课程从"栖居纸本"向"悠游网络"嬗变。①叶波、贺丽认为，数字时代的知识正从内容向管道转变，知识的流动性、自组织、索引性的特点重构了教科书形态，打破了学科界限，改变了学习方式。②

　　学者们对于数字教科书与纸质教科书在教学方式、知识呈现方式上的比较研究，有一条贯穿始终的主线：从最初的技术操作与使用层面再到价值规范层面，层层递进，逐步深入，体现出人类对待媒介由工具理性到价值理性的转变。

三、数字教科书的风险

　　数字教科书在给课程教学带来全新机遇的同时，由于电子与数字媒介与生俱来的特点，也会给教育教学工作带来一定的风险。陈文新、张增田理性地指出，当前的数字教科书主要面临"教什么"的内容风险、"如何教"的教学风险以及"技之殇"的技术风险，振聋发聩，发人深省。这种风险首先表现在师生交往与学习内容方面。③王润、张增田认为，尽管数字教科书从交往时空、交往过程与交往范式等层面为师生交往提供了新的机遇与潜力，但也在交往时间、交往深度、交往效果等层面为师生交往带来了挑战与危机。④龚朝花、陈桄等通过对电子教科书在中小学应用的可行性调查发现，电子教科书作为一个新生事物，存在着不足，特别是其潜在的负面作用，集中体现在对学生认知能力、身心健康成长等方面的影响。⑤廖晓丹则通过对韩国中小学数字教科书的开发与应用的考察，指出数字教科书会给学生健康带来了潜在风险，如身体健康风险、心理健康

---

①　余宏亮. 数字时代的知识变革与课程更新［J］. 课程·教材·教法，2017，37（2）：16–23，60.

②　叶波，贺丽. 数字教材的知识观念、形态及编制［J］. 课程·教材·教法，2021，41（3）：38–44.

③　陈文新，张增田. 论数字教科书的三维风险［J］. 课程·教材·教法，2019，39（6）：56–62.

④　王润，张增田. 师生交往视角下的数字教科书价值与限度［J］. 河北师范大学学报（教育科学版），2019，21：112–117.

⑤　龚朝花，陈桄，黄荣怀. 电子教材在中小学应用的可行性调查研究［J］. 电化教育研究，2012，33（1）：94–99.

风险、课堂环境风险，有助于我们理性认识数字教科书所带来的影响。[1]王润认为，数字教科书在给我们带来便利的同时，也带来了风险。数字教科书风险的形成是由主客观两方面所导致的，具体体现在学生学习层面的风险、教育教学层面的风险以及学校管理层面的风险。[2]

对待数字教科书，人类必须始终保持清醒认识，让媒介技术为我所用，而不能异化为媒介与技术的"奴隶"。诚如李芒、孙立会所言，考察电子教科书必须以教科书的教育性作为核心准绳，教科书的所有构成条件都应该围绕教育性做出取舍，坚守教科书的育人本质，为了教育性有必要适当放弃便利性。[3]诚然，数字教科书时代已经到来，其影响既有积极性，也有消极性，关键在于如何正确认识和处理这种两面性。人类将如何迎接数字教科书时代的到来？教育理论将如何解答数字教科书时代"人与媒介"的问题？课程教学又将采取何种方式有效应对新时代提出的挑战？凡此种种，不胜枚举，要走的路还很长。

第四节　教科书传播对象和效果研究

教科书传播对象就是广大教师及学生。但在传播学中，作为传播对象的受众，又可以分为大众和分众。大众是将传播对象看作均质的、孤立的、分散的、原子式的存在，而分众则与大众相对，强调传播对象的差异性，多样性与异质性，根据不同的传播对象采取不同的传播内容和方法，以满足其多样化的需求，达到最佳的传播效果。反映在教科书发展史上，既有面向大众的普通教科书，也有着眼于分众的特殊教科书，如根据地域、民族、性别分别编写的乡土教科书、女子教科书和少数民族教科书。对于这些研究成果的梳理，有利于我们重新思考教科书与传播对象之间的关系。

---

[1]　廖晓丹. 韩国中小学数字教科书的开发应用及对我国的启示［J］. 全球教育展望，2020，49（7）：119–128.

[2]　王润. 论数字教科书风险的生成及其规避［J］. 全球教育展望，2021，50（5）：45–57.

[3]　李芒，孙立会. 关于电子教科书基本问题的探讨［J］. 教育研究，2014，35（5）：100–106.

一、不同传播对象的教科书

1. 乡土教科书

乡土教科书是展示当地自然、人文、社会、科技、经济的历史与现状的教学用书，它系统、全面地反映当地建置沿革、地理环境、重大事件、经济建设、文化教育、民族风情、名胜古迹等①。乡土教科书与一般教科书的本质区别在于其"因地制宜"的特性，是具有特定的传播地域，反映特定的地域内容以及满足特定地域需求的教科书。需要指出的是，这里的地域不仅是地理学意义上的，更是文化传统、风土人情，即社会心理意义上的概念。既有研究关于乡土教科书的内涵、特征、功能、发展历程以及开发编写的论述无一不强调其传播的地域特性。

第一，关于乡土教科书的内涵主要有三种观点。一是补充说②，以顾明远先生主编的《教育大辞典》为代表。其将乡土教科书看作是国家教科书的补充，由学校或地方教育行政部门组织相关人员、结合本地实际情况而编写的辅助完成国家教育任务的教科书。二是文化传承说，以钱理群先生为代表，强调从保护和传承地方文化的角度来认识和编写乡土教科书，发挥文化的育人功能。通过乡土教科书的教学引导青少年的精神成长，进而促使他们了解家乡、热爱家乡并建设家乡③。李素梅则综合以上两种观点，认为乡土教科书是在学科课程标准（或教学大纲）的范围内，结合本地的实际情况，由学校或地方教育行政部门组织人员编写，以乡土文化为内容，以培养乡土认知、乡土情感、乡土建设为目标的补充教科书。④三是材料说⑤，以张爱琴为代表，将乡土教科书视作地方性知识的材料，认为它是依据各级各类教育目标，由当地学校或教育行政部门或其他社会团体及个人组织编写的、旨在促进学生身心发展的、具有鲜明地方性特征的教学信息材料。综而观之，补充说着眼于国家与特定地域的补充关系，传承说关注特定地域的文化传承与发展，材料说强调特定地域的地方性知识。不论是补充说还是

---

① 石鸥，吴小鸥. 浸润在湖湘文化中的第一乡土教科书［J］. 湖南师范大学社会科学学报，2009，38（4）：125-129.
② 教育大辞典编纂委员会. 教育大辞典：1卷［M］. 上海：上海教育出版社，1990：284.
③ 温润芳. 关于乡土教材若干问题的研究综述［J］. 民族教育研究，2009，20（2）：42-45.
④ 李素梅. 中国乡土教材的百年嬗变及其文化功能考察［D］. 北京：中央民族大学，2008.
⑤ 张爱琴. 解读"乡土教材"：兼论"多元一体"教材体系的构建［J］. 湖南师范大学教育科学学报，2012，11（1）：35-38.

文化传承说，抑或是材料说，都是以乡土教科书的传播地域为前提。

第二，关于乡土教科书的特征。李新指出，乡土教科书最重要也是最显著的特点在于它具有浓郁的地方色彩，"乡土性"是乡土教科书的本质属性。而"乡土性"的内涵则表现在反映本乡本土之特色，因为从内容上看，乡土教科书反映的是"本乡本土实际"，而从范围上看，乡土教科书的选材小到县域大到省域，这一特点使得它成为区别于以往的国家课程教科书或者统编教科书，而成为乡土教科书的根本。①

第三，关于乡土教科书的价值与功能。乡土教科书研究在突出其育人功能的同时，尤其重视其对于特定地域文化，也即对乡土文化的选择保存、传播交流与传承与创新功能，进而激发和培养其由乡及国、爱乡爱国的感情。如，石鸥、周美云从乡村振兴的大背景出发，认为乡土教科书能够有效地保护、传承和认同迅速凋零的乡土文化，能够很好地培养学生由乡及国、爱乡爱国的情感，能够加固日益荒芜的乡村青少年的精神家园。②从石鸥、吴小鸥通过对长沙人辜天佑编写的《湖南乡土地理》及其配套的《湖南乡土地理参考书》的专门考察，认为其普及了湖南乡土地理和历史知识；浸润在湖湘文化之中，激荡着爱乡爱国、救亡图存的情感与思想。③班红娟通过专门探讨河南乡土教科书，认为它兼有国家意识建构与地域文化传承的双重文化意义，无不折射出国家意识与地域文化的统一性。④李新在详细梳理清末乡土教科书的产生背景及过程的基础上，指出乡土教科书具有极其重要的文化价值，既是清末乡土文化保存的重要载体，又加速了乡土文化的传播，促进了新旧文化的交融，其本身也具有一定的艺术价值。⑤李素梅⑥则从教育人类学的视野系统论述了乡土教科书的文化功能，分析了乡土教科

① 李新. 固守与革新：百年中国乡土教材研究［D］. 长沙：湖南师范大学，2014.
② 石鸥，周美云. 试论乡土教材在乡村振兴战略中的意义与价值［J］. 华东师范大学学报（教育科学版），2019，37（1）：66-71，167.
③ 石鸥，吴小鸥. 浸润在湖湘文化中的第一乡土教科书［J］. 湖南师范大学社会科学学报，2009，38（4）：125-129.
④ 班红娟. 国家意识建构与地域文化传承：河南乡土教材的文化意义阐释［J］. 河南大学学报（社会科学版），2011，51（4）：130-136.
⑤ 李新. 清末乡土教材的产生及其文化价值探微［J］. 湖南师范大学教育科学学报，2013，12（5）：12-16.
⑥ 李素梅. 简论乡土教材文化功能的运行与个体适应［J］. 湖南师范大学教育科学学报，2009，8（2）：25-29.

书文化功能运行的认知原理、情感原理和社会认同原理，以及个体的文化适应问题，并结合少数民族地区乡土教科书发展的百年历程，分析了乡土教科书对地域文化的选择、传承与创新功能①。

第四，关于乡土教科书的发展历程。尽管对其阶段划分各有不同，但不论哪个阶段，乡土教科书都凸显出其对特定地域地理环境、历史文化以及风土人情的关照。李素梅、滕星通过对我国百年乡土教科书发展史的细致梳理，指出中国乡土教科书虽源于舶来却成于传统，且伴随于乡土教育运动，始终与乡土社会保持密切的联系。②李新、石鸥在对我国百年乡土教科书发展史系统梳理的基础上，指出乡土教科书的发展变迁呈现出一些基本特征：如目标定位从突出"由乡及国"到强调适应地区差异；编撰群体从多方参与到以地方教育行政部门为主，进一步回归和彰显其地域特色。③

第五，关于乡土教科书的编写与开发。既有研究要么介绍和引进国外相关经验，如钟启泉④根据日本的经验提出了乡土素材的教科书化的两种策略，即"用乡土教"和"教乡土"，并初步介绍了乡土素材教科书化的六个步骤；要么从本国乡土教科书编写的历史出发，以史为鉴，如李新、石鸥立足我国百年乡土教科书发展史，从乡土教科书的编写目标、内容选择的范围和标准、组织形式、编撰队伍等方面为乡土教科书的编写工作提出建议，尤为强调其地域特性与乡土关怀；⑤要么基于不同理论视角，如杨洋从地方性知识理论出发，指出民族乡土教科书的开发应从地方性知识的特征体现、知识传承发展、价值发挥等方面来进行。⑥

---

① 李素梅，滕星. 我国少数民族地区乡土教材百年发展历史与文化功能述略［J］. 中央民族大学学报（哲学社会科学版），2010，37（5）：121-127.
② 李素梅，滕星. 中国百年乡土教材演变述评［J］. 广西民族大学学报（哲学社会科学版），2008，133（1）：49-55.
③ 李新，石鸥. 百年中国乡土教材发展的基本走向［J］. 教育学术月刊，2018，306（1）：85-90.
④ 钟启泉. 试述教师的教材研究：兼议乡土教材的价值及其开发［J］. 教育发展研究，2010，30（12）：25-29.
⑤ 李新，石鸥. 对我国乡土教材编写的几点思考［J］. 编辑之友，2016，240（8）：93-98.
⑥ 杨洋. 地方性知识视野中的少数民族乡土教材开发［J］. 贵州民族研究，2016，37（12）：221-224.

2. 女子教科书

作为特定历史时期的产物，得益于近代女子教育的倡导以及各类新式女子学堂的创办。女子教科书的出现，打破了中国传统"女子无学"的局面，极大拓展了女性公共空间，在形式和内容上都体现出鲜明的女性色彩，反映出现代女性思想启蒙、个性解放的时代需求，具有重大的历史与现实意义。刘景超、刘毕燕在专门考察清末民初女子教科书的基础上，认为它表现出强烈的家政化倾向，但它宣传现代生活观及价值观，大量引入西方现代医学、营养学的做法，使其家政化倾向超越了传统，具有现代性的特点。[①]王世光、周耀慈认为清末民初出现的一批女子修身教科书，一方面体现了温和的保守主义倾向，另一方面体现了谨慎的改良主义倾向，传播了男女平等、废除缠足、婚姻自由等女性解放思想，充分考虑到女性教育的实际需要，有利于女子教育的发展。[②]吴小鸥、李想通过系统考察晚清民国的女子教科书，指出尽管其编写是来自男性的他者赋权而非立足女性的自我赋权，但它对女子教育享有权、自主发展权、工作参与权等的赋权增能，在形式上突出女子性别特征，在内容上多选中国传统女性典范、西方女子事例，并以女子日常生活为中心的特点，竭力倡导一种全新的女子人生范式以及"国民之母"及"女国民"身份认同，具有时代的超越性与先进性。[③]徐芳则专门研究了清末民初女子教科书中的"贤妻良母"形象，指出其"新女德的涵养""树立优秀女性典范"等多方面的内容，与中国传统女教中的"贤妻良母"相区别，凸显了中国女性的定位，对女性的思想启蒙和人格培养起到了十分重要的作用。[④]

3. 民族教科书

民族教科书区别于一般教科书之处，首先在于其阅读主体的民族身份。崔珂琰通过考察民族教科书的产生过程，认为民族教科书发端于清末民初民族教育的

① 刘景超，刘毕燕. 清末民初女子教科书家政化倾向的现代性特点 [J]. 湖南师范大学教育科学学报，2014，13（2）：68-70.

② 王世光，周耀慈. "旧学""新知"之际：论清末民初女子修身教科书 [J]. 教育科学研究，2017，265（4）：87-92.

③ 吴小鸥，李想. 赋权女性：晚清民国女子教科书的启蒙诉求 [J]. 华东师范大学学报（教育科学版），2014，32（1）：103-110.

④ 徐芳. 清末民初女子教科书之"贤母良妻"观的现代性启示 [J]. 湖南师范大学教育科学学报，2014，13（4）：23-27.

转型过程中，并通过"普通化"和"专门化"的发展路径，从现代教科书群体中分化出的一类以少数民族为阅读主体的教科书类型，阅读主体的民族身份是其基本标识。①其次是其文化构成的二元性，具有实现"族际整合"和"形塑国民"的双重功能。因而，少数民族教科书是以少数民族文化与国民统一文化相统一的二元内容为第一属性，而以民族语言为第二属性。孟凡丽、艾尼·外力从民族文化、各国文化、时代文化的角度对新疆义务教育阶段维吾尔文语文教科书进行文化构成分析，认为其总体框架突出了民族性、地方性特色。②吴艳梅、仲丹丹则通过系统梳理我国蒙古族中小学汉语教科书发展的三个历史时期，指出蒙古族汉语教科书体现了汉语教科书编写者对民族中小学汉语课程作为第二语言教学性质的正确理解和认识。③

二、教科书的传播效果

教科书的传播效果是指教科书在传播过程中所引起的或客观或主观的影响及结果，在教科书实践领域则主要体现为教科书的满意度。现有研究大多通过调查研究的方法对教科书满意度进行研究，且主要集中在对语文、数学、英语、思想品德、化学等教科书的调查。这些研究大多根据教科书满意度的反馈情况，提出行之有效的建议。

刘冬岩、薛日英通过对当时人教版小学语文教科书插图配置及师生对教科书插图满意度的调查分析，发现人教版小学语文教科书插图存在诸多问题，并据此提出了相应的建议。④杨莉娟则通过对自2011年课程改革至2016年我国编制的全部9个版本的初中思想品德教科书在全国10个省及自治区的使用状况的调查，指出在教科书的不同评价维度上，师生、城乡、地区之间存在着不同程度的差异，满意度表现也各不相同。为此，教科书质量评价应该更加重视和关注使用者的

① 崔珂琰，周美云. 定义民族教科书：以少数民族教科书的产生过程为中心［J］. 湖南师范大学教育科学学报，2015，14（2）：50-53，63.
② 孟凡丽，艾尼·外力. 新疆义务教育阶段维吾尔文《语文》教科书文化构成分析［J］. 民族教育研究，2009，20（2）：50-56.
③ 吴艳梅，仲丹丹. 蒙古族中小学汉语教科书60年变迁及启示［J］. 民族教育研究，2017，28（3）：50-55.
④ 刘冬岩，薛日英. 小学语文教科书插图的问题及对策：以人教版为例［J］. 教育科学研究，2013，216（3）：65-69.

感受和满意度。①张倩、宋崔等从理解和实施的课程层面调查和比较了北京、台湾、香港三地数学教师的教科书使用情况。此研究还发现，从教师对教科书的满意度和忠诚度的角度来看，三地数学教师明显呈现不同的教科书使用风格。②王磊、唐劲军、张荣慧等用抽样调查的方式对我国12个省市的高中化学教师和学生进行问卷调查和访谈，调研主要探查教师和学生对新教科书的满意度，使用情况及影响新教科书使用的因素，并根据调研结果，从教师和教科书两个角度提出了相应的建议。③

第五节　对既有研究成果的评价与思考

随着教科书研究的进一步深入，学界对教科书的传播研究在理论和实践方面都进行了一些卓有意义的探索，在数量和质量上都取得了一定的成就，给我们以极大的启发，使我们在进入这个研究领域前能够有章可循。成果固然可喜可贺，但问题同样不容忽视。因此，对于已有关于教科书传播的研究需要加以审慎地分析与判断，唯其如此，才能推动教科书研究朝着更加科学、积极的方向发展。

一、主题研究比较丰富和深入

在研究主题上，关于教科书传播主体、传播内容、传播媒介的研究较为丰富，也更为深入。相较之下，关于教科书传播对象及其效果的研究则较为缺乏。具体而言，在传播主体的研究中关于国家作用的研究多从制度层面入手，对于教科书制度发展史中的国家介入现象进行深度揭示，进而充分肯定国家在教科书传播过程中的作用。但关于教科书传播过程中编写者及教师作用的研究，则多从技术操作层面进行阐释，缺乏更为深入的探讨。在传播媒介研究中，既有研究对于

---

① 杨莉娟. 我国初中思想品德教材使用情况的调查研究：基于10个省及自治区的调查数据［J］. 教育科学研究，2016，259（10）：50-55.
② 张倩，宋崔，黄毅英. 我国京港台三地数学教科书的教师使用情况及其启示［J］. 湖南师范大学教育科学学报，2017，16（5）：43-50.
③ 王磊，唐劲军，张荣慧，等. 高中化学新课程教科书使用情况及影响因素调查研究［J］. 教育学报，2015，11（4）：77-86.

媒介转型背景下教科书变革的客观现实做了深入细致的探讨，但对在数字媒介时代人与媒介的关系问题，媒介转变带来的影响与风险问题，数字教科书使用的限度及其标准建设问题，还有待深入研究下去。此外，舆论与教科书之间的关系，教科书传播效果，尤其是教科书使用的满意度对于提升教科书质量的意义，教科书与传播对象之间的互动关系等，也都是我们不容忽视的课题，应该得到进一步的澄清和诠释。

二、研究方法偏重思辨研究

在研究方法上，理论思辨的运用更加普遍，也更为深入。学者们从教育学、心理学、哲学、社会学等多个学科视角对教科书传播进行了深入探讨，理论研究的水平达到了相当的高度。反观实践应用研究，它还停留在对教科书传播过程的简单描述上，缺少将传播学理论与教科书实践深度融合。现有研究成果尚未深入教科书传播的微观层面，诸如教科书内容选择、教科书具体传播机制等，这些微观层面的探索对于教科书编写质量、使用效果、满意度的提升具有更为现实的意义。因此，教科书传播研究如何真正落地，实现与教科书实践工作的深度融合，还有待进一步深入的研究。

三、研究人员以高校专业学者为主

从研究人员的组成来看，主要是在高校从事教育基本理论以及教科书研究的专业学者，较少有专门从事教科书编写的编写人员，更少来自一线的广大教研员与教师。如前所述，教科书的传播问题不仅是一个理论问题，还是一个实践问题。教科书的编写人员、一线教研员和教师是教科书传播全过程的亲历者与见证者，对于教科书在教学过程中的缺点、优点、使用效果、教师与学生的评价问题都了然于胸，对于教科书的传播问题都有自己独到的经验与见解，具有一定的发言权。因此，关于教科书传播的研究不应当是少数从事教育基本理论以及教科书研究的学者的专利，还应该成为教科书编写人员以及广大一线教研员和教师共同参与和奋斗的领域。总之，只有教科书的研究者、编写者与实践者通力合作、勤力同心、集思广益，才能推进教科书传播理论和实践研究更上一层楼。